中国新时代教育文库

农村中小学教师质量问题研究

现状、评价与提升路径

梁文艳◎著

中国经济出版社
CHINA ECONOMIC PUBLISHING HOUSE
·北京·

图书在版编目(CIP)数据

农村中小学教师质量问题研究：现状、评价与提升路径／梁文艳著．--北京：中国经济出版社，2022.6
ISBN 978-7-5136-6939-9

Ⅰ．①农… Ⅱ．①梁… Ⅲ．①农村学校-中小学-师资培养-研究-中国 Ⅳ．①G635.12

中国版本图书馆 CIP 数据核字(2022)第 092445 号

组稿编辑　崔姜薇
责任编辑　黄傲寒
责任印制　马小宾
封面设计　任燕飞装帧设计工作室

出版发行　中国经济出版社
印 刷 者　北京力信诚印刷有限公司
经 销 者　各地新华书店
开　　本　710mm×1000mm　1/16
印　　张　15.25
字　　数　250 千字
版　　次　2022 年 6 月第 1 版
印　　次　2022 年 6 月第 1 次
定　　价　88.00 元
广告经营许可证　京西工商广字第 8179 号

中国经济出版社　**网址** www.economyph.com　**社址** 北京市东城区安定门外大街 58 号　**邮编** 100011
本版图书如存在印装质量问题，请与本社销售中心联系调换(联系电话：010-57512564)

目录

「 中篇　改进教师质量评价展望 」

「 下篇　教师队伍质量提升的路径探索 」

第一章

绪　论

第一节　问题的提出

在转型时期的中国，农村教育发展问题是关系国家人力资本储备和长期稳定发展的重要议题。作为教育教学活动的实施主体，农村教师是决定农村教育发展和改革的最为关键的因素之一。尽管在中央政府的高度重视和各级地方政府的不懈努力下，农村教师队伍建设已经取得了显著的成效，但受城乡社会经济发展二元结构的影响，农村教师队伍质量不高的问题仍然突出（庞丽娟、韩小雨，2006；朱旭东，2018）。因此，如何提高农村教师质量以缩小城乡教育差距，是近年来中国公共政策领域以及学术研究领域最受关注的热点问题之一。

在国家政策层面，为了让每一名农村学生都获得良好的教育，中国政府不断加大力度建设农村教师队伍，近年来，《乡村教师支持计划（2015—2020年）》《关于加强新时代乡村教师队伍建设的意见》等指向农村教师的重大政策相继出台。《关于全面深化新时代教师队伍建设改革的意见》特别强调"要重视建好建强乡村教师队伍"。在现有学术文献中，尽管大量学者或者基于教育教学理论，或者基于自身经验，从不同角度对农村教师队伍的建设问题进行了非常重要的探讨，但随着相关研究不断深入，以及知识经济时代对教师质量提出了更高的、更多元的要求，中国农村教师的质量内涵有待补充，教师质量的评价方法有待改进，教师质量的提升路径有待探索。

近年来，基于大规模调查数据，就农村教师质量评价（梁文艳、杜育红，2011）、农村教师专业发展（李森、崔友兴，2015；张涛，2016）、农村教师薪酬保障（容中逵，2014）、农村教师吸引与保留（李玲等，2015）等开展的实证研究逐渐增多，为农村教师队伍建设提供了更多基于证据的参考信息。总体而言，关于农村教师质量问题的研究可以从以下方面加以改进。

首先，我们有必要使用微观计量经济学方法，就教师要素是否以及在多大程度上导致城乡教育差距的扩大的问题进行更精准的研究，为提高教师质量、促进城乡教育一体化提供更加严谨、准确的证据支持。一些文献就当前中小学阶段的城乡师资配置均衡问题展开论述（卢尚建，2015；夏茂林、冯文全，2010；薛二勇、李廷洲，2015），或者通过理论论述、比较分析的方法得到必须通过优化教师资源配置来促进城乡教育一体化的结论（安雪慧，2013；韩清林、秦俊巧，2012；薛二勇、高莉，2015），但对教师要素究竟在多大程度上影响了城乡教育的差距缺乏精确度量。个别实证研究关注了城乡教育差距来源的分解问题，但所选取的影响因素变量比较单一，基本没有关注教师要素，而主要是从财政经费的角度开展分析（祁翔、郑磊，2019；宗晓华等，2018）。基础教育变革时代下的特定教师质量构成要素（教师热情、学生中心教学策略等）是否扩大了城乡教育的差距？其对不同学生群体的城乡差距贡献是否一致？对于这些问题，我们需要采用 Oaxaca-Blinder 分解法、分位数回归法等微观计量经济学方法进行实证分析，才能为农村教师队伍建设政策提供实证依据。

其次，我们有必要系统和全面地梳理国际前沿学术文献和实践经验，为农村教师质量评价的改进提供参考。准确评价教师质量，是评价和改进教学行为、实施教师问责和激励的前提和保障（裴娣娜，2008）。美国教育改进计划的重要组成部分是强调通过评价来诊断和改进教学行为（Grossman et al.，2013；Kane et al.，2011）。中共中央、国务院于 2020 年印发了国家纲领性文件《深化新时代教育评价改革总体方案》（以下简称《总体方案》），特别指出要“探索增值评价”“改革教师评价”。尽管有文献尝试梳理国际经验，或者尝试使用增值性评价等手段实施教师质量评价（边玉芳、孙丽萍，2015；胡咏梅、施世珊，2014；梁文艳，2017），但其对实施评价的细节问题梳理仍然不够充分。例如，对于无偏性与稳定性这两个实施教师质量增值性评价面临的最大问题，有哪些解决办法？学生发展的结果变量已经从单维走向多维，这对于教师质量评价有何影响？对于这些问题，我们都需要给出更加系统的梳理和总结。

最后，我们有必要从稳定教师队伍、提升教师工作积极性、提升教师教学质量的角度，就当前现实中受到关注的一些教师队伍质量提升的热点问题，使用微观计量经济学方法进行实证研究。例如，有文献认为，教师流失、教师工作满意度不高，是制约教师质量提升的主要因素，同时，为教师提供更多、更好的专业发展活动，是提升教师质量的重要路径。但这些研究多基于理论探讨，缺乏证据的支持，不利于有效地提升教师质量。又如，大量学者和决策者或者基于自身经验，或者基于对数据变化趋势的分析，指出平衡教师性别对于建设高质量教师队伍至关重要，农村教师队伍的女性化不利于农村学校和学生的发展（敖俊梅、林玲，2020；翟春城，2013；惠中、韩苏曼，2011；荆建华，1996；武晓伟、郑新蓉，2015）；只有个别文献基于数据考察了教师性别与学生发展的关系（Gong et al.，2018；王云峰、田一，2015），而且这些文献在学生发展结果变量的选取上相对单一，难以反映教师特征的多维度作用，有必要进行进一步深入研究。另外，现有文献在内生性问题的研究上尚显不足，需要引入增值性模型或者增强稳健性讨论等来保证结果的有效性。

本书借鉴国内外的最新研究成果，更精准地测算农村教师质量提高对于缩小城乡义务教育阶段教育质量差距的重要性，夯实对教师质量评价前沿问题和经验的总结，发展和丰富教师质量提升路径的实证和理论研究。

第二节　农村中小学教师队伍建设的政策变迁、成绩与展望

农村地区义务教育发展长期落后于城市地区。截至 2000 年年底，中国"普九"的人口覆盖率达到 85%，在"普九"未能覆盖的人口中，农村人口占大多数①。进入 21 世纪后，随着党和国家大力建设社会主义新农村、将"三农"问题作为现代化建设的重中之重，提升农村义务教育质量、促进城乡教育均衡发展成为中国政府发展教育的重要任务。由于教育发展的关键在于教师，党中央和地方政府高度重视农村地区的教师队伍建设，中央政府近 20 年来相继制定和实施了《乡村教师支持计划（2015—2020 年）》等一系列向农村"倾斜"的教师政策，有力地推进了农村教师队伍建设，实现了跨越式发展。

尽管如此，当前中国农村教师队伍建设仍然存在一些突出的问题。这也是《中华人民共和国国民经济和社会发展第十四个五年规划和 2035 年远景目

① 数据来自《2000 年全国教育事业发展统计公报》。

标纲要(草案)》将“加强乡村教师队伍建设，提高乡村教师素质能力，推动义务教育优质均衡发展和城乡一体化”作为“十四五”期间深化教育改革重要目标之一的原因。进入“十四五”时期，未来人口年龄结构的变化、更加复杂严峻的国内外形势，以及经济发展方式的转型，均对中国人口素质提出更高的要求，为应对复杂的形势变化，中国迫切需要提高农村义务教育质量以全面提升农村青少年人口素质，而这需要加强农村教师队伍建设。为此，本章将在回顾和总结21世纪以来中国农村教师队伍建设政策演变及其所取得的成绩的基础上，梳理新时代农村教师队伍建设存在的问题，为农村教师队伍建设政策的完善提出具有前瞻性的建议，并对农村教师领域的研究主题进行展望。

(一)21世纪以来我国的农村教师队伍建设政策

农村地区一直存在教师严重短缺的问题，这成为制约我国农村教师队伍建设和提高农村教育质量最主要的瓶颈性问题(庞丽娟、韩小雨，2006)。而经过政府和各教育部门近20年的持续努力，我国农村地区教师短缺问题得到了有效缓解。数据显示，2001年到2019年，农村初中生师比从20.11降低至11.65，农村小学生师比从22.68降低至14.01①。在实现农村教师数量稳步增长的同时，政府同样积极促进农村地区教师队伍的质量提升。

1. 提高教师准入标准，提升农村地区教师质量

早在1993年，我国出台的《中华人民共和国教师法》就对教师职业的准入标准作出了明确规定：“小学教师要具备中等师范学校毕业及其以上学历；初级中学教师要具备高等师范专科学校或者其他大学专科及以上学历。”即便如此，受城乡二元发展结构的长期影响，我国农村地区招聘教师时往往并未严格遵守这一标准，这严重影响了农村教师队伍的专业化及其教育教学的质量(谢培松、刘志敏，2011)。

21世纪以来，国家接连出台系列政策，更加严格保证教师资格制度的落地执行。例如，《国务院办公厅关于完善农村义务教育管理体制的通知》要求“农村中小学任教教师必须具备相应的教师资格”；《国务院关于进一步加强农村教育工作的决定》要求“严格掌握教师资格认定条件，严禁聘用不具备教师资格的人员担任教师”；《国家中长期教育改革和发展规划纲要(2010—2020

① 数据根据教育部发展规划司2001—2019年的教育统计数据及《中国教育统计年鉴》(2001—2018年)的相关数据计算得出。

年)》中也多次强调要严格实施教师准入制度，通过教师资格审查，实现对新进教师质量的严格把关。

2. 增加高学历教师供给，提升农村地区教师质量

我国农村地区教师的学历水平长期落后于城镇地区的教师，难以适应新时期素质教育和教育现代化的要求(曲铁华、朱永坤，2007)。2000年以来，国家颁布了一系列教师政策，通过引进高学历新教师和在职教师继续教育两种方式，实现了我国农村地区教师队伍学历水平的提升。

一方面，国家制定专项政策为农村地区引进了一批高学历的新教师。一是国家专门为农村等薄弱地区定向培养了一批高学历教师。2007年，教育部启动了"师范生免费教育政策"。该政策免除师范生的学费和学杂费，并每月为师范生提供生活补助。师范生毕业后需到中央安排的工作地点任教10年，"到城镇学校工作的免费师范毕业生，应先到农村义务教育学校任教服务2年"。2018年，"师范生免费教育政策"改为"师范生公费教育政策"，师范生任教期缩短至6年，到城镇学校工作的毕业生应先到农村学校服务1年。二是国家吸引和鼓励高校毕业生到农村基层学校任教。2006年，教育部启动了"农村义务教育阶段学校教师特设岗位计划"(简称"特岗计划")。"特岗计划"为3年服务期满后在当地留任的教师提供编制和岗位，吸引了大量高校毕业生报考。特岗计划实施15年来，中央累计招聘了95万名特岗教师，留任率超过85%①，从整体上提升了我国中西部农村教师的学历水平。同年，国家颁布《关于组织开展高校毕业生到农村基层从事支教、支农、支医和扶贫工作的通知》，每年选派一定数量的高校毕业生前往农村学校任教任职。

另一方面，国家着力打造一批形式多样的学历深造项目，为在职的农村教师提供继续接受教育的机会。中央政府各部门相继实施了"全国教师教育网络联盟计划""国家西部地区'两基'攻坚计划""高素质教师和管理队伍建设工程"等项目，通过远程在线培训、线下面授培训等多种方式为农村在职教师提供学历提升机会。2011年，教育部启动了"服务期满特岗教师免试攻读教育硕士计划"，每年在地方师范大学安排超过2000个招生名额，为服务期满并继续留在农村学校任教的优秀特岗教师提供在职硕士教育。

---

① 数据来自教育部统计。

经过20年的努力，农村中小学专任教师的学历合格率①逐年提升。根据《中国教育统计年鉴》的数据，截至2018年，农村小学和初中专任教师的学历合格率均已接近100%（小学为99.9%，初中为99.8%）。进一步地，考虑到科学技术变革对教师素质提出了更高的要求，《国家中长期教育改革和发展规划纲要（2010—2020年）》《国务院关于加强教师队伍建设的意见》等政策文件均指出，应提高基础教育阶段教师的学历标准，即新补充的教师应具有本科以上学历。我们以此为高学历标准，估算了2003—2018年我国城乡高学历教师占比②（如图1-1、图1-2）。数据显示，在相关政策的引导和保障下，农村地区教师的学历结构得到了很大程度的改善：农村专任教师中，拥有本科及以上学历的教师的比例持续提升，小学教师的这一比例从2003年的1.41%提高到了2018年的46.48%，初中教师的这一比例从2003年的14.28%提高到了2018年的80.15%。

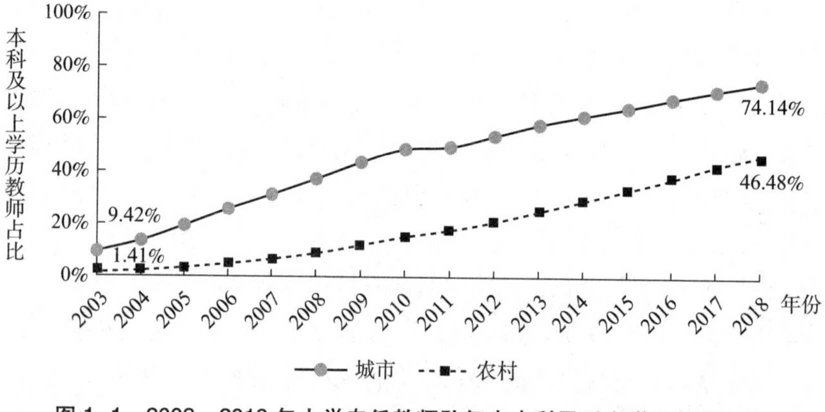

图1-1　2003—2018年小学专任教师队伍中本科及以上学历教师占比

3. 促进城镇教师向农村地区流动，提升农村地区教师质量

“城镇教师支援农村教育工作”是加强农村教师队伍建设、发展农村教育的重要举措（胡伶，2008）。21世纪以来，教育部先后发布政策文件，引导和鼓励城市、城镇教师去往农村地区支教、任教。2006年，教育部颁布《关于大

① 指符合国家规定最低学历要求（小学要求高中学历，初中要求大专学历）的专任教师数占该级教育专任教师总数的百分比。

② 限于《中国教育统计年鉴》所提供数据的可得性，本书只估算了2003—2008年城乡中小学专任教师队伍中本科及以上学历教师占比。

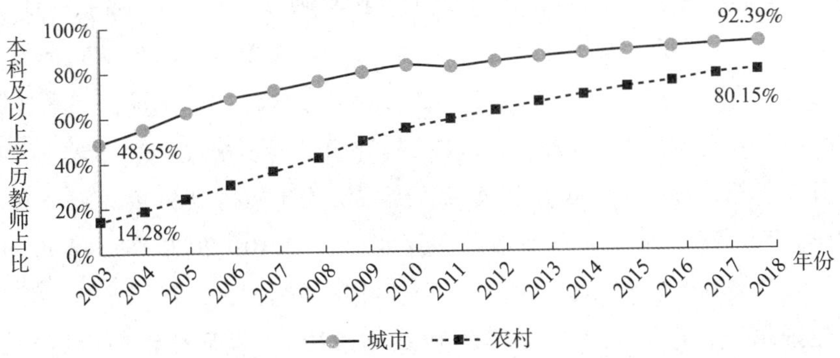

图 1-2　2003—2018 年初中专任教师队伍中本科及以上学历教师占比

力推进城镇教师支援农村教育工作的意见》，明确了城镇教师支援农村教育的战略意义；2010 年，教育部发文强调要“鼓励优秀校长和骨干教师到农村学校和薄弱学校任职、任教”。此后，政府开始逐步建立城市支援农村的刚性法制(蔡明兰，2011)。国务院和中共中央分别于 2012 年和 2013 年颁布政策文件，要求“建立县(区)域内义务教育学校教师校长轮岗交流机制”。2020 年，教育部等部门发布《关于加强新时代乡村教师队伍建设的意见》，直接规定将城镇教师“到农村学校或薄弱学校任教 1 年以上”作为申报高级职称的必要条件，引导优秀人才向农村学校流动。与此同时，各省(直辖市/自治区)也先后出台了促进城市教师向农村流动的具体政策。

此外，为更充分地发挥城镇骨干教师对农村教育的引领和带动作用，政府将支持农村的城镇教师群体范围进一步扩展到退休骨干教师。2015 年，国务院颁布《乡村教师支持计划》，“鼓励城镇退休的特级教师、高级教师到乡村学校支教讲学”。2018 年，教育部、财政部首次提出“银龄讲学计划”，鼓励支持乐于奉献、身体健康的退休优秀教师到乡村和基层学校支教讲学，并配套发布《银龄讲学计划实施方案》，为开发老龄教师资源制定了具体的保障措施。

大量研究证实，城镇教师支援农村的制度执行以来，较好地发挥了城镇骨干教师的辐射作用，为农村教师带来了校外教研力量和机会，有效提升了农村教师的教研热情，引领了农村教师的专业发展，改变了学校组织文化和教学质量(操太圣，2018；贺文洁等，2019；王光明等，2017)。

4. 建立稳定的教师培训制度，提升农村地区教师质量

在我国农村教师质量整体薄弱的背景下，实现高学历农村教师的全员“换

血”并不现实，因而我国必须建立稳定的在职教师培训制度，才能持续提升农村教师素质(薛二勇、李廷洲，2015)。并且，在知识更新换代不断加速的时代，教师只有终身学习，才能适应教育教学变革的需求。为此，国务院颁布的《关于进一步加强农村教育工作的决定》提出，要实施农村教师素质提高工程，开展以新课程、新知识、新技术、新方法为重点的新一轮教师全员培训和继续教育。《国家中长期教育改革和发展纲要(2010—2020年)》指出，应将教师培训经费列入政府预算，通过完善教师培训制度，实行每5年一周期的全员教师培训，提高农村中小学教师专业素质。《教师教育振兴行动计划(2018—2022年)》提出开展乡村教师素质提高行动，建立健全乡村教师成长发展的支持服务体系，开展高质量的乡村教师培训。在上述文件指引下，我国农村教师培训以项目为抓手，在以下方面取得了重大进展。

第一，在“国培计划”等重大教师培训政策指导下，我国为农村教师提供了送教下乡、网络培训以及置换脱产研修等更加灵活多样的参与培训方式，较好地解决了农村教师参与培训所面临的工学矛盾、面授成本高等难题。例如，教育部制定的《送教下乡培训指南》，要求区县在省市统筹和指导下，依托本地培训团队，整合区域外专家资源，采取任务驱动方式，定期开展送教下乡培训，创新乡村教师培训模式，提升乡村教师培训实效；《乡村教师培训团队置换脱产研修指南》要求通过组织师范生等到农村中小学支教、顶岗实习，为农村教师置换出为期3~6个月的时间，到培训院校和优质中小学参与脱产培训；教育部、发改委、财政部《农村中小学现代远程教育工程试点工作方案》、教育部《关于组织实施中西部农村义务教育学校教师远程培训计划的通知》，以及教育部《乡村教师网络研修与校本研修整合培训指南》等文件，均对建设教师在线培训的系统平台、大力推行网络培训作出了明确要求。

第二，培训内容不仅覆盖以专业知识、专业能力和教育理念等为内涵的教学能力，还覆盖适应教育现代化要求的信息知识技术，以提升农村教师培训内容的全面性和时效性。教育部在《关于实施全国中小学教师信息技术应用能力提升工程的意见》和《关于实施全国中小学教师信息技术应用能力提升工程2.0的意见》等文件中，均对通过教师培训来提高农村教师信息技术应用能力、推动农村教育现代化作出明确指示。

第三，针对全体教师、骨干教师、稀缺薄弱学科教师以及种子教师等不同类型的教师群体，国家提供满足其个性化需求的定制化培训。例如，为发挥农村骨干教师对促进农村教育发展的辐射和带头作用，“国培计划”专门实施了“中西部农村骨干教师培训项目”，在“十三五”期间投入20亿元专款培训了1万多名国家级骨干教师和10万多名中西部特别是农村、偏远地区骨干教师；为解决农村地区严重缺乏美育等学科教师的问题，“国培计划”专门开办乡村美育教师师资专项培训班等，以培养农村地区美育教师并提升其教学实践能力；为推进创新教师培训模式和方法、推动大规模中小学教师培训的开展，“国培计划”专门实施了“中小学教师示范性培训项目”以培养一批“种子”教师，使他们在推进素质教育和创新型教师培训中发挥示范作用。

5. 推进教师编制标准的城乡一体化，带动农村教师质量提升

我国义务教育阶段长期实行“城乡倒挂”、城市高于农村的师资配备标准，农村教师获取编制的难度远远大于城镇教师，打击了教师前往农村或在农村留任的积极性。在以往的教师职称评定中，城市优先发展的偏向性非常突出。如《关于制定中小学教职工编制标准意见的通知》规定，“小学阶段教职工与学生的配比在城市、县镇和农村依次为1∶19、1∶21和1∶23；初中阶段教职工与学生的配比在城市、县镇和农村依次为1∶13.5、1∶16和1∶18。”

随着农村地区教师编制紧缺的问题日益凸显，我国开始统一城乡教师编制标准，并适度向农村学校倾斜。2014年，为了解决农村地区中小学教师编制紧缺、学校运转和发展困难等问题，中央编办、教育部、财政部颁布了《关于统一城乡中小学教职工编制标准的通知》，将县镇、农村中小学教职工编制标准统一到城市标准，初中和小学师生配比分别为1∶13.5和1∶19。并且，考虑到农村学校规模小、班额小等特点，《乡村教师支持计划（2015—2020年）》提出“村小学、教学点编制按照生师比和班师比相结合的方式核定”，《关于全面深化新时代教师队伍建设改革的意见》特别指出教师编制应向农村小规模学校倾斜。

6. 推进教师职称评定制度的城乡一体化，带动农村教师质量提升

我国于1986年实施的中小学教师职称改革制度虽未明确规定农村教师高、中、低级职称的比例，但受到优先发展城镇策略和城乡实际差距的影响，农村教师评定职称的难度远高于城镇教师，农村高级教师比例远低于城镇（高慧斌，2017）。

为增强农村教师职业吸引力、为农村地区吸引和留住高质量教师，国家着手完善城乡教师的职称评聘制度，增加农村教师的晋升机会。2007 年，人事部和教育部联合发布相关文件，指出“农村地区学校教师高级、中级岗位结构比例，应与本地城镇同类学校大体平衡”。2015 年，人力资源和社会保障部联合教育部发布的《关于深化中小学教师职称制度改革的指导意见》，要求在同等条件下优先评聘在农村学校任教 3 年以上的教师。部分省份相继取消了农村教师评定高级职称时的限制标准，为农村教师的职称晋升提供越来越多的机会。

《中国教育统计年鉴》数据显示，2002 年至 2017 年，我国农村小学高级教师的比例由 32. 5%提升至 43. 4%，与城市小学高级教师比例的差距由 9. 0%缩小至 3. 6%；农村初中高级教师比例由 2. 3%提升至 16. 9%，与城市初中高级教师比例的差距由 4. 7%缩小至 2. 9%。

7. 完善工资和社会保障制度，带动农村教师质量提升

基于全国样本的大规模调查的数据显示，农村教师最关注的问题是工资问题和待遇问题(刘善槐等，2014)。可以说，提高农村教师的待遇水平是留住农村教师的首要措施(赵明仁，2019)。2000 年以来，中国政府不断完善农村教师的工资福利保障制度，以建设一支“下得去、留得住、教得好”的高质量农村教师队伍。

在工资制度方面，我国农村教师工资制度建设的重点经历了从“保障工资按时发放”到“保证津贴落实到位”的阶段性重大转变。截至 2006 年，农村教师工资制度建设的重点为“保障工资按时发放”，旨在解决农村教师工资拖欠问题(陶圣琴，2010)。农村教师工资长期由乡镇主要负责，但 20 世纪 90 年代初分税制等税费改革的推进，造成地方财力萎缩、教育费附加和教育集资被取消，叠加“普九”经费压力的增大，导致农村教师工资长期不能按时足额发放，严重阻碍了农村教师队伍建设。为解决该问题，《国务院关于基础教育改革与发展的决定》提升了农村教师工资保障政府层级，指出应“以县为主，省级统筹，中央支持”；《国务院办公厅关于完善农村义务教育管理体制的通知》明确规定，农村教师工资发放实行省长(市长)负责制，确保无新增拖欠，要求县级政府负责处理历年拖欠的农村教师工资，制订计划，限期补发；《国务院关于进一步加强农村教育工作的决定》，提出要建立和完善农村中小学教职工工资保障机制，新欠农村教师工资情况应按省(自治区、直辖市)通报，

实施行政问责；国务院在《关于全面推进农村税费改革试点工作的意见》中，提出“设立教师工资专户，按国家规定标准及时足额发放农村中小学教师工资，不准发生新的拖欠”；《国务院关于深化农村义务教育经费保障机制改革的通知》更明确地将巩固和完善农村中小学教师工资保障机制作为“新机制”的重要内容。在政策的强有力保障下，中央和省级政府加大转移支付力度，教师工资拖欠问题得到了解决(杜屏，2018)。

2006 年之后，农村教师工资制度建设的重点为“保证津贴落实到位”，以更好地发挥教师工资对人才的激励作用。2008 年，人力资源和社会保障部等部门起草《关于义务教育学校实施绩效工资的指导意见》，规定义务教育阶段学校从 2009 年起实施绩效工资制度，从制度层面上正式将规范后的教师津补贴纳入政府财政保障范围，并对农村学校特别是条件艰苦的学校给予适当倾斜。2018 年《中共中央　国务院关于全面深化新时代教师队伍建设改革的意见》再次强调，要“认真落实艰苦边远地区津贴等政策，全面落实集中连片特困地区乡村教师生活补助政策，依据学校艰苦边远程度实行差别化补助，鼓励有条件的地方提高补助标准，努力惠及更多乡村教师”，进一步强化了工资作为建设高素质创新型教师队伍的重要政策工具的作用。在中央政策的指导下，各地方政府积极推进教师工资改革，根据各地的财力核定教师地方津补贴。部分地区根据农村教师工资按比例发放津贴，如 2007 年山西省对边远、贫困地区和山区村镇中小学教师每月按其工资总额的 10%发放津补贴。部分地区则依据一定的标准为农村教师发放定额津贴，如 2008 年浙江省根据教师任教年限和专业技术职务等级，向全省农村教师发放 60~280 元/月的任教津贴；2013 年，湖南省按地区偏远程度向农村教师发放 300~1200 元/月的人才津贴。

在社会保障方面，国家不断完善农村教师的住房、医疗和养老等配套服务。2012 年，国务院颁布《关于加强教师队伍建设的意见》，表明应“按规定为农村教师缴纳住房公积金及社会保险”；2015 年国务院办公厅颁布的《乡村教师支持计划(2015—2020 年)》同样提出统筹解决符合条件的乡村教师的住房问题，以及做好农村教师重大疾病的救助工作。在国家的不断部署之下，农村教师的社会保障体系逐渐建立和完善，为广大农村教师安心从教、热心从教提供了基础。

(二)新时期我国农村教师队伍建设面临的主要问题与挑战

根据上文可知，在党中央和各级政府高度重视下，农村教师队伍建设取得了很大的成就，这对于发展农村教育、促进教育公平、振兴乡村都起到了很大的作用。但新时期农村教师队伍建设还面临一定的问题和挑战，主要表现在以下几个方面。

1. 农村教师补充困难且配套编制政策不够合理

尽管国家出台的多项农村教师补充政策在一定程度上缓解了农村教师短缺的问题，但总体来看，我国农村地区尤其是偏远地区依然面临教师不足的发展困境。2000 年以来，我国农村学龄人口持续下降(见图 1-3)。具体来看，2001 年至 2019 年，农村小学在读学生数量从 8604. 8 万人减少到 2557. 51 万人，减少了 6047. 29 万人；农村普通初中在读学生数量从 3121. 3 万人减少到 650. 42 万人，减少了 2470. 88 万人。农村地区学龄人口数量少且分散，造成了大量“小规模学校”和“小班额学校”长期存在的局面，教师需求增量也随之产生(张宗倩、秦玉友，2020)。然而，我国农村地区仍旧存在新招聘教师“下不去”、年轻教师留不住等问题(庞丽娟等，2020)，导致教师流入数量根本无法匹配日益增长的教师需求，尤其是体育、音乐、美术等课程的教师需求。

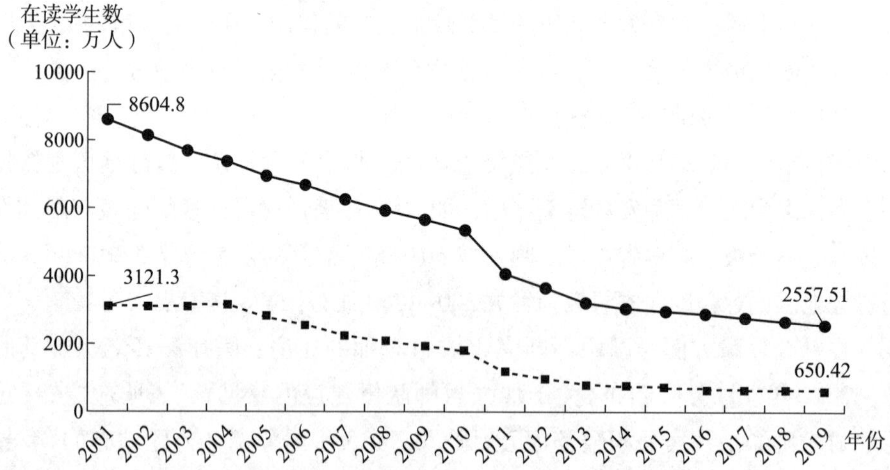

图 1-3　2001—2019 年农村小学和普通初中在读学生数

与此同时，许多地方政府执行的教职工编制标准也并不合理。诸多地方政府考虑经济因素，在偏远农村地区往往执行 2014 年的《关于统一城乡中小学教职工编制标准的通知》所规定的“1∶19”的师生比标准，但这一做法直接导致不少农村中小学陷入“表面性教师超编”与“实际教师严重不足”的非正常形态(张翔，2017)，且在维持正常教学的前提下，农村教师往往“身兼数职”，不仅承担着多门学科和多个年级的教学任务，还要承担教务管理等非教学工作，加重了农村小规模学校教师的工作负担(周兆海、邬志辉，2014)。研究发现，农村教师的周平均课时数远高于城镇教师(周兆海、邬志辉，2014)，可达到16.76节，下班后每天平均还需花费2.2小时用于备课、作业批改等工作(刘善槐等，2019)。和城镇教师的“同工不同酬”，以及超负荷的工作量，一方面容易引发教师的职业倦怠问题，影响农村教师的岗位认同感，不利于教师的身心健康发展；另一方面，也大大缩减了农村教师用于教学反思和自主学习的时间，农村教师的专业发展空间受到严重挤压，这在一定程度上加剧了农村教师向城镇的单向流动(刘善槐等，2014)。

除此之外，尽管有部分地区在《乡村教师支持计划(2015—2020年)》《关于全面深化新时代教师队伍建设改革的意见》等相关政策的指导下，采用“生师比”和“班师比”相结合的方式核定农村教师编制数量，但这一做法不仅未从根本上扭转农村师资匮乏的局面，还导致农村地区出现了大量代课教师，许多农村学校为了保证课程能够开齐、开足，聘用了大量代课教师(刘善槐等，2019)。教育部公布的数据显示，2019年，我国农村小学的代课教师数量高达63394人，占农村小学专任教师的3.38%。这些代课教师的教学水平参差不齐且稳定性较差，严重影响了农村义务教育质量。

2. 农村教师队伍老龄化和女性化趋势引发焦虑

在知识飞速增长和更新的新时代，配备一支年龄结构合理的教师队伍是实现教育现代化的前提和基础，尤其是在信息相对闭塞、教育相对落后的农村地区。为此，国家格外重视农村中小学教师年龄结构配比的合理性。然而，尽管国家陆续开展了“硕师计划”“特岗计划”“公费师范生培养”等一系列活动，吸引了越来越多的优秀年轻人走进农村从事义务教育工作，但我国农村教师的老龄化趋势依旧非常明显。图1-4呈现了2002—2018年我国农村和城镇地区初中专任教师的年龄结构变化。不难发现，无论是我国城镇地区还是农村地区，都面临着中青年教师占比持续下降、中老年教师占比持续上升的问题。高宏等人针对河南省15个县、4000多所农村小学的大型调研发现，农村小学教师的老龄化问题突出，50岁以上教师比例超过30%(高宏，2016)。甚至在部分边远村小中，教师的年龄普遍高于50岁(庞丽娟等，2020)。

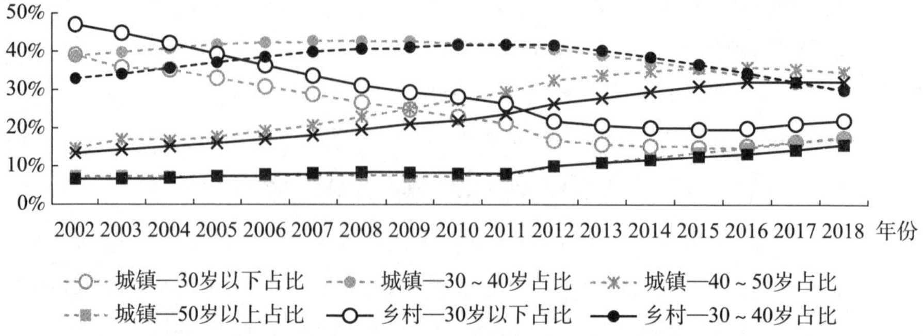

图1-4　2002—2018年我国城镇、农村地区初中专任教师队伍年龄结构变化

注：数据来自《中国教育统计年鉴》；小学教师年龄结构数据缺失。

农村中小学教师队伍老龄化趋势显然会带来一系列问题。研究发现，老教师大多学历较低、知识与教学技能提高较慢，且对多媒体技术掌握程度低（范先佐，2015），其在工作热情、工作积极性和工作精力等方面的表现也相对较差（王一涛，2007）。因此，我们不难猜测，长期没有青年教师流入农村地区，将对农村地区的教育教学质量产生严重的不利影响。

除老龄化趋势外，教师队伍女性化趋势也开始在我国各地凸显。从全国整体来看，2000—2018年，小学专任女教师比例由49.65%提高到70.01%；初中专任女教师比例由40.37%提高到57.80%。而近5年中，农村义务教育阶段女教师比例的年均增速达到城市地区的3倍多，并呈现持续增长的趋势。以农村特岗教师为例，近8年在招聘中女性教师占大多数，在部分贫困县比例甚至高达80%以上。虽然目前学界尚未有证据表明这种女性化趋势会对学生发展产生消极影响，但仍有部分学者基于教育心理理论或自身经验，表明了对义务教育阶段男教师缺位的担忧：教师队伍女性化可能不利于学生，尤其是男学生的意志力、创造力等非认知能力的发展（景抒展、李桃园，2019）。

3. 我国尚未建立科学的农村教师评价体系

2020年10月，国务院印发《深化新时代教育评价改革总体方案》，指明新时期的教师评价要“坚持把师德师风作为第一标准”“突出教育教学实绩”“强化一线学生工作”。尽管如此，受到历史文化及社会现实因素的影响，我国的教师评价仍以简单的具体量化指标为主，如通过教师学历、年龄、职称、任课班级平均成绩、任课班级升学率等指标来评价教师个体质量（梁文艳、杜育红，2011；王凯，2011）。而这种重数量轻质量、重结果轻过程的教师评价导向，存在诸多局限：

首先，现有教师评价体系无法准确衡量教师的教育教学能力。现有评价体系过分重视教师资历的相关指标，如教师的学历、年龄、职称等，但实际上在这类指标上具有优势的教师并不一定具备优秀的教学能力。评价指标选取过于粗放，缺乏对教师的实践技能水平和专业教学能力的精细考核，既不利于对高质量教师进行有效激励，也难以为教师专业发展指明方向。

其次，现有教师评价体系未关照到学生的起点差异。只看“成绩终点”忽视“成绩起点”使得农村学校或薄弱学校的教师在评价中处于不利地位。如王凯等人通过对山东省 9 所农村中小学进行访谈调查发现，受中考和高考等考试制度的影响，农村初中学校教师评价的内容仍过分侧重学生考试成绩。而在偏远农村的小规模学校中，成绩优异的生源往往被城镇的重点学校抢走，留在农村的大多是成绩比较差的学生(朱青，2017)。忽视不同学生的学业基础，而仅以学生的最终学业成绩衡量教师绩效，不仅有失公平，还会驱使农村教师争相流入“升学率高”“平均成绩高”的城镇学校，加速农村地区教师的流失。

最后，现有教师评价体系的维度过于单一。在以学生产出度量教师质量时，绝大多数的评价只关注到了学生的学业成绩而忽视了学生的非认知技能。唯分数、唯升学率的教师评价体系使得教师只“教书”不“育人”，只关心学生的成绩问题而忽视学生综合素质的提升(王鉴、王子君，2021)。

4. 教师专业发展活动不能满足农村教师需求

随着知识的不断更新和时代的高速发展，国家和社会对教育的成效也赋予了更多的期待。除了掌握最基本的学科知识，学生还被期望成为一个全面发展的人(周俊英，2018)。在此背景之下，教师作为影响学生的最重要因素之一，需要扮演学生学业的引导者、学生成长的参谋人、教育教学的科研员等多种角色(黄雅丽，2003)。而教师在其所受的师范教育中所获得的技能可能并不足以支持教师面对如此严峻的挑战。想要更好地适应教师角色、回应时代的期待，教师需要在进入学校后通过参与一系列的专业发展活动来获取培养学生所必需的知识、技能和素养。2000 年以来，国家投入了大量的人力、物力和财力来保证农村教师专业发展活动的顺利开展。但是，由于农村教育自身存在一定的复杂性，农村教师的专业发展活动的组织管理体系在执行过程中暴露出了一系列系统性问题，具体表现在以下 4 个方面。

第一，专业发展活动的内容脱离教师实际需求。肖庆华通过对已有文献进行归纳和提炼，将当前中小学教师的主要培训模式分为“基于能力素质提升的培训模式”“基于方式改进的培训模式”和“基于学生视角的培训模式”。他指出，3类培训模式存在着“城乡同质化”倾向及“乡村同质化”倾向，完全忽视了农村教师的“主体诉求”，这使得农村中小学教师专业发展活动所涉及的内容与农村教师的实际需求并不匹配，最终导致农村教师专业发展效果不佳。

第二，专业发展活动过于形式化。编制配置失衡问题导致农村教师“身兼数职”。而外出培训往往会扰乱正常的教学工作，比如，“国培计划”中就有很多项目必须通过短期或较长时间的脱产才能完成，这使得本就人手不够的农村小规模学校的师资情况雪上加霜，因此，农村教师专业发展活动以网络培训为主（白亮等，2019），部分小规模学校还会采取“代培”和“复培”的方式，派一些“边缘教师”参与培训，以减少“重要岗位教师”的学习培训机会（郭静，2017）。这一做法导致部分优秀教师错失了学习和提升的机会，农村学校教育水平止步不前。

第三，高质量专业发展活动难以覆盖普通教师。农村教师参与培训的级别主要是地市级培训、县级培训和校级培训，只有极少一部分教师参加过国家级培训、省级培训等层次相对较高的培训（乔晖，2017；张志越，2011）。且在一些存在“论资排辈”等不良风气的农村学校，能够参加培训的农村教师往往是骨干教师、学科带头人和特级教师，新教师和普通教师很难接触到培训的机会（乔晖，2017）。这就导致新教师和普通教师的专业能力无法得到提升，其工作积极性和教学热情也很可能受到挫伤，最终影响农村学校的整体教学质量。

第四，专业发展活动的考核评价机制不够完善。部分地区的教育行政部门并没有建立起对培训教师完善、有效的考核和评价机制，各学校的考评工作依据学校负责人的意见自主进行。这导致一些学校对外出培训的教师根本没有制定相应的考评办法，也有一些学校所制定的考评机制流于形式（张文斌、周晔，2017）。例如，张志越对山西省忻州市37所农村中小学的在职公办教师调查研究发现，培训考核只是对考勤、考试成绩等进行表面性记录；而评价环节只侧重对参训教师、培训结果和知识的评价，而忽视了对培训者与培训机构、培训过程和能力的考核。长此以往，教师的培训态度不够认真和端正，参加培训只是敷衍了事，一些教师甚至把培训当作出去玩的机会；

培训没有起到应有的作用，偏离了培训政策的初衷。

5. 农村教师工作热情和满意度不佳

教师工作满意度与教师个人素质、教师获得感与幸福感紧密相关(Hagenauer et al.，2015)。高工作满意度的教师能够通过激发自身工作积极性等途径提高学生的学业表现和幸福感水平(Klassen et al.，2014；沈学珺，2019)。可以说，提高教师职业吸引力和教师工作满意度，对于建设优质教师队伍以及提升我国农村地区教学质量至关重要。

然而，我国农村教师由于工作任务过于繁重、得不到足够资源支持等原因，工作热情和工作满意度长期不佳。有学者对农村中小学教师的工作投入状况进行调研，发现农村教师对教育教学工作的积极性以及对教师职业的热爱程度都较低(贾文华，2013)。此外，学者对我国各地农村中小学教师展开的调查研究发现，农村教师整体工作满意度水平偏低，教师对工资收入、进修晋升和工作环境普遍不满意(段晓芳，2016)。较低的工作热情和工作满意度不利于农村地区教师的队伍稳定和质量提升，更为我国农村义务教育质量的可持续提升埋下了隐患。

第三节　主要内容和结构

根据上文对农村中小学教师队伍建设的政策变迁和成绩的梳理，着眼高质量教师队伍建设，我们需在以下 3 个方面做出努力：

首先，我们应准确识别教师质量对推进农村义务教育优质发展的作用。21 世纪以来，国家颁布多项政策，投入大量的人力、物力、财力促进农村教师队伍的建设。那么，教师质量究竟在多大程度上影响了城乡教育差距？教师投入要素在带动农村地区义务教育发展的过程中成效如何？目前，学界相关研究仍然较少。对这些问题开展进一步研究、探讨，能够为政府对农村教师的政策决策提供证据支持。

其次，我们应重视教师质量评价的相关研究。目前的教师质量评价指标存在不准确、不公平和不全面等多种问题，无法有效服务于教师激励和教学改进任务。目前，我国对于能更准确地测量教师绩效、引导教师关注教学过程的增殖性评价和课堂观察评价的研究处于起步阶段(张雅楠、杜屏，2017；赵德成，2020)，有待进一步深入。

最后，我们应重视教师质量影响因素的相关研究。未来，我们应在科学系统教师质量评价体系下继续开展教师质量影响因素研究，这样既能够帮助农村学校精准有效识别高质量教师、招聘更多优质教师，也能够帮助教育管理部门优化专业发展活动、提升农村教师队伍素质。

本书整体上分为上、中、下三篇：上篇为“教师质量与城乡教育差距”，主要选择了深化基础教育改革和社会经济大变革背景下亟待关注的“学生中心”教学策略和“教师中心”教学策略两个教师质量构成要素，分析提升教师质量对于缩小城乡中小学教育差距的重要意义；中篇为“改进教师质量评价展望”，主要选择了新时期社会教育评价改革中备受重视的增值性评价和课堂观察评价两种评价策略，通过对国际前沿的学术文献、政策文本以及网络资料进行全面梳理，为探索本土化的农村教师质量评价改革提供更加全面和有效的参考依据；下篇为“教师队伍质量提升的路径探索”，主要从改进学校工作环境建设、开展教师专业发展活动，以及有效招聘教师的角度，探索怎样才能建立一支稳定的、安于乐教的、能促进学生发展的高质量农村教师队伍。本书具体研究内容如下：

(1)对21世纪以来中国农村教师队伍建设的演变历程进行梳理和回顾，总结其发展特征和已取得的成绩，在分析其存在的问题的基础上进一步明确本书的研究方向。

(2)基于2014年在中国东部某省开展的基础教育质量调查的数据，从教师实施“学生中心”教学策略这一基础教育课程改革核心内涵的角度，探索城乡教育差距的缩小路径，包括缩小教师实施“学生中心”教学策略的城乡差异，以及缩小“学生中心”教学策略实施效果的城乡差异对城乡教育差距的贡献，明确城乡教育一体化建设中优先关注缩小城乡教师教育与教学质量差距的重要性。

(3)基于PISA2018在中国北京、上海、江苏和浙江4个省(市)的调查数据，通过分析教师教学热情影响城乡教育差距的两个渠道——农村教师教学热情水平不高，以及教师热情的回报不佳，研究改善农村教师教学热情将如何缩小城乡教育差距的问题。

(4)基于美国近30年来实施教师质量课堂观察评价的相关文献和管理文本资料，从评价框架开发、过程管理以及识别有效指标的实证研究设计3个方面梳理美国教师质量课堂观察评价的实践经验，并讨论其对我国教师评价改革的启示。

（5）基于半个世纪以来美国实施教师质量增值性评价的相关学术文献、政策文本以及执行报告，就增值性评价在模式选择、前沿技术引入、数据库建设、评价导向设计等方面需考虑和应对的问题进行全面梳理，尝试系统地总结教师质量增值性评价在美国学术研究和实践应用中的发展路径，为探索本土化的教师质量评价提供更加完备的参考依据。

（6）基于2016年贵州省某县对农村特岗教师的实地调查数据，从教师工作负担（教学和非教学负担）、物质条件以及基础设施等维度探讨阻碍农村教师留任的影响因素，为稳定农村教师队伍提供决策依据。

（7）基于TALIS2018数据和2020年河南某县对农村特岗教师的实地调查数据，从整体上探讨学校工作要求和工作资源对教师工作满意度的影响，同时基于河南某县农村教师的小规模调查数据，针对特岗教师这一特殊群体开展教师工作满意度个案分析，从优化学校管理的角度，为提高教师工作满意度、建立一支安于乐教的农村教师队伍提供决策参考。

（8）基于TALIS2018的数据，从累积性等6个方面对教师专业发展活动进行表征，从课堂教学秩序等4个维度测量教师课堂教学质量，探讨教师专业发展活动与课堂教学质量的关系，从优化和改进专业发展活动设计的角度为提升教师课堂教学质量提出相应的对策建议。

（9）基于PISA2015中国4个省（市）的数据，以科学学科为例，探讨教师合作对学生学业成绩的影响，揭示教师教学实践和学生学习动机在上述影响过程中的链式中介作用，旨在准确理解教师合作影响学生学业成绩的内在机制，为有效推进教师合作以提升教师教育教学质量提供参考。

（10）基于CEPS的基线调查数据（2013—2014学年）和第一轮追踪调查数据（2013—2014学年），考察教师性别对初中阶段学生人力资本的影响，旨在回应当前备受学术界和政策实践领域担忧的教师性别结构失衡问题，以及为教师招聘政策的调整和专业发展活动的优化提供启示。

第四节　主要创新

目前，无论是农村教师质量重要性的测量，还是教师质量评价的改进，抑或是教师质量提升路径的探索，都有待学者进一步拓展和深化研究。本书尝试基于严谨的实证研究设计和对国际前沿文献、执行报告文本的梳理，从多维视角就上述问题进行分析。本书聚焦于农村教师，但不局限于农村地区，所得到的许多研究发现对于高质量教师队伍建设具有普适性的参考意义。整体而言，本书主要有以下创新。

第一，就提升教师质量对于缩小义务教育阶段城乡教育差距的重要性提供了基于严谨实证模型测量的循证依据，补充了现有文献对此问题分析的欠缺，为各级政府以加强教师队伍建设为抓手、推进城乡教育一体化提供了更加充分的证据支持。一方面，本书针对推进教师实施“学生中心”教学策略这一基础教育课程改革的重要内容，采用两水平随机截距模型、分位数回归模型和 Oaxaca-Blinder 分解法，从“学生中心”教学策略的角度探究了小学阶段城乡教育差距的成因，研究发现，提升农村教师“学生中心”教学策略的实践水平，能有效缩小城乡教育的差距。另一方面，针对中国农村教师职业倦怠水平较高、缺乏工作热情的现象（伍新春等，2019），本书采用分位数回归模型和 Oaxaca-Blinder 分解法，从教师教学热情的角度探讨了基础教育阶段城乡教育差距的成因，研究发现，教师教学热情对城乡教育差距具有较大的解释程度。

第二，国家纲领性文件《深化新时代教育评价改革总体方案》提出“改革教师评价”，但评价方式改革是一个持续的过程，而不是一次性的活动或事件，需投入大量时间和资源去探索，否则会带来不必要的风险。在此背景下，本书针对增值性评价和课题观察评价两种新型教师质量评价手段，就国际前沿学术研究和实践经验进行全面梳理和总结，为专业化、系统化和科学化地探索教师质量评价改革提供参考。

第三，在农村教师流失严重、工作满意度不高等问题亟待关注的背景下，本书从教师个人特征和学校工作特征的角度揭示农村教师安于乐教的影响因素。一方面，本书借鉴已有文献（Djonko-Moore，2016；Hughes，2012）的做法，通过构建二元逻辑回归模型来考察农村教师留任的影响因素。另一方面，本书基于工作要求—资源模型，从学校工作特征的角度，通过构建回归模型、有调节的中介效应模型等手段，考察了教师特别是农村教师工作满意度的影响因素。

第四，在教师必须持续学习以不断提升教学质量的背景下，开展专业发展活动被视为提高教师质量的重要抓手，但要真正发挥提升教师教学质量的作用，必须准确揭示专业发展活动特征，以及其具体类型对教师质量产生的影响，本书从这一视角补充了现有文献的不足。一方面，本书以改进课堂教学为导向，基于两水平模型和分位数回归模型揭示专业发展活动特征对教师课堂教学质量的影响。另一方面，本书以提升学生成绩为导向，基于两水平模型和链式中介模型揭示教师合作教学这类备受关注的专业发展活动对教师教学质量的影响。在实证分析的基础上，本书所得结论为设计、优化和改进教师专业发展活动提供了依据。

第五，在中国的基础教育阶段教师的女性化趋势日渐明显、社会各界对教师女性化深感焦虑的背景下，扭转教师结构失衡的一些做法亟待严谨的数据支持，但现有研究非常缺乏。本书基于现有研究，对男教师可能拥有优势的学生人力资本变量构建结果指标框架，不仅从教师个体层面探讨了教师性别对学生人力资本发展的影响，而且从组织层面探讨了学校和班级任课教师性别构成对学生人力资本发展的影响，在通过多种稳健性讨论保障结果有效性的基础上，得到女教师更能促进学生的认知和非认知能力发展的结论。在此基础上，本书进一步探讨了女教师存在优势的原因，回应了当前备受学术界和政策实践领域担忧的教师性别结构失衡问题，并为教师招聘政策的调整和专业发展活动的优化提供了启示。

上篇

教师质量与城乡教育差距

第二章

“学生中心”教学策略与城乡教育差距

2001年，《基础教育课程改革纲要》的颁布，拉开了基础教育课程改革（下文简称新课程改革）的序幕。新课程改革的核心内容之一，是改变学生被动接受学习的局面，倡导教师关注学生个体差异、满足学生个性化学习需要，引导学生主动参与学习、探究，激发学生的内在学习动机、自信心和兴趣，使学生成为自主学习者，进而获得更好的教育产出。在具体实践措施上，新课程改革强调将教师掌握教学过程主动权的、自上而下传递知识的“教师中心”教学策略转变为学生在学习过程的体验和诠释中获取知识的“学生中心”教学策略（Dello-Iacovo，2009；崔允漷，2002；李子建、尹弘飚，2010）。

由于农村地区教师专业素质普遍较低，可能难以真正践行新课程改革的新要求或新理念，有学者担忧，新课程改革在提升中国基础教育整体水平的同时，可能因为农村教育“不适应”等原因，导致城乡教育差距拉大（罗祖兵，2004；王嘉毅、赵志纯，2010）。尽管如此，伴随新课程改革的推进，中国政府相继推行了一系列重大的、向农村地区倾斜的教师队伍建设项目，这可能在很大程度上改变了农村教师队伍的素质，并为新课程改革的推行打下了基础。本章聚焦“学生中心”教学策略这一改革的主要内容，利用小学阶段大规模质量测评数据，从“学生中心”教学策略的角度，揭示城乡教育发展的差距，这对于优化改革、推进城乡义务教育一体化有着重要的意义。

第一节　文献综述

“学生中心”教学策略的实践是有条件的，并非所有教师都有能力或意愿去实践（李子建、尹弘飚，2010）。已有研究发现，农村教师在实践“学生中心”教学策略时可能面临两方面的阻碍。一方面，认可“学生中心”教学策略并且对其内涵有正确的理解，是教师积极实践该策略的前提（Al-Balushi et al.，2020；Garrett，2008），但由于农村教师自身素质不高，他们拥有的教育理念、知识结构及其更新速度可能都跟不上教育改革的要求（卢尚建，2013；杨艳玲、于京天，2004），这可能阻碍其实践“学生中心”教学策略。另一方面，农村学生的学习基础和纪律表现与城市学生相比相去甚远，这使得农村学生在参与式学习等过程中更可能造成偏离教师设计主题、阻碍教师按计划完成教学进度的风险；同时，由于教育管理部门对课堂教学进度有严格的规定，实践“学生中心”教学策略自然会增加农村教师因为不能完成教学进度而在教学考核中无法达标的可能性（Koedel et al.，2015），因而他们可能更愿意继续采用“满堂灌”的“教师中心”教学策略（Wang，2011；杨艳玲、于京天，2004）。

尽管如此，上述研究要么基于小样本的个案调查去揭示农村教师在实践“学生中心”教学策略中面临的阻碍（Wang，2011），没有基于完备的“学生中心”教学策略测评框架、利用大规模调查数据开展研究，使其外部有效性受限；要么以新课程改革实施不久的调查数据为基础进行描述（杨艳玲、于京天，2004），使其时效性受限。事实上，中国政府近年来高度重视农村地区教师队伍建设，实施了“免费师范生项目”“特岗教师政策”，以及“乡村教师支持计划”等一系列重大改革项目，旨在提升农村地区教师队伍的素质，改善农村教师的知识结构和教育教学环境。这使得农村地区的教师队伍结构和课堂教学环境相较新课程改革之初可能发生了根本性转变，因而我们并不清楚，“学生中心”教学策略的实施水平是否在当下仍然存在明显的城乡差距。为此，本章将按照新课程改革的定义构建完备的“学生中心”教学策略测评框架，基于大规模调查数据，验证本书的第一项研究假设，假设如下。

H_1：相对于城市地区，农村地区教师“学生中心”教学策略的实践水平更低。

与此同时，“学生中心”教学策略效果的发挥同样是有条件的。研究者认为，要使“学生中心”教学策略能够促进学生自我学习进而提升学生成绩，需要对教师的课堂管控能力及其对新教学策略的掌握水平提出更高的要求（Wang，2011；李子建、尹弘飚，2010）。当教师能力或素养不高时，他们在实践新的教学策略时可能存在“形似而神不似”的问题（王嘉毅、赵志纯，2010）。以实践“学生中心”教学策略为例，如果教师不能准确把握学生能力差异或个性化的需求，在组织学生开展参与式教学或引导学生自主探究的过程中可能难以及时提供正确的引导和启发，甚至可能造成学生在学习过程中形成一些不完整、不正确的知识片段或概念（丁笑炯，2005；郑太年等，2013）。此外，如果教师掌控课堂秩序的水平不高，在开展参与式教学或引导学生自主探究的过程中可能失去对课堂的掌控，增加课堂秩序混乱的风险，使学生把有限的时间浪费在无效的交谈、游戏或活动中（Gage，1978）。学生并不能在这样的课堂教学环境中发展自主学习能力从而获得更好的教育产出。

已有研究指出，农村教师自身知识素质不高、对课堂秩序掌控能力较低、教师专业发展活动质量不高（卢尚建，2013；王嘉毅、赵志纯，2010；王凯，2011），这些都可能阻碍“学生中心”教学策略的实施，造成该教学策略与农村地区学生成绩的关系变得不确定。简言之，因为缺乏有效实践新理念的高素质教师队伍，农村地区学生可能难以从新课程改革中获益（罗祖兵，2004）。正如前文所介绍的，一系列重大的国家政策可能从根本上改变了农村教师队伍的素质，同时，由于学业基础薄弱的学生对于教师根据个体需要提供指导和帮助的依赖性相对更大（Alfassi，2004；Lounkaew，2013），且农村地区学生的学习基础较差、家庭教育参与和监管水平较低（盛连喜，2008），增加了“学生中心”教学策略在农村地区发挥效果的可能性。因而，我们并不清楚，在城乡教育教学环境差异明显的情境下，农村地区学生能否因为教师实践“学生中心”教学策略而获益。学生从教师实践“学生中心”教学策略中的获益程度是否存在城乡差距？此外，根据新课程改革的政策逻辑，“学生中心”教学策略旨在通过促进学生自主学习来提升教育质量（崔允漷，2002；李子建、尹弘飚，2010），那么，如果农村地区学生能从中获益，上述机制是否成立？为了回答上述问题，本章将验证下列研究假设（第二项和第三项研究假设）。

H_{2a}：“学生中心”教学策略能提高农村地区学生的学业成绩。

H_{2b}：“学生中心”教学策略通过促进学生自主学习，提高了农村地区学生的学业成绩。

H_3：“学生中心”教学策略对学生成绩的提升作用，在农村地区小于城市地区。

更一般的现实情境是，学生个体的学习基础差异很大，这使得“学生中心”教学策略与学生学业成绩的关系可能因为学生自身学业水平的不同而改变（胡咏梅、唐一鹏，2018）。以实践因材施教这一维度的“学生中心”教学策略为例，现有研究（Alfassi，2004；Lounkaew，2013）显示，相较成绩优异的学生，成绩落后的学生更可能从中获益，可能的原因在于：在实践“教师中心”教学策略的课堂环境中，成绩落后的学生通常很难得到教师的关注，但因为学习基础薄弱等原因，其学习进步更依赖教师精细化的引导；因此，在实践因材施教的过程中，教师必须关注包括成绩落后学生在内的每类水平学生的特定教育需求，设计或安排符合各类学生需要的学习任务，从而为成绩落后学生的进步创造了更多的可能性。这意味着，“学生中心”教学策略与学生成绩的关系可能在不同成绩分位点上表现出异质性。因此，本章利用无条件分位数回归模型（Unconditional Quantile Regression，UQR），在学业成绩的不同分位点上重新验证第二项和第三项研究假设。

进一步地，如果因为缺乏有效落实改革的高素质教师，教师实践教学改革的水平存在城乡差距，并导致改革的效果在城乡两地差距明显，那么，推进“学生中心”教学策略则可能会加剧城乡教育的不均衡。对此，有学者明确提出担忧，认为以“学生中心”教学策略等为内涵的新课程改革在整体提升中国基础教育发展水平的同时，可能使农村教育发展面临被置于边缘性地位的风险，并加剧了城乡教育发展的不公平、不均衡（罗祖兵，2004）。

当然，事情也可能有另外一面。在各级政府加强农村教师队伍建设的背景下，“学生中心”教学策略的实践水平及其效果的城乡差异存在不确定性，也造成该类教学策略对城乡教育差距的贡献变得不确定。在现有从新课程改革的角度探究城乡教育不均衡问题的文献中，大多数研究都基于绝对数据的比较，且大多在改革开展之初进行，尽管这些研究对于认识新课程改革所面临的挑战和需要应对的问题具有重要意义（罗祖兵，2004；王嘉毅、赵志纯，2010），但不足以从促进城乡义务教育均衡发展的角度为新课程改革的优化提供有效信息。当然，也有个别文献利用不均衡分解技术开展研究，发现在学生资源、家庭资源、学校资源、学校管理 4 类影响因素中，学校资源对城乡学生学业差距的贡献度较大，尤其是教师质量的贡献度最大（祁翔、郑磊，2019）。但该研究聚焦于学历等传统的教师质量指标，没有考察教师教学策略等基础教育改革的因素。为此，本章需要验证的第四项研究假设如下。

H_4：教师“学生中心”教学策略实践水平在城乡间的差距是导致城乡教育差距的重要原因。

综上，本章将新课程改革提出的“学生中心”教学策略与城乡教育一体化发展问题相联系，考察“学生中心”教学策略对学生成绩提升效应的城乡差距，并精确度量该教学策略对学生成绩城乡差距的贡献程度及其内在机制，旨在从推进城乡教育一体化发展的角度，为基础教育发展相关政策的改进提供决策依据。

第二节 数据与研究设计

(一)数据来源与变量描述

本章使用中国基础教育质量监测协同创新中心 2014 年在东部某省开展的“区域教育质量健康体检”项目所提供的小学阶段大规模教育质量测评数据库。该项目调查了 636 所农村小学的 18892 名五年级学生和 505 所城市小学的 15129 名五年级学生，内容包括标准化学业测试(语文和数学)成绩、“学生中心”教学策略、家庭社会经济背景等丰富的信息，很好地满足了本章的研究需要。

1. 学业成绩

在揭示一般性教学投入要素而非特定学科投入要素的影响效应时，对多维产出变量取均值作为结果变量的做法是有效且精炼的(唐一鹏等，2020)，因此，本章使用标准化后的语文和数学平均成绩衡量学生学业成绩①。项目组依据国家义务教育课程标准(2011 年版)对学科内容和能力的要求编订了测试题目，并经过严格的预测试等环节，保证了测试能准确衡量学生真实的学业水平(周达等，2017)。描述统计显示，农村地区学生的平均成绩(545. 771 分)显著落后于城市地区(584. 759 分)，二者差距达 38. 988 分($p<0.01$)。

2.“学生中心”教学策略

根据新课程改革对“学生中心”教学策略具体内涵的定义，项目组根据因材施教、参与式教学、引导探究 3 个维度编制量表，从学生视角测量了教师

① 参考 PISA 等大型国际测试的做法，项目组基于项目反应理论将各学科的测试成绩转化为均值为 500、方差为 100 的标准分。

在“学生中心”教学策略上的实践水平。各维度均采用 5 分量表进行测量①，量表适配状况良好(CFI 和 TLI 均高于 0.9，RMSEA 小于 0.08)。我们使用 3 个处理步骤，获得了最终使用的 3 项教学策略指标(如图 2-1)：第一，分别在因材施教、参与式教学、引导探究的维度上，对所含题项取均值，获得每名学生对教师实践各维度教学策略的评分；在此基础上，对各维度的评分取均值，计算每名学生对教师在“学生中心”教学策略综合实践水平上的评分。第二，将学生对教师“学生中心”教学策略分维度和综合实践水平的评分在学校层面取均值后计算标准分，获得 4 项“学生中心”教学策略指标 Z_{sk}。第三，为更直观地比较，利用公式 $\frac{Z_{sk}-\min Z_k}{\max Z_k-\min Z_k}\times 100$，本章分别将 3 项“学生中心”教学策略指标转化为取值为 0~100 的变量。

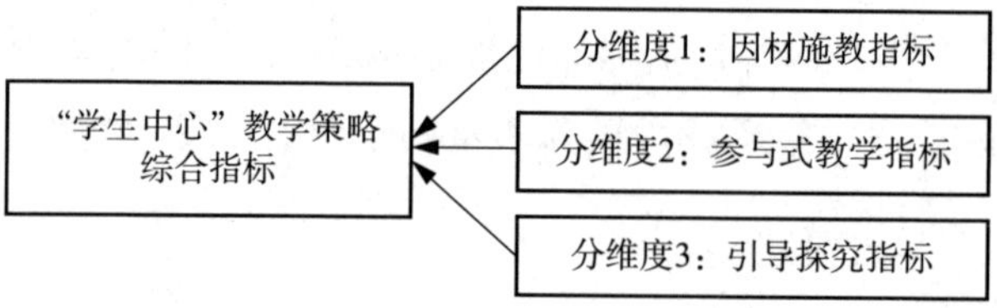

图 2-1 “学生中心”教学策略指标框架

3. 自主学习变量

参考已有文献(唐一鹏等，2020)，本章通过内在学习动机和学习自我效能感两项指标来衡量学生的自我学习状况。项目组编订了内在学习动机量表和学习自我效能感量表②，量表适配状况良好(CFI 和 TLI 均高于 0.9，RMSEA 小于 0.08)。本章对每个量表所含题目取均值后计算标准分，分别得到了学生个体的内在学习动机和学习自我效能感指标。

4. 控制变量

为了更有效地估计核心解释变量的影响效应，本章从学生和学校两个层

---

① 因材施教维度包含“教师鼓励我们使用适合自己的学习方法”等 5 道题目；参与式教学维度包含“教师在课上组织我们进行小组活动”等 3 道题目；引导探究维度包含“无论是上课还是下课，教师都鼓励我们思考和提问”等 8 道题目。限于篇幅，本章没有列出具体测量题目。

② 内在学习动机量表包含“我喜欢学习新知识”等 4 道题目，学习自我效能感量表包含“我总是能实现自己设定的学习目标”等 4 道题目，所有量表均为 5 分量表。

面引入了控制变量。学生层面的控制变量包括：性别(1=女生，0=男生)、家庭社会经济地位(SES)①、独生子女(1=是，0=否)以及单亲家庭子女(1=是，0=否)。学校层面的控制变量包括：公立学校(1=是，0=否)、高级职称教师占比、高学历(本科以上学历)教师占比。表2-1显示，除性别变量外，在其余学生个体家庭社会经济背景指标或学校办学质量指标上，农村学生的水平全部显著低于城市学生。

表2-1　城乡样本在控制变量上的均值及其差异描述

变量	农村均值	城市均值	城乡差异(农村—城市)
性别(1=女，0=男)	0.469	0.462	-0.007
家庭社会经济地位(SES)	-0.187	0.231	0.418***
独生子女(1=是，0=否)	0.373	0.535	0.162***
单亲家庭子女(1=是，0=否)	0.048	0.036	-0.013***
公立学校(1=是，0=否)	0.924	0.851	-0.072***
高级职称教师占比	0.598	0.738	0.140***
高学历(本科以上学历)教师占比	0.542	0.616	0.074***

注：*表示 $p<0.1$，**表示 $p<0.05$，***表示 $p<0.01$。

(二)研究设计

首先，为验证假设 H_1，本章分别描述城乡教师在“学生中心”教学策略综合指标及分维度指标上的得分状况，采用t检验的方法，检验教师在该类教学策略实践水平上的城乡差异。

其次，考虑到存在学生个体嵌套于学校的两水平数据结构，为了使分析的结果更加准确并符合实际，我们构建了两水平随机截距回归模型，以检验假设 H_{2a} 和 H_3：

$$score_{is}=\alpha+\beta teast_s^k+\gamma stu_{is}+\delta sch_s+re_s+\varepsilon_{is} \tag{2-1}$$

模型(2-1)中，$teast_s^k$ 是核心解释变量，表示第 k 项“学生中心”教学策略指标；$score_{is}$ 是被解释变量，表示学校 s 中学生个体 i 的学业成绩；stu_{is} 和 sch_s 是学生层面和学校层面的控制变量向量；α 为常数项，re_s 是学校层面随机效

① 家庭社会经济地位是一个合成变量，由父母中的最高职业等级、最高受教育程度以及家庭拥有物的标准化变量的均值计算获得。

应项，ε_{is}为随机误差项。同时，考虑到变量关系在同一学校内部的相似性，本章将估计聚类稳健标准差，以更好地做出统计推断。一方面，本章基于农村样本估计模型，分析系数β的取值及显著性，从而检验 H_{2a}。另一方面，本章在城市和农村样本中分别估计模型(2-1)，利用邹至庄检验的方法判断两组样本估计得到系数β取值的差异及显著性，以判断“学生中心”教学策略对学生成绩的提升作用是否存在城乡差异，从而检验 H_3。

进一步地，考虑到教师教学投入对学生成绩的影响效应可能随学生学业水平的不同而变化，这意味着平均水平上的估计结果可能并不全面，因此，为更全面地理解变量的关系及其城乡差异，本章将引入无条件分位数回归(UQR)模型，在学生学业成绩不同分位点重新估计模型(2-1)。UQR 模型依赖再中心化函数(Re-centered Influence Function，RIF)对数据进行转换(Firpo et al.，2009；Lounkaew，2013)，因变量 *score* 无条件分位数点(q_τ)的 RIF 记为：

$$\mathrm{RIF}(score,\ q_\tau)=q_\tau+\frac{\tau-D(score\leqslant q_\tau)}{f_{score}(q_\tau)} \tag{2-2}$$

模型(2-2)中，$f_{score}(\cdot)$是成绩分布的边际密度函数，D 是指示函数，由于 RIF($score$，q_τ)在实际中不可观测，我们需要使用其样本估计值：

$$\mathrm{RIF}(score,\ \hat{q}_\tau)=\hat{q}_\tau+\frac{\tau-D(score\leqslant \hat{q}_\tau)}{\hat{f}_{score}(q_\tau)} \tag{2-3}$$

模型(2-3)中，$\hat{q}_\tau$ 是样本分位数，$\hat{f}_{score}(q_\tau)$是密度函数的核估计值。解释变量边际影响效应的 UQR 模型估计结果记为：

$$\mathrm{UQPE}(\tau)=\int\frac{\partial\ E(\mathrm{RIF}(score,\ \hat{q}_\tau)\mid X)}{\partial\ X}dF_X \tag{2-4}$$

接下来，为检验 H_{2b}，本章将检验解释变量(“学生中心”教学策略 *teast*)是如何通过中间变量(自主学习 *self_learning*)对被解释变量(学业成绩 *score*)产生间接影响效应的。具体的中介效应模型设定如下：

$$score_{is}=\alpha+\beta teast_s^k+\gamma stu_{is}+\delta sch_s+re_e+\varepsilon_{is} \tag{2-5}$$

$$self\_\ learning_{is}=\alpha+\beta teast_s^k+\gamma stu_{is}+\delta sch_s+re_e+\varepsilon_{is} \tag{2-6}$$

$$score_{is}=\alpha+\eta teast_s^k+\varphi self\_\ learning_{is}+\gamma stu_{is}+\delta sch_s+re_e+\varepsilon_{is} \tag{2-7}$$

模型(2-5)~(2-7)中除自主学习变量外，其余参数设置同模型(2-1)，通过分析系数β、η 以及 φ 的取值和显著性，并结合 Bootstrap 方法，我们可以检验 H_{2b}。

最后，为了更全面地验证 H_4，本章不仅要分析“学生中心”教学策略的城乡差异对城乡教育差距的解释程度，并且要将其与其他特征对城乡教育差距的解释程度进行比较。在已有文献中，Oaxaca-Blinder 分解法是一种被广泛用于揭示和比较相关因素对城乡教育差距解释程度的方法，并可将城乡教育差距归因为投入水平的组间差异以及投入回报率的组间差异两个方面(Amini et al.，2015；Lounkaew，2013；祁翔、郑磊，2019；郑磊等，2019)，该方法非常符合本章的需求。为此，本章采用 Oaxaca-Blinder 分解法以验证 H_4。我们分别在城市和农村学校样本中估计模型(2-1)，这时城乡两地的学生成绩差异可以表示为：

$$\begin{aligned}\Delta &= E(score \mid Urban) - E(score \mid Rural) = \overline{score_u} - \overline{score_r} \\ &= (\overline{teast_u} \cdot \hat{\beta}_u + \overline{stu_u} \cdot \hat{\gamma}_u + \overline{sch_u} \cdot \hat{\eta}_u) - (\overline{teast_r} \cdot \hat{\beta}_r + \overline{stu_r} \cdot \hat{\gamma}_r + \overline{sch_r} \cdot \hat{\eta}_r) \\ &= \underbrace{[(\overline{teast_u} - \overline{teast_r}) \cdot \hat{\beta}_r + (\overline{stu_u} - \overline{stu_r}) \cdot \hat{\gamma}_r + (\overline{sch_u} - \overline{sch_r}) \cdot \hat{\eta}_r]}_{endowmenteffects} \\ &\quad + \underbrace{[\overline{teast_u} \cdot (\hat{\beta}_u - \hat{\beta}_r) + \overline{stu_u} . (\hat{\gamma}_u - \hat{\gamma}_r) + \overline{sch_u} \cdot (\hat{\eta}_u - \hat{\eta}_r)]}_{coefficienteffects}\end{aligned} \tag{2-8}$$

在模型(2-8)中，学生成绩的城乡差异被分解为禀赋效应(*endowment effects*)和系数效应(*coefficienteffects*)两部分。其中，第一部分$(\overline{teast_u} - \overline{teast_r}) \cdot \hat{\beta}_r$、$(\overline{stu_u} - \overline{stu_r}) \cdot \hat{\gamma}_r$以及$(\overline{sch_u} - \overline{sch_r}) \cdot \hat{\eta}_r$为禀赋效应，即组间差异的可解释部分，它们依次测量了“学生中心”教学策略、学生特征和非教学策略类学校特征在城乡学校间的差异对两组学生成绩差异的解释程度。换言之，它们测量了在其他条件不变的情况下，如果农村地区在各项投入要素上与城市地区拥有相同的水平，城乡两组样本间成绩差距的缩小程度。通过分析禀赋效应的取值、方向及其显著性(详见后文)，即可检验 H_4。第二部分$\overline{teast_u} \cdot (\hat{\beta}_u - \hat{\beta}_r)$、$\overline{stu_u} \cdot (\hat{\gamma}_u - \hat{\gamma}_r)$以及$\overline{sch_u} \cdot (\hat{\eta}_u - \hat{\eta}_r)$为系数效应，是组间差异的不可解释部分，它们依次测量了城乡两组样本由于教学策略、学生特征以及非教学策略类学校特征变量回归系数的不同对两组学生成绩差异的不同解释程度。同样的，为了从“学生中心”教学策略的角度更加准确和全面地剖析城乡教育差距的来源，本章同时基于 OLS 模型和 UQR 模型展开 Oaxaca-Blinder 分解，将差异分解从均值水平延展到整个成绩分布上，以揭示不同分位点上的城乡教育差距。

第三节　研究结果

(一)“学生中心”教学策略的城乡差异现状

图 2-2 呈现了小学阶段城乡教师在“学生中心”教学策略综合指标和分维度指标上的实践水平。结果显示，无论是综合指标还是分维度指标，农村地区教师“学生中心”教学策略的实践水平始终显著低于城市地区：在综合指标上，城乡绝对差距为 8.65 分($p<0.01$)，农村教师比城市教师低 15.9 个百分点；在分维度指标上，城乡差距最大的是引导探究指标，城乡绝对差距达 10.002 分($p<0.01$)，农村教师比城市教师低 17.2 个百分点；其次是因材施教指标，城乡绝对差距达 8.241 分($p<0.01$)，农村教师比城市教师低 16.6 个百分点；差距最小的是参与式教学指标，城乡绝对差距达到 7.255 分($p<0.01$)，农村教师比城市教师低 13.1 个百分点。

由此，H_1 得到较为稳定的支持。这说明，农村地区教师自身素质、拥有的教育理念、知识结构及其更新速度不适应教育改革要求(卢尚建，2013；杨艳玲、于京天，2004)，或者因为学生学习基础薄弱，以及教师对课堂管控能力不高，造成在实践教学改革的过程中增加了教师难以完成教学计划的风险(Wang，2011)，的确阻碍了农村小学教师对“学生中心”教学策略的实践，造成该类教学策略实践水平在城乡间的差距明显。

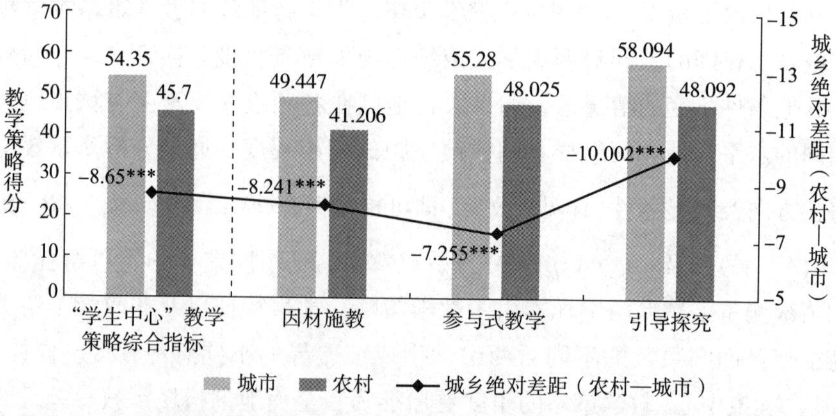

图 2-2　小学阶段教师“学生中心”教学策略实践水平的城乡差距

注：基于 t 检验，*表示 $p<0.1$，**表示 $p<0.05$，***表示 $p<0.01$。

(二)“学生中心”教学策略对农村学生学业成绩的影响

1. 基准模型估计

为了检验 H_{2a}，我们依次引入“学生中心”教学策略的综合指标和分维度指标，在农村样本中估计了基准模型，回归结果见表 2-2。从各项“学生中心”教学策略指标的系数取值及显著性来看，系数全部在1%的水平上显著大于0。其中，“学生中心”教学策略综合指标的均值每提高 1 分，学生平均成绩提高 0.837 分；因材施教、参与式教学以及引导探究 3 项分维度指标的均值分别提高 1 分，学生平均成绩依次提高 0.837 分、0.634 分以及 0.827 分。由此可见，H_{2a}在平均水平上得到了支持。这意味着，支持并帮助农村教师提升“学生中心”教学策略的实践水平，有助于提高学生的学业成绩。

表 2-2 农村地区“学生中心”教学策略与学生成绩的关系：均值水平的估计结果

变量	结果(1)	结果(2)	结果(3)	结果(4)
“学生中心”教学策略综合指标	0.837***			
	(9.89)			
因材施教		0.837***		
		(10.03)		
参与式教学			0.634***	
			(7.46)	
引导探究				0.827***
				(10.39)
女生	13.819***	13.842***	13.809***	13.837***
	(12.35)	(12.37)	(12.35)	(12.37)
家庭社会经济地位(SES)	-1.548*	-1.574*	-1.534*	-1.548*
	(-1.81)	(-1.84)	(-1.80)	(-1.81)
独生子女	10.756***	10.808***	10.739***	10.804***
	(8.86)	(8.89)	(8.87)	(8.90)
单亲家庭子女	-7.351***	-7.377***	-7.483***	-7.247**
	(-2.59)	(-2.60)	(-2.63)	(-2.55)
公办学校	14.958**	17.185***	14.565**	14.243**
	(2.36)	(2.84)	(2.20)	(2.21)

续表

变量	结果(1)	结果(2)	结果(3)	结果(4)
高级职称教师占比	42.899***	43.667***	46.894***	42.661***
	(6.61)	(6.85)	(6.99)	(6.67)
高学历教师占比	39.786***	37.610***	44.750***	38.469***
	(7.50)	(7.20)	(8.28)	(7.11)
常数项	433.702***	436.060***	437.023***	433.529***
	(73.43)	(78.32)	(69.61)	(72.52)
学校水平随机效应	YES	YES	YES	YES
观测量	15179	15179	15179	15179
调整 R^2	0.092	0.093	0.085	0.094

注：* 表示 $p<0.1$，** 表示 $p<0.05$，*** 表示 $p<0.01$；括号内是基于聚类稳健标准误的 t 值。

2. 无条件分位模型估计与异质性讨论

为了在成绩的不同分位点上检验 H_{2a}，以全面揭示“学生中心”教学策略与学生成绩的关系，本章在农村样本中利用无条件分位数回归(UQR)模型重新估计了模型(2-1)。表 2-3 展示了第 10、第 30、第 50、第 70 和第 90 成绩分位点上各项教学策略的系数；图 2-3 在学生成绩整个分布水平上，完整地呈现了教学策略指标的系数取值及其变动趋势。结果显示，各项“学生中心”教学策略的系数在学生成绩全部分位点上全部显著为正($p<0.01$)。这说明，H_{2a} 在不同成绩水平的学生样本中全部得到支持。换言之，在农村地区，不管是学业成绩靠前的学生，还是学业成绩落后的学生，均能从教师实践“学生中心”教学策略中获益。此外，就各项教学策略指标对农村地区学生成绩影响效应的变化趋势来看，随着学生成绩分位点的上升，“学生中心”教学策略对学生成绩的正向预测作用稳步减小。这说明，成绩越差的农村地区学生越可能通过教师实践“学生中心”教学策略而获益。

我们猜测，成绩落后学生获益更大的原因可能是：一方面，从教师的角度，在实践传统的、“教师中心”的教学策略时，教师往往聚焦于讲授知识和完成课程内容，会更加关注表现积极、成绩优异学生的需求(张丹、范国睿，2014)，并可能忽略成绩落后学生的教育需求(鲍传友，2001)；与之不同的是，在实践“学生中心”教学策略时，教师需要关注不同能力水平学生的个体差异，满足其个性化学习需要，这使得教师在安排教学内容和课程任务时需要关注成绩落后的学生，以及在开展课堂活动时增加成绩落后学生的参与机会。另一方面，从学生的角度，相对于成绩优异的学生，成绩落后学生面临更多的学习困难，其学习进步更依赖教师个性化的引导和帮助（Lounkaew，2013），当教师增加关注、提供更适切的教学方式、增加课堂活动的参与机会、提供更多的引导时，成绩落后学生群体的边际回报率将更高。

表 2-3 农村地区“学生中心”教学策略与学生成绩的关系：分位点估计结果

变量	Q10	Q30	Q50	Q70	Q90
“学生中心”教学策略综合指标	1.189***	0.886***	0.739***	0.694***	0.561***
	(10.88)	(13.36)	(12.92)	(12.68)	(8.65)
因材施教	1.233***	0.880***	0.763***	0.680***	0.525***
	(11.28)	(13.40)	(13.65)	(12.79)	(8.28)
参与式教学	0.920***	0.653***	0.529***	0.521***	0.428***
	(8.86)	(10.23)	(9.63)	(9.98)	(7.03)
引导探究	1.115***	0.902***	0.746***	0.699***	0.578***
	(10.71)	(14.25)	(13.63)	(13.31)	(9.24)

注：本章逐项引入“学生中心”教学策略综合指标和分维度指标构建了 4 个独立的 UQR 模型，以估计不同成绩分位点上教学策略的影响效应，为了行文需要，模型估计结果汇总到表中进行展示；括号内为 t 统计量；* 表示 $p<0.1$，** 表示 $p<0.05$，*** 表示 $p<0.01$；所有模型均控制了表 2-3 所示控制变量，N=15179。

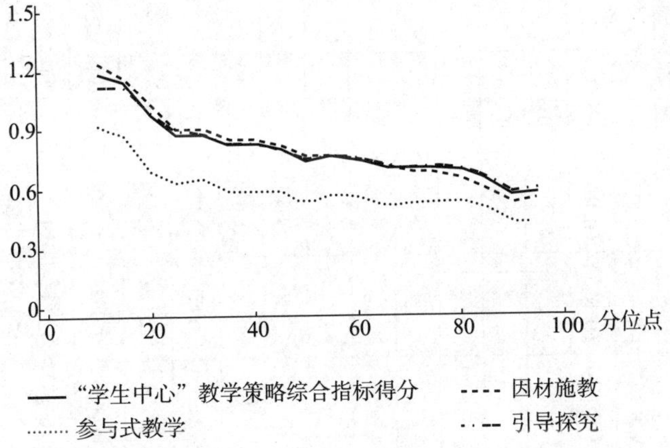

图 2-3 农村地区“学生中心”教学策略分位点估计系数的变化趋势

3. 机制分析

为了检验 H_{2b}，我们分别以内在学习动机和学习自我效能感为中介变量构建模型(2-5)~模型(2-7)，并加以检验，估计结果见表 2-4 和表 2-5。

表 2-4　内在学习动机的中介效应分析

解释变量 \ 被解释变量	内在学习动机	学生成绩	学生成绩	内在学习动机	学生成绩	学生成绩	内在学习动机	学生成绩	学生成绩	内在学习动机	学生成绩	学生成绩
	(1)	(2)	(3)	(4)	(5)	(6)	(7)	(8)	(9)	(7)	(8)	(9)
核心变量："学生中心"教学策略综合指标	0.014***	0.837***	0.659***									
	(0.001)	(0.085)	(0.084)									
因材施教				0.012***	0.837***	0.686***						
				(0.001)	(0.083)	(0.082)						
参与式教学							0.013***	0.634***	0.473***			
							(0.001)	(0.085)	(0.084)			
引导探究										0.014***	0.827***	0.657***
										(0.001)	(0.080)	(0.079)
中介变量：内在学习动机			12.417***			12.452***			12.571***			12.393***
			(0.672)			(0.668)			(0.674)			(0.672)
控制变量	YES	YES	YES	YES	YES	YES	YES	YES	YES	YES	YES	YES
样本量	15179	15179	15179	15179	15179	15179	15179	15179	15179	15179	15179	15179
调整 R^2	0.0498	0.0923	0.118	0.0429	0.0930	0.120	0.0451	0.0853	0.113	0.0501	0.0935	0.119
Bootstrap 中介效应检验（1000 次抽样）	间接效应值 = 0.174（$p<0.01$）置信区间 = [0.152，0.196]			间接效应值 = 0.150（$p<0.01$）置信区间 = [0.128，0.171]			间接效应值 = 0.158（$p<0.01$）置信区间 = [0.136，0.180]			间接效应值 = 0.166（$p<0.01$）置信区间 = [0.142，0.190]		

注：括号内的数值为 t 统计量；* 表示 $p<0.1$，** 表示 $p<0.05$，*** 表示 $p<0.01$；每个模型均包括表 2-4 所示控制变量。

表 2-5 学习自我效能感的中介效应分析

被解释变量 / 解释变量	学习自我效能感 (1)	学生成绩 (2)	学生成绩 (3)	学习自我效能感 (4)	学生成绩 (5)	学生成绩 (6)	学习自我效能感 (7)	学生成绩 (8)	学生成绩 (9)	学习自我效能感 (7)	学生成绩 (8)	学生成绩 (9)
核心变量：“学生中心”教学策略综合指标	0.014***	0.837***	0.626***									
	(0.001)	(0.085)	(0.083)									
因材施教				0.012***	0.837***	0.651***						
				(0.001)	(0.083)	(0.081)						
参与式教学							0.011***	0.634***	0.451***			
							(0.001)	(0.085)	(0.082)			
引导探究										0.013***	0.827***	0.623***
										(0.001)	(0.080)	(0.078)
中介变量：学习自我效能感			15.110***			15.127***			15.261***			15.080***
			(0.641)			(0.641)			(0.641)			(0.640)
控制变量	YES	YES	YES	YES	YES	YES	YES	YES	YES	YES	YES	YES
样本量	15179	15179	15179	15179	15179	15179	15179	15179	15179	15179	15179	15179
调整 R^2	0.0517	0.0923	0.131	0.0469	0.0930	0.133	0.0459	0.0853	0.127	0.0527	0.0935	0.132
Bootstrap 中介效应检验（1000 次抽样）	间接效应值 = 0.207 ($p<0.01$) 置信区间 = [0.182, 0.233]			间接效应值 = 0.185 ($p<0.01$) 置信区间 = [0.160, 0.210]			间接效应值 = 0.180 ($p<0.01$) 置信区间 = [0.156, 0.203]			间接效应值 = 0.201 ($p<0.01$) 置信区间 = [0.179, 0.223]		

注：同表 2-4。

就农村地区样本的回归结果来看，一方面，当以内在学习动机或学习自我效能感为被解释变量时，无论是“学生中心”教学策略的综合指标，还是各项分维度指标，系数全部在1%的水平上显著为正，说明农村学生的自我学习发展的确因为教师实践“学生中心”教学策略而获得改善。另一方面，当以学生学业成绩为被解释变量时，当不引入内在学习动机或学习自我效能感为解释变量时，各项教学策略指标的系数全部在1%的水平上显著为正；当同时引入自主学习变量（内在学习动机或学习自我效能感）和教学策略指标时，各项“学生中心”教学策略指标系数的绝对值明显缩小，尽管仍然显著为正，并且自主学习变量在1%的水平上显著为正。上述结果证实，“学生中心”教学策略的确在一定程度上通过促进学生自主学习的发展，进而起到提高农村学生成绩的作用；换言之，内在学习动机和学习自我效能感两项自主学习变量在该教学策略影响学生成绩的过程中起到部分中介的作用。为了更好地保障研究效度，本书采用自助法（Bootstrap Method）再次进行检验，中介效应95%置信区间不包含0，由此，H_{2b}得到了支持。

（三）“学生中心”教学策略对学生学业成绩的提升效应的城乡差距

为了检验H_3，我们分别在城市和农村样本中依次引入“学生中心”教学策略的综合指标和分维度指标，利用两水平随机截距回归模型估计了基准模型（2-1），并利用邹至庄检验就回归系数的城乡差异性进行了统计检验，回归结果见表2-6。结果显示，在平均值水平上，无论是“学生中心”教学策略的综合指标还是分维度指标，其在农村和城市样本中得到的估计系数全部显著为正；从城乡差异来看，在农村样本中得到的估计系数均高于城市，除引导探究的系数在城乡间不存在显著差异外，其余教学策略指标的系数在农村地区均显著高于城市。这说明，在平均水平上，H_3被拒绝，“学生中心”教学策略对农村地区学生学业成绩的提升作用大于城市地区。由此，鼓励并指导农村教师提升“学生中心”教学策略的实践水平，有利于缩小城乡学生学业成绩差距。

表 2-6 “学生中心”教学策略对学生学业成绩的提升效应的城乡差距：均值水平估计结果

项目	城市（N=13197）	农村（N=15179）	系数差（农村—城市）
“学生中心”教学策略综合指标	0.716***	0.837***	0.121*
	(15.77)	(9.89)	[2.88]
因材施教	0.639***	0.837***	0.198***
	(14.59)	(10.03)	[8.47]
参与式教学	0.532***	0.634***	0.102*
	(12.24)	(7.46)	[2.22]
引导探究	0.786***	0.827***	0.041
	(17.83)	(10.39)	[0.27]

注：圆括号内为 t 值，方括号内为卡方值；系数差指农村样本和城市样本中相应教学策略变量回归系数的差值。

同样地，为了更全面地揭示“学生中心”教学策略与学生学业成绩的提升效应城乡差异，我们分别在城乡样本中依次引入“学生中心”教学策略的综合指标和分维度指标，利用 UQR 模型在学生成绩的不同分位点上重新估计了模型(2-1)。表 2-7 展示了学生成绩第 10、第 30、第 50、第 70 和第 90 分位点上，各项教学策略指标在两地样本中的回归系数，图 2-4 在学生成绩整个分布水平上，完整地呈现了教学策略指标对城乡学生成绩影响效应值的变动趋势。结果显示，在学生成绩的不同分位点上，“学生中心”教学策略对农村地区学生成绩的提升作用基本都高于城市地区。由此可见，研究假设 H_3 在学生成绩的不同分位点上同样较为一致地被拒绝，即无论是对于学业成绩排名靠前的学生，还是对于学业成绩排名靠后的学生，“学生中心”教学策略对学生学业成绩的提升作用在农村地区均大于城市地区。

我们进一步分析发现，随着学生成绩分位点的提高，“学生中心”教学策略对学生成绩的边际影响效应值在城乡两地均呈现单调下降的趋势，并且在城市的下降速度更快。这再次说明，不管在城市还是农村，学习基础薄弱学生的学业进步，更依赖教师有针对性的帮助和引导，“学生中心”教学策略的重要性更加凸显。

表 2-7　城市地区和农村地区“学生中心”教学策略与学生学业成绩的关系：分位点的估计结果

变量	城市样本					农村样本				
	Q10	Q30	Q50	Q70	Q90	Q10	Q30	Q50	Q70	Q90
“学生中心”教学策略综合指标	1. 096***	0. 823***	0. 659***	0. 506***	0. 362***	1. 189***	0. 892***	0. 739***	0. 694***	0. 549***
	(0. 105)	(0. 065)	(0. 056)	(0. 055)	(0. 062)	(10. 88)	(13. 44)	(12. 92)	(12. 68)	(8. 58)
因材施教	0. 989***	0. 697***	0. 590***	0. 461***	0. 336***	1. 233***	0. 884***	0. 763***	0. 680***	0. 514***
	(0. 105)	(0. 063)	(0. 053)	(0. 052)	(0. 059)	(11. 28)	(13. 44)	(13. 65)	(12. 79)	(8. 24)
参与式教学	0. 811***	0. 645***	0. 481***	0. 353***	0. 248***	0. 920***	0. 656***	0. 529***	0. 521***	0. 418***
	(0. 098)	(0. 062)	(0. 054)	(0. 052)	(0. 059)	(8. 86)	(10. 27)	(9. 63)	(9. 98)	(6. 97)
引导探究	1. 189***	0. 898***	0. 737***	0. 578***	0. 416***	1. 115***	0. 913***	0. 746***	0. 699***	0. 565***
	(0. 104)	(0. 064)	(0. 054)	(0. 053)	(0. 059)	(10. 71)	(14. 41)	(13. 63)	(13. 31)	(9. 16)

注：本章逐项引入“学生中心”教学策略综合指标和分维度指标，在城市(N=13197)和农村(N=15179)样本中分别构建了独立的 UQR 模型，以估计不同成绩分位点上教学策略的影响效应，为了行文需要，模型估计结果汇总到表中进行展示；括号内为 t 统计量；* 表示 $p<0.1$，** 表示 $p<0.05$，*** 表示 $p<0.01$。

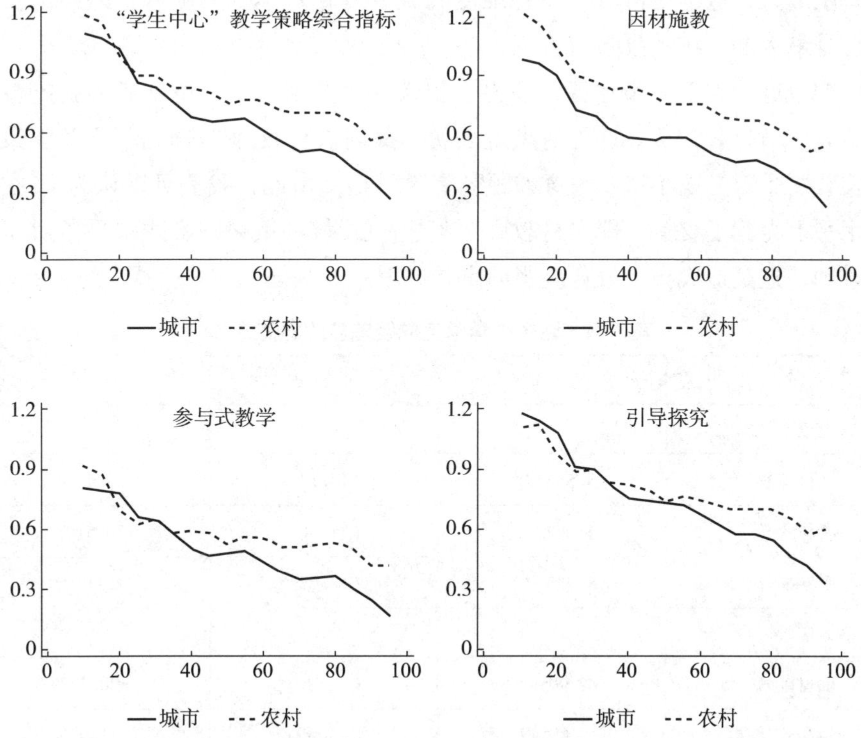

图 2-4 “学生中心”教学策略对城乡学生学业成绩的影响：分位点的估计结果

(四)“学生中心”教学策略对学生学业成绩城乡差距的解释程度

为了检验 H_4，我们基于模型(2-8)，使用 Oaxaca-Blinder 分解法，对城乡学生学业成绩差距的来源，在平均水平和分位点水平上进行了分解。表 2-8 呈现了均值水平上城乡差异的分解结果，图 2-5 进一步呈现了在学生成绩全部分位点水平上城乡差异的分解结果。

均值水平的分解结果显示，在禀赋效应方面，因为农村地区教师相较城市地区教师在因材施教、参与式教学以及引导探究分维度“学生中心”教学策略实践水平上存在差距所导致的学生成绩差距，分别可以解释学生平均成绩城乡差距(38.99 分)的 14.28%、10.51%和 21.10%，并且全部在 1%的水平上显著。这说明，农村教师在“学生中心”教学策略各分维度的实践水平落后于城市地区，的确会在较大程度上导致农村学生学业成绩落后于城市学生。与图 2-2 描述的分维度教学策略城乡差距一致，引导探究维度实践水平的城乡差距最大，这也使得引导探究维度的城乡差距对学生成绩城乡差距的贡献比例是最大的。在系数效应方面，各个分维度教学策略对农村地区学生成绩的影响效应均大于城市地区，使得系数效应值全部为负，特别是因材施教的系数效应值显著为负。这更清晰地表明，提高农村教师"学生中心"教学策略的实践水平，是缩小城乡教育差距的有效举措。由此，我们可以认为 H_4 在平均水平上得到了支持，即农村教师"学生中心"教学策略的实践水平落后于城市教师，这是造成城乡教育差距的重要原因。

表 2-8　城乡小学学生成绩差异的均值分解

项目	估计值	标准误	百分比
禀赋效应			
因材施教	5.567***	(14.13)	14.28%
参与式教学	4.097***	(11.88)	10.51%
引导探究	8.225***	(17.22)	21.10%
系数效应			
因材施教	-7.905***	(-2.95)	-20.27%
参与式教学	-4.549	(-1.49)	-11.67%
引导探究	-1.635	(-0.53)	-4.19%

注：在进行 Oaxaca-Blinder 分解时，本章在模型(2-8)中逐项引入因材施教指标、参与式教学指标、引导探究指标，分别构建 3 个独立模型进行估计，为了节省篇幅，我们将 3 个分解项目的估计结果汇总到表 2-8；综合指标与分维度指标的结果一致，限于篇幅，文中不再呈现。

为更清楚和全面地从"学生中心"教学策略的视角解释学生成绩的城乡差距，我们在学生成绩全部分位点上分别绘制了各维度教学策略指标对城乡学生成绩差距的贡献(如图 2-5)。在禀赋效应方面，不同分位点的分解结果均一致地显示，各个分维度"学生中心"教学策略的城乡差异均对学生成绩的城乡差距有显著的贡献。也就是说，在学生学业成绩的不同分位点上，H_4 均得到了较为稳健的支持。此外，不同分位点的分解结果还显示，对于不同成绩水平的学生，"学生中心"教学策略对城乡教育差距的贡献存在一定的差异，即随着学生学业成绩的提高，禀赋效应整体呈现单调下降的趋势。结合表 2-7 和图 2-4 所呈现的分位数回归估计结果，我们认为，出现上述结果的原因可能在于：随着学生学业成绩的下降，"学生中心"教学策略实践的回报率逐渐增大，从而造成"学生中心"教学策略实践水平的城乡差距对城乡教育差距的贡献率不断增大。综上，帮助农村地区教师提高“学生中心”教学策略的实践水平，对于各个成绩学生群体均能起到缩小城乡教育差距的作用，尤其有助于缩小成绩落后学生群体的城乡教育差距。

进一步地，系数效应分解结果显示，“学生中心”教学策略各分维度指标的系数效应基本全部取值为负①。这再次表明，在任一学业水平的学生群体中，由于改善“学生中心”教学策略的回报率在农村地区均高于城市地区，“学生中心”教学策略对城乡学生成绩差距的贡献主要源于该类教学策略实践水平的城乡差异。

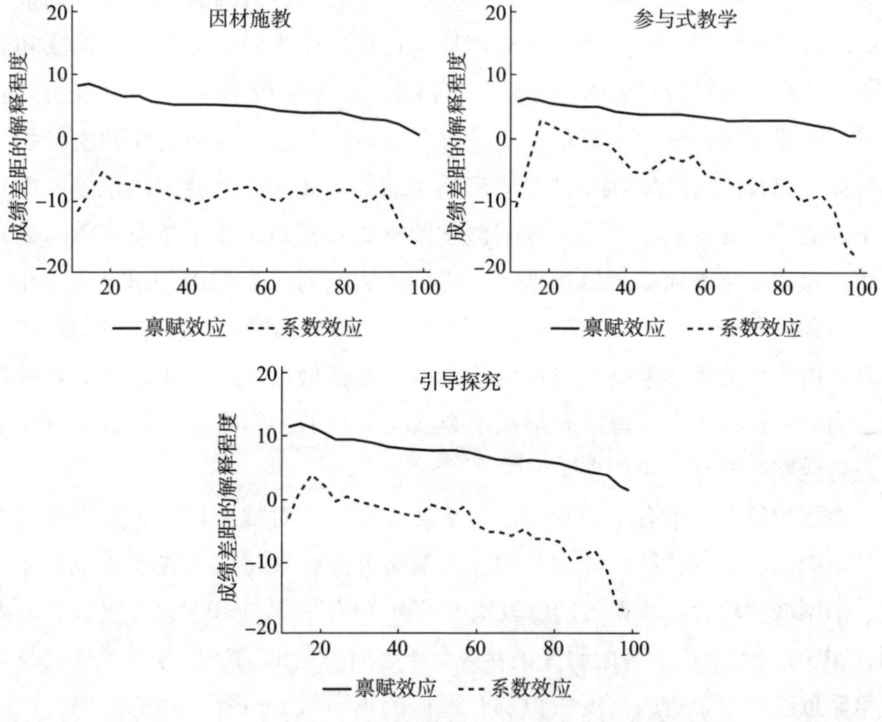

图 2-5 不同分位点上“学生中心”教学策略分维度指标对城乡学生成绩差距贡献的分解

注：同表 2-8.

① 除了在成绩分布最后 20 分位点左右的群体中，参与式教学和引导探究的系数效应均接近或者略微大于 0。

第四节　结论与讨论

农村地区的基础教育发展水平长期落后于城市，这是制约农村发展的重要因素。在新课程改革实施 20 年的背景下，本章利用 2014 年在中国某省开展的大规模抽样调查的数据，考察了“学生中心”教学策略对城乡教育差距的贡献及其内在机制。

本章得到以下主要结论：①在实践“学生中心”教学策略这一新课程改革的新要求上，农村教师相对城市教师差距明显。②在农村地区，在平均水平上，教师实践“学生中心”教学策略能够通过促进学生以学习自我效能感和内在学习动机为内涵的自主学习发展，起到提高小学阶段学生学业成绩的作用；并且，随着成绩分位点的降低，成绩排名靠后、更需要教师关注和支持的学生群体，尤其能从“学生中心”教学策略中获益。③无论是在平均水平，还是在不同成绩分位点上，“学生中心”教学策略对农村地区学生学业成绩的提升作用均稳健和显著地高于城市地区。④学生成绩的城乡差距分解显示，在均值水平和不同分位点上，“学生中心”教学策略的“禀赋效应”全部显著为正，并且，由于该类教学策略在农村地区的回报率稳健地大于城市地区，其系数效应为负，这说明农村地区教师在该类教学策略的实践水平上落后于城市地区是造成城乡教育差距的重要原因。

本章的研究结果有助于我们理解基础教育改革对推进城乡教育一体化发展的影响。有学者就新课程改革的实践策略可能将农村教育置于改革边缘位置、加剧城乡教育不均衡等问题表现出了担忧（罗祖兵，2004；王嘉毅、赵志纯，2010）。但上述学者的研究主要聚焦于绝对差距的描述，忽视了从改革具体策略可能产生影响的角度去识别新课程改革对城乡教育差距的影响，难以为优化基础教育改革提供科学的决策证据。本章的结论在很大程度上可以消除上述担忧，具有很好的政策参考价值。

首先，国家应在农村地区积极地推进新课程改革，鼓励和指导农村教师以学生为中心开展教学实践，通过照顾学生个体需求、调动学生学习参与积极性、引导学生自主探究，促进学生自主学习，最终提升农村教育质量。研究发现，农村地区推行新课程改革，不仅不会加剧城乡教育不均衡，相反，可能因为农村地区的家长缺乏对学生自主学习进行干预的理念和能力、学生教育获得更依赖学校教育等，对于改善农村地区学生的教育获得更加有效。

其次，国家应当加强农村教师队伍建设，保证农村地区拥有数量充足的、能够高水平实践教育教学改革新理念的教师队伍，缩小“学生中心”教学策略实践水平的城乡差距。考虑到农村地区教师拥有的知识及其更新速度均可能跟不上课程改革的需要(卢尚建，2013)，国家应为其提供更多的专业培训。可以针对课程改革的教学实践新理念进行系统的专业发展培训或校本教研活动，或者通过“柔性支教”“刚性轮岗”等政策，发挥城市骨干教师等优质教师资源在教育教学改革中对农村教师的辐射带动作用，真正提升农村教师在“学生中心”教学策略上的实践水平。此外，国家应继续推行“特岗教师政策”等向农村地区倾斜的教师政策，通过提供更好的物质福利待遇等手段，吸引更多的、高教育水平的人才到农村任教。同时，在推行课程改革时，相关教学管理制度设定应更具灵活性，减少教师可能面临的因实践教育教学改革而无法在教学考核中达标的风险(Wang，2011)，提高教师实践改革的意愿。

再次，教师实践“学生中心”教学策略时，需要将培养学生自主学习能力作为教学原则，通过激发学生的内在学习动机和学习自我效能感，帮助学生更好地成为自主学习者，这将更有效率地提升学生的教育产出、缩小城乡的教育发展差距。

最后，在推进新课程改革的过程中，国家应当引导农村地区教师关注成绩落后的学生群体。本章发现，由于成绩落后学生群体相对缺乏学习自主性，且相对更加缺乏家庭的有效干预，对教师提供满足个体需求的教育的依赖性更强，“学生中心”教学策略对这类学生的边际作用更大。基于人力资本理论的视角，如果农村地区的教师能更加关注成绩落后学生群体的个体需要、激励其自主学习，对于通过提升人力资本素质，深入推进农村精准扶贫将具有重要的现实意义。

尽管本章展示了一些有价值的发现和启示，但仍存在一些有待改进的地方。虽然我们通过引入控制变量、构建两水平随机截距模型等多种方式识别“学生中心”教学策略对学生成绩的影响，但本章的估计结果并不遵循严格的因果规律。未来，我们可尝试开展随机干预实验研究，或者开展追踪调查、引入多重差分估计等准实验研究手段，以更严格地识别教学策略的影响。此外，基于严谨的实证手段以及大规模调查和学科测试数据开展的中国城乡教育发展不均衡问题的研究相当匮乏，本章尝试从“学生中心”教学策略的角度加以解释，但有很多同样重要的、可能造成城乡学生发展差异的因素值得被进一步研究。同时，限于数据，本章聚焦于学生学业测试成绩这类重要的、短期的教育发展指标，但新课程改革所倡导的教育教学新理念对学生发展的影响并不局限于学业测试成绩，甚至不局限于短期发展指标，未来，我们有必要引入多元的、更长跨度的教育结果指标开展研究，以深入和全面地探究“学生中心”教学策略与城乡教育差距的关系。

第三章

教师教学热情与城乡教育差距

在国家政策的支持和推动下，中国教育发展取得了巨大的成就，但城乡不均衡问题仍然突出（杨挺、李伟，2018）。确保农村人口能够与城市人口一样，拥有适应经济发展必需的知识和技能，是保障中国持续稳定发展的核心人力资本要素（Autoretal，2003；Zhang et al.，2018）。从这个意义上来说，揭示城乡学生学业发展及其差距的影响因素，对于有针对性地制定农村教育发展政策具有重要的现实意义（Zhang et al.，2018；宗晓华等，2018）。

缩小城乡教育差距，关键在于教师（赵新亮，2019）。高质量师资队伍的缺乏，不仅会直接制约农村的教育发展，还会限制硬件资源投入对于改善农村教育的作用（薛二勇、李廷洲，2015）。为此，中国政府近年来相继实施了免费师范生计划、特岗教师计划、乡村教师支持计划等乡村教师倾斜政策，旨在吸引更多高学历人才到农村任教，以提升农村教育质量、缩小城乡教育差距（薛二勇、李廷洲，2015）。然而，部分学者发现，高学历等常见的优质师资特征与学生发展的关系并不稳定（Hanushek，1986；Rockoff，2004）。与此同时，越来越多的学者发现，教师在与学生日常接触过程中表现出的教学热情等情感要素对学生发展的作用更加直接且稳定（Hanushek，2011；KaneStaiger，2008）。其中，教师在教学中表现出的、以正向情感体验为内涵的教学热情，被一系列实证研究证实对学生的学业和非学业产出均具有积极的影响（Brigham et al.，1992；Frenzel et al.，2019；Kunter et al.，2011；Kunter et al.，2013；Patrick et al.，2000）。因而教师教学热情状况也被一些学者视为优质师资的特征（Keller et al.，2016）。尽管如此，作为一种情绪感知，工作热情可能受到工作环境中需求和资源的影响（Trépanier et al.，2014），这些影响很可能阻碍农村等处境不利地区的教师拥有较高水平的教学热情，进而成为拉大地区间学生发展差距的原因（Kunter et al.，2011）。

就以上微观视角的实证文献来看，尽管现有研究已认识到教师教学热情对学生发展的作用，但存在如下不足：第一，在研究样本上，已有文献多基于发达国家或地区的小样本数据展开探索(Frenzel et al.，2019)。由于缺少基于中国样本开展的实证研究，我们并不清楚，教师教学热情对学生发展的提升作用是否稳健地存在于中国，特别是在农村等处境不利地区。第二，已有文献很少关注教师教学热情对于缩小地区间教育差距的贡献；而现有的从教师视角揭示中国教育城乡差距的实证研究，仅关注了学历等常见师资变量(黄亮，2018；祁翔、郑磊，2019；宗晓华等，2018)。事实上，揭示教师教学热情等情感要素对缩小城乡教育差距的贡献，并比较教师热情与其他教师要素在缩小城乡教育差距中的贡献，是有效地改进教师队伍建设政策的关键信息依据(OECD，2019)。第三，从研究方法上看，现有文献多采用小样本微观数据，计量分析基本都在均值水平上开展(Frenzel et al.，2019；Kunter et al.，2011)，不同学业水平学生对教育资源的需求可能存在异质性，使得已有的研究发现可能并不全面(Lounkaew，2013)。

基于此，本章采用 PISA2018 中国 4 个省(市)的调查数据，研究教师教学热情对农村学生成绩的影响，以及对城乡教育差距的贡献。本章的主要贡献可能在于：第一，采用 PISA 项目的大规模微观调查数据，创新性地基于提高农村学生成绩和缩小城乡教育差距的双重视角，揭示了教师教学热情与农村学生成绩的关系，并利用 Oaxaca-Blinder 分解法比较教师教学热情与学历等其他师资要素对城乡学生成绩差距的解释程度。第二，构建无条件分位数回归模型，在均值和不同分位点水平上同时进行估计，以全面地分析教师教学热情的影响效应及其对城乡学生成绩差距解释量的总体变化态势。

第一节 文献综述

教师教学热情是教师在教学过程中有关快乐(pleasure)、享受(enjoyment)以及激情(passion)等维度的情感表现(OECD，2019)。相关文献一般从学生感知的角度，通过测量教师在教学过程中是否表现出对教学内容的兴趣，以及是否拥有生动或鼓舞人心的教学风格等，获得有关教师教学热情状况的信息(Keller et al.，2016；Kunter et al.，2011)。

近年来，越来越多的实证文献发现，任课教师的教学热情与学生能否获得较高水平的学业成绩密切相关(Frenzel et al.，2019；Kunter et al.，2013；Kunter et al.，2011；Pianta et al.，2008)。已有研究主要从以下几个方面阐释两者的积极关系：首先，工作热情水平越高，教师通常会更加敬业，工作也更加专注，更容易感受到改进教学环境建设、课堂管理设计以及教学方式的价值(Kunter et al.，2013；Pianta et al.，2008)，也更可能在上述教育教学手段的提升中投入更多的精力，进而促进学生的发展(Bettencourt et al.，1983；Frenzel et al.，2019)。其次，通过“积极情绪感染”(positive emotional contagion)的过程，教师对于学科或知识的享受和喜欢等积极情绪，可以内化或复制给学生(Frenzel et al.，2009；Kim et al.，2014；Kunter et al.，2013)。这意味着，任课教师的教学热情水平越高，学生也更可能在学习过程中体验到快乐和享受等积极情绪，进而投入更多的时间和精力到个体学习中。最后，通过“成就情绪价值引导”(value-induction of achievement emotion)的过程，教师对教学内容或任务表现出的有激情等情绪，可以提升学生对所学内容和知识的重要性的价值判断，并带动学生自发的学习投入(Becker et al.，2014)。正因如此，OECD(经济合作与发展组织)认为，在提高教师教学质量的过程中，必须关注到教师的教学热情(OECD，2019)。

然而，个体工作热情受到工作环境影响(Trépanier et al.，2014)，教师也不例外，因而落后地区的教师可能更难拥有较高水平的教学热情(Kunter et al.，2011)。可能的原因是，良好的工作环境(例如，能为个体发展提供更多工作资源的环境)有助于促进个体感知到高水平的工作热情，相对而言，糟糕的工作环境则可能促使个体更容易感受到情绪枯竭等负向情感(Kunter et al.，2011；Liu et al.，2011；Trépanier et al.，2014)。例如，一项在以色列开展的研究发现，学校的教学环境与资源越好，教师自我报告的积极情绪水平越高(Foley et al.，2015)。在中国，农村教师所处环境的社会经济条件以及所在学校的软硬件条件都与城市相差甚远(侯中太、蔡永红，2012)，这可能阻碍农村教师获得教学热情。有学者从负向情感的维度进行城乡比较后发现，农村教师拥有的职业倦怠感水平显著高于城市教师(伍新春等，2019)。如果农村教师拥有的教学热情状况不佳，那么，该要素是否同样是学生获得高水平学业成绩的重要影响要素呢？这是本章要回答的第一个研究问题。

此外，已有文献多从教育投入要素对城乡学生发展的提升效应的视角开展城乡教育差距问题研究，很少从教育投入要素对城乡教育差距缩小所做贡献的角度开展分析（祁翔、郑磊，2019；宗晓华等，2018）。事实上，为了清楚地探讨教育投入要素与学生学业发展城乡差距的关系，我们有必要使用Oaxaca-Blinder分解法等手段，以识别和比较不同投入要素在学生学业发展城乡差距中的解释程度，这是更有针对性地制定城乡教育均衡发展教育政策的关键（Lounkaew，2013；祁翔、郑磊，2019）。也就是说，通过科学地分解并比较各类教师资源在学生学业成绩城乡差距中的贡献度，我们可以为有效建设农村教师队伍提供参考信息。因此，本章关注的第二个研究问题是：相比教师数量、教师学历等当前中国政府推进农村优质教师队伍建设时更为关注的要素，教师教学热情对城乡学生发展差距的解释程度是否更高？

已有文献基本都在平均值水平上揭示教师教学热情和学生发展的关系（Bettencourt et al.，1983；Kim et al.，2014；Kunter et al.，2013）。在平均值水平上开展教育投入与产出研究的重要前提假设是：投入要素对班级排名处于最顶部的学生和最底部的学生的影响效应没有差异（Hanushek，1986）。然而，由于不同学业发展水平的学生对教育资源的需求可能存在异质性，使得上述假设并不一定成立（Lounkaew，2013）。以缩小班级规模这项改革为例，班级成绩排名在底端10%的学生的获益程度可能大于最顶端的10%的学生，原因在于前者相比后者在学习过程中更依赖教师注意力的分配，而缩小班级规模有助于增加教师对班里每一个学生的关注（Lounkaew，2013）。因此，参考已有文献（Lounkaew，2013），本章引入无条件分位数回归方法，考察和比较不同学业分布水平上教师教学热情与学生学业发展的关系，并且将该超均值分析方法与Oaxaca-Blinder分解法相结合，在学业水平的不同分位数点上，分析教师教学热情对学生学业发展城乡差距的贡献程度。

第二节　数据来源与变量

（一）数据来源

PISA项目是OECD发起的国际性教育质量监测评估项目，除关注阅读、数学与科学基本素养外，还结合当下教育教学和管理中的热点问题进行调查，旨在保障全球学生知识与技能的获得以及推进教育治理（辛涛、贾瑜，2019）。

2018年，中国的北京、上海、江苏和浙江4省（市）参与PISA项目。PISA2018这个项目对样本学校学生、教师和校长进行了非常全面的调查，为本章探讨农村教师教学热情与城乡学生学业差距问题提供了良好的数据支持。

（二）变量选择

参考已有文献（Amini et al.，2015；Lounkaew，2013；郑琦、杨钋，2018），本章根据PISA2018校长问卷中学校所处地理位置信息进行城乡变量的定义。删除核心变量上存在缺失值的样本后，我们共得到11939个有效学生样本，城市和农村分别有7351和4588个样本。表3-1描述了本章使用的变量在城乡之间的差异状况。

首先，PISA2018重点关注阅读素养，因而本章的因变量是学生阅读成绩[①]。表3-1显示，城市学生的阅读成绩比农村学生高32.435分，且差距显著。图3-1呈现了城市和农村学生阅读成绩的分布状况，可以看到，相较于城市学生，农村学生阅读成绩的分布明显向左偏离，这更加清晰地证实了城乡学生学业成绩的差距非常明显。

其次，PISA2018从学生感知的角度调查了语文教师的教学热情状况，我们合成了任课教师的教学热情变量。具体包括“教师很喜欢教学”“教师的热情感染着我”“教师很喜欢谈论课程内容相关的话题”，以及“教师在教学过程中很快乐”4道题目（从1到4依次表述“非常不同意”到“非常同意”，Cronbach's α值为0.896）。本章通过以下两个数据处理步骤合成了分析中使用的教师教学热情变量：第一，在学生个体层面对上述4个题目进行因子分析，提取第一公因子得分[②]，之后转化为取值介于0到100的学生个体感知的教师教学热情得分；第二，对学生个体感知的教师教学热情得分，在学校层面取平均值，获得最终使用的教师教学热情变量[③]。表3-1显示，农村教师的教学热情水平

---

① PISA2018提供了阅读成绩的10个PV值，参考已有文献（Amini et al.，2015；Lounkaew，2013；郑琦、杨钋，2018），当研究只关注投入要素对成绩影响效应的方向和显著性时，采用单个似真值与采用10个似真值的结果不存在差异，故本章仅呈现以阅读成绩第一似真值为结果变量的估计结果。

② 因子分析结果显示，第一公因子的特征根大于1、可解释总方差变异的76.28%，Bartlett球形检验结果在0.001的水平上显著，各变量的因子载荷均大于0.6。

③ 学生个体感知的教师教学热情得分的组内一致性指标（Rwg）的均值和中位数分别为0.80和0.81，均大于0.7的判断标准，符合将个体层面数据聚合到学校层面的要求。

显著低于城市教师。

最后，为了有效地估计教师教学热情与学生成绩的关系，本章引入学生个体特征变量、家庭资源变量以及学校资源变量 3 类控制变量。学生个体特征变量包括所在学段等 3 个变量；家庭资源变量包括家庭财富资源指数①等 4 个变量；学校资源变量包括有资格证教师比重等 4 项常见的师资数量与质量指标，以及学校物质资源短缺程度这项反映学校硬件条件的指标。表 3-1 显示，相较于城市学生，农村学生数学成绩显著更低、拥有的家庭资源更少，农村学校中教师拥有硕士以上学历的比例显著更低，人力和物力资源短缺程度也显著更高。

表 3-1　研究变量的描述性分析

维度	变量名	城市样本均值	农村样本均值	城乡差异（城市—农村）
因变量	阅读成绩	574.147	541.712	32.435***
解释变量	教师热情	71.541	67.290	4.251***
学生个体特征变量	学段(1=高中，0=初中)	0.678	0.582	0.096***
	性别(1=女，0=男)	0.479	0.480	0.000
	数学成绩	601.666	579.213	22.453***
家庭资源变量	家庭财富资源指数	−0.532	−0.909	0.377***
	家庭文化资源指数	0.070	−0.377	0.447***
	家庭教育资源指数	0.416	0.036	0.379***
	家庭信息资源指数	−0.201	−0.707	0.507***
学校资源变量	学校物质资源短缺程度	−0.247	−0.338	0.091***
	学校教职人员短缺程度	0.411	0.511	−0.100***
	学校中本科学历教师比重	0.808	0.881	−0.072***
	学校中硕士学历教师比重	0.175	0.084	0.091***
	有资格证教师比重	0.957	0.958	−0.001

注：*表示 $p<0.1$，**表示 $p<0.05$，***表示 $p<0.01$。

① 这些指数由 PISA 项目组基于项目反应理论合成，数值越大表明家庭拥有相应维度的资源越多。

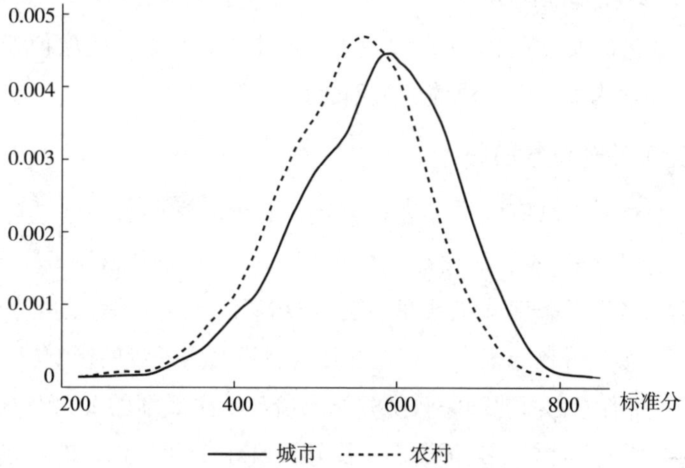

图 3-1 城市和农村学生阅读成绩的分布

第三节 模型与方法

(一)基准 OLS 回归

我们关注到了教师教学热情与农村学生阅读成绩的关系，建立的基准模型如下：

$$Reading_{ij}=\alpha+\beta Ent_j+\overrightarrow{\gamma}\overrightarrow{I_{ij}}+\delta\, Math_{ij}+\overrightarrow{\omega}\overrightarrow{Fam_{ij}}+\overrightarrow{\eta}\overrightarrow{Sch_j}+\varepsilon_{ij} \tag{3-1}$$

在模型(3-1)中，$Reading_{ij}$是学校 j 学生 i 的阅读成绩；Ent_j 是学校 j 的语文教师校均教学热情；$Math_{ij}$是学生 i 的数学成绩，通过引入$Math_{ij}$可控制诸如先天能力等不可观测的遗漏变量可能造成的估计偏误；$\overrightarrow{I_{ij}}$是除数学测试成绩外的其他个体特征变量向量；$\overrightarrow{Fam_{ij}}$是家庭资源变量向量；$\overrightarrow{Sch_j}$ 是学校资源变量向量；α 为常数项，ε_{ij}为随机误差项。我们分别在城市和农村样本中估计模型(3-1)，系数 β 衡量了教师教学热情与学生成绩的关系。

进一步地，为了揭示教师教学热情与学生阅读成绩的关系是否存在城乡差异，我们构建了如下模型：

$$Reading_{ij}=\alpha+\beta Ent_j+\mu Urban_j+\rho Urban_j\times Ent_j+\overrightarrow{\gamma}\overrightarrow{I_{ij}}+\delta\, Math_{ij}+\overrightarrow{\omega}\overrightarrow{Fam_{ij}}+\overrightarrow{\eta}\overrightarrow{Sch_j}+\varepsilon_{ij} \tag{3-2}$$

模型(3-2)在基准模型(3-1)的基础上引入了城乡变量($Urban_j$)及其与教师教学热情变量的交互项($Urban_j \times Ent_j$)，通过分析系数 ρ 的取值及显著性即可识别教师教学热情与学生成绩的关系的城乡差异状况。

(二)无条件分位数回归

OLS 模型只能在均值水平上进行估计，而不同学业水平的学生对教师的需求并不相同(Lounkaew，2013)，这使得 OLS 方法难以准确和全面地估计变量间的关系。由于无条件分位数回归法(UQR)不受异方差和被解释变量分布偏斜的困扰，能在后者的整个分布上估计自变量对因变量的影响(Firpo et al.，2009)，对于准确和全面地理解教师教学热情与学生成绩的关系及其城乡差异非常重要。因此，本章采用 UQR 进一步开展研究。UQR 估计的基础是依赖再中心化函数(re-centered influence function，RIF)进行数据转换。具体地，对于因变量 $Reading$ 的无条件分位数点(q_τ)，分布 $F_{Reading}(q_\tau)=\tau_0 f_{Reading}(q_\tau)$，其 RIF 可以记为：

$$\mathrm{RIF}(Reading,\ q_\tau)=q_\tau+\frac{\tau-D(Reading\leqslant q_\tau)}{f_{Reading}(q_\tau)} \tag{3-3}$$

在模型(3-3)中，$f_{Reading}(\cdot)$是成绩分布的边际密度函数，D 是一个指示函数(indicator function)。$\mathrm{RIF}(Reading,\ q_\tau)$在实际中不可观测，因此我们使用其样本估计值：

$$\mathrm{RIF}(Reading,\ \hat{q}_\tau)=\hat{q}_\tau+\frac{\tau-D(Reading\leqslant \hat{q}_\tau)}{\hat{f}_{Reading}(q_\tau)} \tag{3-4}$$

在模型(3-4)中，$\hat{q}_\tau$ 是样本分位数，$\hat{f}_{Reading}(q_\tau)$是密度函数的核估计值。UQR 模型的边际效应可表示为：

$$\mathrm{UQPE}(\tau)=\int\frac{\partial E(\mathrm{RIF}(Reading,\ \hat{q}_\tau)\mid X)}{\partial X}dF_X \tag{3-5}$$

本章将运用 UQR，从学生阅读成绩的第 10 个百分位点到第 90 个百分位点的一系列分布中进行估计。

(三)对学生成绩城乡差异的 Oaxaca-Blinder 分解

基于标准的 Oaxaca-Blinder 分解(简称 OB 分解)，根据教育生产函数($Reading_{ij}=\alpha+\beta Ent_j+\gamma I_{ij}+\omega F_{ij}+\eta S_j+e_{ij}$)，城市和农村学生的成绩差异可以记为：

$$\Delta = E(Reading \mid Urban) - E(Reading \mid Rural) = \overline{Reading}_u - \overline{Reading}_r$$
$$= (\overline{Ent}_u - \overline{Ent}_r) \cdot \hat{\beta}_u + (\bar{I}_u - \bar{I}_r) \cdot \hat{\gamma}_u + (\bar{F}_u - \bar{F}_r) \cdot \bar{\omega}_u + (\bar{S}_u - \bar{S}_r) \cdot$$
$$\hat{\eta}_u + (\hat{\beta}_u - \hat{\beta}_r) \cdot \overline{Ent}_r + (\hat{\gamma}_u - \hat{\gamma}_r) \cdot \bar{I}_r + (\hat{\omega}_u - \hat{\omega}_r) \cdot \bar{F}_r + (\hat{\eta}_u - \hat{\eta}_r) \cdot \bar{S}_r \quad (3-6)$$

在模型(3-6)中，城乡学生的成绩差异来源可以分解为两部分。其中，$(\overline{Ent}_u - \overline{Ent}_r) \cdot \hat{\beta}_u$、$(\bar{I}_u - \bar{I}_r) \cdot \hat{\gamma}_u$、$(\bar{F}_u - \bar{F}_r) \cdot \hat{\omega}_u$ 以及$(\bar{S}_u - \bar{S}_r) \cdot \hat{\eta}_u$，依次测量了教师教学热情、学生个体特征、家庭资源以及学校资源要素 4 个维度平均值的城乡差异对于学生成绩城乡差距的解释程度。这一组差异被称为禀赋差异(endowment differences)。而$(\hat{\beta}_u - \hat{\beta}_r) \cdot \overline{Ent}_r$、$(\hat{\gamma}_u - \hat{\gamma}_r) \cdot \bar{I}_r$、$(\hat{\omega}_u - \hat{\omega}_r) \cdot \bar{F}_r$以及$(\hat{\eta}_u - \hat{\eta}_r) \cdot \bar{S}_r$，则依次测量了教师教学热情、学生个体特征、家庭资源以及学校资源要素对学生成绩影响效应的城乡差异对于学生成绩城乡差距的贡献。这一组差异被称为系数差异(coefficient differences)，它通常与学生将投入要素转换为教育产出的能力等未观测因素有关。同时，在对学生成绩城乡差异进行 OB 分解时，本章将结合 UQR，将分解从平均值水平延展到整个成绩的分布上。

第四节　实证结果

(一)教师教学热情与学生成绩的关系及其城乡差异

表 3-2 展示了模型(3-1)基于 OLS 方法的估计结果。在表中，(1)~(3)列呈现了城市样本的估计结果，(4)~(6)列呈现了农村样本的估计结果。结果显示，无论在城市还是农村，依次引入学生个体特征变量、家庭资源变量以及学校资源变量为控制变量后，教师教学热情与学生成绩均存在稳健且显著的正向关系。但是，教师教学热情变量的系数在城市样本中相对更高。例如，引入全部控制变量后(3)列和(6)列的估计结果显示，教师教学热情每提高 1 个单位水平，城市和农村学生的阅读成绩分别提高 0.711 分和 0.215 分，后者明显更低。为了检验上述影响效应的城乡差距是否在统计意义上显著，(7)~(9)列呈现了基于全样本对模型(3-2)的估计结果。结果显示，“教学热情 * 城市”的交互项系数全部显著为正。这说明，教师教学热情对农村学生成绩存在显著的提升效应，但该提升效应显著地低于城市。

表 3-2　语文教师教学热情与学生阅读成绩关系的 OLS 模型估计结果

变量	(1)	(2)	(3)	(4)	(5)	(6)	(7)	(8)	(9)
教学热情	0.930***	0.794***	0.711***	0.218*	0.384***	0.215*	0.216*	0.253**	0.174
	(10.31)	(8.59)	(7.29)	(1.94)	(3.39)	(1.81)	(1.93)	(2.31)	(1.57)
城市							-39.29***	-39.07***	-37.00***
							(-4.02)	(-4.16)	(-3.92)
教学热情*城市							0.720***	0.656***	0.611***
							(5.09)	(4.82)	(4.47)
数学成绩	0.862***	0.851***	0.848***	0.859***	0.814***	0.808***	0.861***	0.839***	0.837***
	(112.15)	(112.30)	(109.06)	(90.62)	(84.07)	(81.47)	(144.19)	(140.79)	(137.43)
女生		19.76***	19.72***		20.95***	20.99***		20.15***	20.17***
		(16.80)	(16.74)		(14.20)	(14.25)		(21.88)	(21.89)
高中		8.727***	7.803***		18.31***	16.00***		12.21***	10.98***
		(6.82)	(5.95)		(11.49)	(9.51)		(12.29)	(10.69)
家庭财富资源		-3.058**	-3.063**		2.205	2.001		-1.185	-1.202
		(-2.48)	(-2.47)		(1.37)	(1.25)		(-1.22)	(-1.24)
家庭文化资源		1.888***	1.823***		2.253***	1.986**		2.058***	1.953***
		(3.15)	(3.04)		(2.83)	(2.50)		(4.29)	(4.08)
家庭教育资源		1.658**	1.735**		0.295	0.274		1.109**	1.157**
		(2.29)	(2.40)		(0.34)	(0.32)		(2.01)	(2.10)
家庭信息资源		6.398***	6.134***		2.229	1.738		5.178***	4.826***
		(6.23)	(5.95)		(1.40)	(1.10)		(6.03)	(5.62)

续表

变量	(1)	(2)	(3)	(4)	(5)	(6)	(7)	(8)	(9)
学校物质资源短缺			0.902			0.319			0.657
			(1.37)			(0.37)			(1.27)
学校人力资源短缺			-0.681			-0.472			-0.655
			(-0.90)			(-0.55)			(-1.16)
学校教师本科比重			-0.0846			-0.177			-0.452
			(-0.02)			(-0.02)			(-0.11)
学校教师硕士比重			12.90**			44.18***			18.71***
			(2.18)			(4.49)			(3.75)
教师资格证比重			8.192			4.306			4.153
		(1.47)			(0.48)			(0.95)	
常数项	-11.05*	-11.34*	-12.61	29.65***	28.28***	36.35***	28.61***	24.99***	27.64***
	(-1.75)	(-1.66)	(-1.30)	(3.23)	(2.99)	(3.48)	(3.46)	(3.04)	(3.12)
样本量	7351	7351	7351	4588	4588	4588	11939	11939	11939
调整 R^2	0.688	0.708	0.708	0.640	0.672	0.674	0.681	0.703	0.704

注：括号内为 t 统计量；* 表示 $p<0.1$，** 表示 $p<0.05$，*** 表示 $p<0.01$。

基于UQR模型，本章分别在城市和农村样本中引入全部控制变量后估计了模型(3-1)，表3-3展示了教师教学热情变量在第10、第30、第50、第70和第90分位点上的回归系数。UQR模型的估计结果提供了更为丰富的信息：无论是在城市，还是在农村，随着学生成绩分布的上升，教师教学热情与学生阅读成绩的正相关关系逐渐体现并随之增强。具体来看，在城市，在成绩分布最底端的第10分位点上，教师教学热情的回归系数为负，尽管不显著；但在第30、第50、第70和第90分位点上，教师教学热情的系数逐渐增大且显著为正(尽管第90分位点上的系数略微有所下降)。在农村，在阅读成绩分布的第10和第30分位点上，教师教学热情的系数均为负，尤其第10分位点上的系数显著为负，但在阅读成绩分布的第50、第70和第90分位点上，教师教学热情的系数逐渐增大且全部显著为正。

根据图3-2，我们更清楚地看到教师教学热情与学生成绩的关系因学生成绩水平不同而不同，并且，相对于城市样本，在农村样本中，教师教学热情与学生成绩的关系，在学生阅读成绩的分布上更加明显地表现出快速加强的趋势，尤其在高分位点上，二者的正相关关系甚至强于城市样本。具体来看，在城市样本中，除了在学生成绩最低分位点上，教师教学热情与学生成绩存在很小的负相关关系，从第20分位点之后，二者的关系变化很小，基本围绕OLS模型在均值水平的估计系数(0.711)上小幅波动。在农村样本中，在第30分位点上，教师教学热情与学生阅读成绩存在负相关关系；但随着学生成绩的提高，上述关系迅速从负相关转为正相关，从第40分位点开始，教师教学热情与中高水平学生阅读成绩的关系系数就高于OLS模型的均值估计结果(0.215)，此后教师教学热情变量的回归系数持续增大，到最高分位点上，该变量的回归系数超过城市样本的估计结果。

表 3-3 语文教师教学热情与学生阅读成绩关系的 UQR 模型估计结果

变量	城市样本					农村样本				
	Q10	Q30	Q50	Q70	Q90	Q10	Q30	Q50	Q70	Q90
教学热情	-0. 159	0. 730***	0. 898***	1. 201***	0. 814***	-0. 884***	-0. 376	0. 406**	0. 718***	1. 092***
	(-0. 55)	(3. 54)	(5. 46)	(6. 66)	(3. 63)	(-2. 72)	(-1. 61)	(2. 01)	(3. 47)	(3. 95)
样本量	7351	7351	7351	7351	7351	4588	4588	4588	4588	4588
调整 R^2	0. 296	0. 457	0. 463	0. 368	0. 191	0. 298	0. 427	0. 421	0. 346	0. 184

注：括号内为 t 统计量；* 表示 $p<0.1$，** 表示 $p<0.05$，*** 表示 $p<0.01$；所有模型均控制了表 3-2 中的控制变量，限于篇幅，表 3-3 没有报告。

根据 UQR 模型估计结果，我们得到以下推测：一方面，对于成绩水平较低的学生，由于已有知识储备不足、学习基础较差、学习动机缺乏(何声清、綦春霞，2018)，教师教学热情的改善，不仅很难唤起学生自身的学习热情或提高其对学习内容重要性的价值判断，甚至可能造成学生因为不适应教师引入更多创新性教学方法等而受到不利影响。因而，教师教学热情与最低水平学生学业成绩的负相关关系同时存在于城市和农村。但是，学校教育投入对学生的影响与原生家庭社会经济背景紧密相关(杨钋、徐颖，2017)，也就是说，由于城市家长受教育水平、对子女学习关注和投入程度等均高于农村，使得城市中的低成绩学生可通过家长更多的家校沟通和引导而消除不适应教师引入新教学方法等所受到的不利影响，这使得教师教学热情与成绩分布在最底端学生的学业成绩的负相关关系只在农村显著。另一方面，随着农村地区学生成绩的提升，学生知识储备、学习基础、学习动机也随之提高，这使得教师教学热情更可能通过情绪感染或成就情绪价值引导的过程而发挥出积极的作用。特别是在最高成绩水平的学生中，教师教学热情在农村样本中的影响效应甚至高于城市。这说明，教师教学热情对农村学生而言很可能是非常重要的，改善教师教学热情尤其有利于表现最优异的农村学生从中获益。

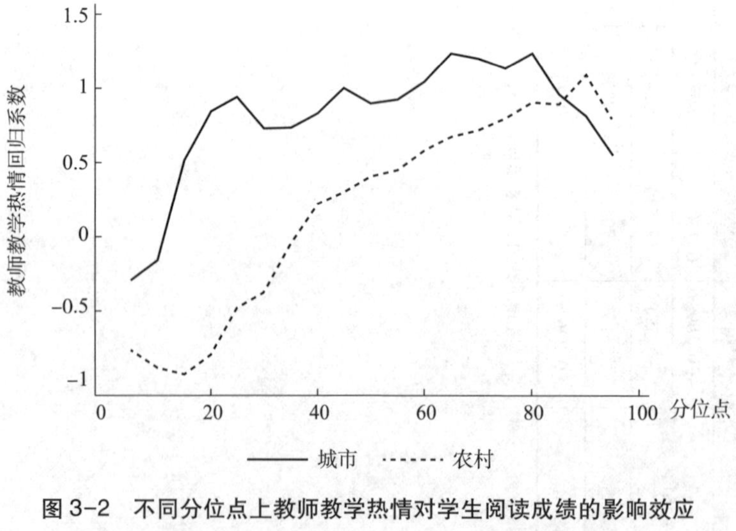

图 3-2　不同分位点上教师教学热情对学生阅读成绩的影响效应

(二)学生成绩城乡差距的 Oaxaca-Blinder 分解

表3-4呈现了城乡学生阅读成绩差距来源的OB分解结果。本章在均值水平上进行了分解，结果显示：在禀赋效应方面，教师教学热情平均值的城乡差距所造成学生成绩的城乡差距，占城乡学生平均成绩总差距的9.43%，该比例约是教师学历等其他学校资源城乡差距对城乡学生差距贡献的2倍(后者仅为3.77%)。在系数效应方面，教师教学热情对学生成绩影响效应的城乡差距所造成学生成绩的城乡差距，占城乡学生平均成绩总差距的103.46%，该比例更是远大于教师学历等其他学校资源影响效应的城乡差距所产生的贡献(后者仅为4.06%)。上述结果说明，在平均值水平上，教师教学热情对学生阅读成绩城乡差距的贡献程度，可能远大于教师学历等其他常见教师质量和数量指标的贡献程度。

此外，表3-4还呈现了在学生阅读成绩不同分布水平上的OB分解结果。在禀赋效应方面，对于成绩排名最靠后的学生(后10%)，教师教学热情平均值的城乡差距对学生成绩的城乡差距没有贡献。对于成绩排名在中间位置的学生，即在第30、第50和第70分位点上，教师教学热情平均值的城乡差距所带来的城乡学生成绩差距，依次占相应分位点上城乡学生成绩差距的11.20%、11.76%和14.05%，且对城乡差距的解释程度全部显著；与之相比，教师学历等其他学校资源平均值的城乡差距对相应分位点上城乡学生成绩差距的解释程度明显较小，且在第50分位点上对差距的解释程度不显著。对于成绩分布最顶端的学生(前10%)，教师教学热情的城乡差距对学生成绩城乡差距的贡献程度有一定的缩小(为8.72%)，但仍然显著。在系数效应方面，对于成绩排名最靠后或相对靠后的学生，即在第10和第30分位点上，教师教学热情影响效应的城乡差距带来的城乡学生成绩差距非常大且显著，分别占相应分位点上城乡学生成绩差距的215.67%和253.85%。对于成绩排名中等或中等偏上的学生，即在第50和第70分位点上，教师教学热情影响效应的城乡差距带来的城乡学生成绩差距尽管显著，但贡献程度迅速下降，分别占相应分位点上城乡学生成绩差距的94.67%和86.43%。对于成绩排名在最顶端的学生，即在第90分位点上，教师教学热情影响效应的城乡差距带来的城乡学生成绩差距不再显著。

结合图3-3和图3-4绘制的不同分位点上教师教学热情对学生成绩城乡

差异解释程度的 OB 分解结果，我们可以更清楚地看到：第一，对于成绩靠后的学生，教师教学热情的系数效应对其成绩城乡差距的贡献非常大，但禀赋效应几乎不存在。第二，对于成绩中等及中等偏上的学生，其成绩城乡差距源于教师教学热情禀赋效应的部分缓慢增长并稳定在 10%以上，而源于教师教学热情系数效应的部分却快速下降。第三，对于成绩最靠前的学生，成绩城乡差距源于教师教学热情禀赋效应的部分略微有所下降但仍保持在 8%左右的水平，但源于教师教学热情系数效应的部分持续下降，甚至为负。综上，对于成绩落后的学生，很难通过改善农村教师教学热情直接起到缩小城乡学生成绩差距的效果；随着学生学业成绩的改善，改善农村教师教学热情更能直接起到缩小城乡学生成绩差距的效果。

表 3-4　城乡学生阅读成绩差异 OB 分解的估计结果

变量	OLS 均值分解	不同分布点的分解				
		Q10	Q30	Q50	Q70	Q90
总差距	32. 438	23. 447	29. 754	33. 878	37. 297	38. 377
禀赋效应						
全部要素	27. 52***	27. 038***	30. 860***	28. 999***	28. 303***	25. 091***
	(18. 62)	(11. 50)	(15. 13)	(17. 65)	(18. 05)	(15. 25)
	84. 84%	115. 32%	103. 72%	85. 60%	75. 89%	65. 38%
教师教学热情	3. 059***	-0. 754	3. 332***	3. 984***	5. 239***	3. 348***
	(7. 32)	(-0. 62)	(3. 79)	(5. 64)	(6. 72)	(3. 51)
	9. 43%	-3. 22%	11. 20%	11. 76%	14. 05%	8. 72%
学生个体特征	19. 81***	23. 105***	24. 636***	20. 362***	18. 130***	14. 003***
	(14. 86)	(13. 06)	(14. 37)	(14. 87)	(14. 76)	(13. 33)
	61. 07%	98. 54%	82. 80%	60. 10%	48. 61%	36. 49%
家庭资源	3. 428***	4. 737***	4. 393***	3. 557***	1. 673**	1. 875**
	(9. 11)	(3. 96)	(5. 52)	(5. 69)	(2. 57)	(2. 40)
	10. 57%	20. 20%	14. 76%	10. 50%	4. 49%	4. 89%
学校资源	1. 222***	-0. 050	-1. 501*	1. 096	3. 261***	5. 864***
	(2. 96)	(-0. 04)	(-1. 69)	(1. 60)	(4. 36)	(5. 78)
	3. 77%	-0. 21%	-5. 04%	3. 24%	8. 74%	15. 28%
系数效应						

续表

变量	OLS 均值分解	不同分布点的分解				
		Q10	Q30	Q50	Q70	Q90
全部要素	4.918***	-3.591	-1.106	4.879***	8.994***	13.286***
	(4.62)	(-1.08)	(-0.48)	(2.69)	(4.89)	(6.02)
	15.16%	-15.32%	-3.72%	14.40%	24.11%	34.62%
教师教学热情	33.56***	50.568*	75.532***	32.073*	32.236*	-20.303
	(3.28)	(1.73)	(3.61)	(1.84)	(1.76)	(-0.85)
	103.46%	215.67%	253.85%	94.67%	86.43%	-52.90%
学生个体特征	18.02**	7.115	56.982***	30.864***	37.085***	-10.979
	(2.46)	(0.25)	(4.38)	(2.94)	(2.99)	(-0.54)
	55.55%	30.35%	191.51%	91.10%	99.43%	-28.61%
家庭资源	1.619	-1.294	0.168	-0.194	2.858	2.511
	(1.38)	(-0.34)	(0.07)	(-0.10)	(1.38)	(0.95)
	4.99%	-5.52%	0.56%	-0.57%	7.66%	6.54%
学校资源	1.316	129.829***	30.446	-16.478	-57.594***	-97.300***
	(0.15)	(4.25)	(1.59)	(-1.11)	(-4.40)	(-6.48)
	4.06%	553.71%	102.33%	-48.64%	-154.42%	-253.54%
常数项	-49.60***	-189.808***	-164.235***	-41.386*	-5.592	139.358***
	(-3.55)	(-4.07)	(-5.68)	(-1.81)	(-0.24)	(4.29)
	-152.91%	-809.52%	-551.98%	-122.16%	-14.99%	363.13%

注：括号中为 Bootstrap200 次标准误；* 表示 $p<0.1$、** 表示 $p<0.05$、*** 表示 $p<0.01$；百分比为对应要素对城乡差距的贡献程度；学生个体特征要素包括数学成绩等 3 项指标，家庭资源要素包括家庭财富资源指数等 4 项指标，学校资源要素包括学校本科教师比重等 5 项指标。

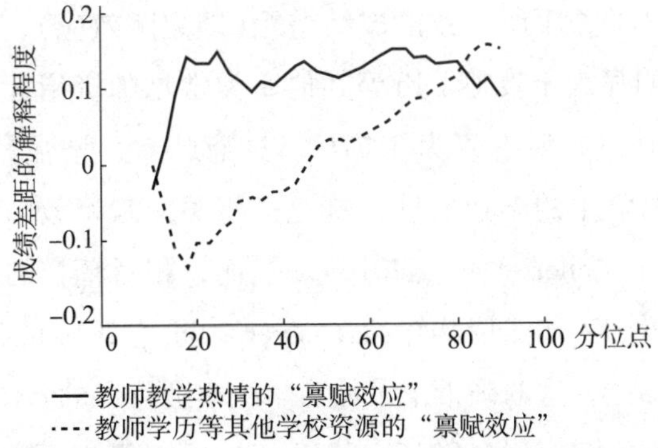

图 3-3 不同分位点上教师教学热情以及其他学校资源对城乡学生成绩差距贡献的“禀赋效应”

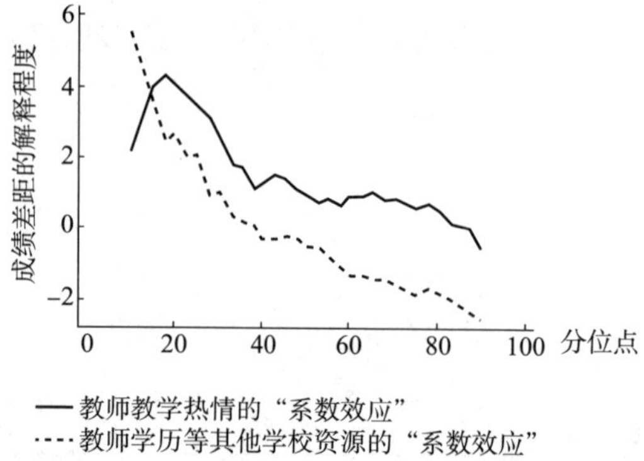

图 3-4　不同分位点上教师教学热情以及其他学校资源对城乡学生成绩差距贡献的“系数效应”

第五节　结论与讨论

本章基于 PISA2018 中国 4 个省(市)的调查数据，从教师教学热情的角度，探讨了基础教育阶段学生学业发展的城乡差距和均衡问题。实证分析后我们得到以下研究结论与建议。

第一，教师教学热情与学生学业发展紧密相关，在提升农村教师队伍质量的过程中，管理部门不应该停留于对教师学历等要素的干预，必须重视教师教学热情等情感要素，建立一支充满教学热情的教师队伍。

根据教育生产函数在均值水平上的估计结果，农村教师拥有的教学热情水平与学生学业成绩呈显著正相关；OB 分解结果显示，农村学生和城市学生因为教师教学热情的差距所导致的成绩差距(即禀赋效应)，占两类群体成绩差距的 9.43%，明显大于教师学历等其他 5 类常见师资指标的差距对城乡学生成绩差距的解释量，后者仅为 3.77%。这意味着，增强教师的教学热情，能显著地提高农村学生的学业成绩，这也是相关文献将教师教学热情视为教师质量要素的原因(Keller et al.，2016)。然而，相对糟糕的工作环境阻碍了处境不利地区人群的工作热情感知(Trépanier et al.，2014)，农村地区教师教学热情水平状况不佳，这的确带来了城乡学生学业发展的差距。

尽管《乡村教师支持计划(2015—2020 年)》等政策的颁布标志着我国农村教师队伍建设迈入新征程，但相关政策仍聚焦于教师的学历和资格证等维度，很少提及教师教学热情等情感要素。由于提高农村地区教师的教学热情水平能够显著地促进农村地区学生学业发展、缩小城乡教育差距，其作用甚至大于学历等常见要素，因而本章建议：各级政府和教育管理部门在推进农村教师队伍建设、缩小城乡教育差距的过程中，应该加强对农村地区现有教师队伍教学热情等情感要素的研究，将促进教师教学热情的获得视为提升教师教学质量的举措。具体来看，工作热情不仅受到环境和工作因素的驱动，而且受到个体差异的驱动，管理部门在招聘教师时不能仅关注学历等常见师资指标，也应该在选拔农村教师时评估求职者的工作热情，并将其作为筛选指标。此外，给予个体更多的工作自主权，或者提供更加及时的、积极的工作反馈等，都有助于促进教师工作热情的获得(Ho et al., 2011)。

第二，学校管理部门在提升教师教学热情时，还需对师生关系等进行配套干预，增强教师教学热情对农村学生成绩的影响效应，以更有效地缩小城乡教育差距。

我们的研究结果显示，教师教学热情与学生成绩的正向相关关系在农村地区显著地弱于城市地区；均值水平的 OB 分解发现，农村学生和城市学生因为任课教师教学热情对成绩提升效应的差距而导致的成绩差距(即系数效应)，占两类群体阅读成绩差距的 103.46%，远远大于其他 5 类常见学校质量指标对成绩提升效应的差距对两类群体成绩差距的解释量，后者仅为 4.06%。这说明，要通过增强教师教学热情实现缩小城乡教育差距的目标，一个关键的问题是，如何通过相应的配套措施来增强农村教师教学热情对学生学业发展的提升效应。

教师教学热情与学生学业发展的正向关系，不仅取决于教师教学热情对教师自身教学行为的改变(Kunter et al., 2013；Pianta et al., 2008)，还取决于教师教学热情对学生积极情绪的感染过程和成就情绪的价值引导过程(Becker et al., 2014；Frenzel et al., 2009；Kim et al., 2014；Kunter et al., 2013)。由于后一个过程是师生互动的过程，因而要更好地促进城乡基础教育质量不平等问题的解决，我们还需研究如何提高学生对教师教学热情的感知。例如，有文献指出，师生建立良好的关系，是教师激励能够改变学生学习行为的关键条件(Morganett, 1991)，但农村地区学生的师生关系状况不佳(姚计海、毛亚庆, 2008)，特别是在大规模留守儿童存在的背景下，父母教育缺失可能使儿童在人际交往中持冷漠态度，不利于他们建立良好的师生关系（李晓巍、刘艳，2013）。因而本章建议，农村地区在加强教师队伍建设的过程中，应当引导教师更多地关心学生个体，以更好地改善学生学习态度、增强学生学习兴趣和价值感，进而促进学生学业发展。

第三，教育管理部门要避免“一刀切”的教育改革措施，应引导教师采取灵活和有针对性的教学策略，以满足不同学业水平学生群体的需要，特别关注低学业水平学生可能面临的适应性问题。

UQR 估计结果显示，随着学生成绩水平的提高，教师教学热情与学生成绩的正向关系逐渐得以体现，尤其是学业表现最优异的农村学生更能从中获益；但与之形成鲜明对比的是，学业成绩水平最低的农村学生却可能因为教师教学热情的改善而受到负向的影响。而从缩小城乡学生学业成绩差距的角度来看，不同分位点的 OB 分解结果显示，对于成绩水平最低的学生，教师教学热情的系数效应非常大，但禀赋效应几乎不存在；而随着学生成绩的提高，教师教学热情的系数效应快速下降直至消失，禀赋效应不仅稳定存在，而且大于教师学历等其他 5 项教师质量要素的禀赋效应。

上述结果蕴含了一个重要的政策含义，即“一刀切”的教师教学改革很难真正地实现预期的效果，国家必须引导教师针对不同的学生群体制定更加灵活的教学措施。第一，对于学业水平较高的学生而言，改善教师教学热情对他们来说是高效的、合理的，因而增强教师教学热情，可以直接地起到缩小这类学生成绩的城乡差距的作用。第二，对于学业成绩落后的学生而言，改善教师教学热情很难直接实现提高农村学生学业成绩、缩小城乡教育差距的目标；缩小这类学生成绩的城乡差距，一方面依赖引导教师对其投入更多的关心、消除其因不适应教师教学方式而受到的消极影响，另一方面，考虑到教育具有累积性，农村地区基础教育改革时有必要更多地关注学生早期教育获得，尽可能帮助学生在早期教育阶段有良好的学习品质和扎实的知识基础，进而缓解其在资源投入转换率上的劣势。

本章研究也有一些不足，值得在未来进一步探讨：第一，本章的研究是基于 PISA2018 数据库中语文教师教学热情的数据开展的，该结论是否在数学、科学等其他学科同样稳健存在，值得进一步探讨。第二，本章揭示了教师教学热情对农村学生学业成绩提升的作用以及缩小城乡教育差距的贡献，但是，并没有深入地分析教师教学热情与学生成绩关系的内在作用机制及其城乡差异。对内在作用机制的探讨对于更有针对性地指导农村地区教师队伍建设同样具有非常重要的现实意义。未来，我们可以通过收集情绪感染、价值引导、教师教学方式改变等维度的信息，基于结构方程模型等手段开展更加丰富的研究。

中篇
改进教师质量评价展望

第四章

引入课堂观察评价，改进农村教师教学质量评价

教师课堂教学是学校教育的关键环节(Hanushek，1986)，其质量不仅直接影响学生当前的学业产出(Aaronson et al.，2007)，而且对学生未来的职业和经济收入产生了重要影响(Chetty et al.，2014)。不同教师的教学质量差异很大，因此，提升教师教学质量已成为全球学校教育改革的重点。

准确评价教师教学质量是诊断和提升质量的信息基础。尽管该问题是学术研究和应用领域的传统问题，但教学工作的复杂性使得准确评价教师教学质量非常困难(Kane et al.，2011)。学历以及所学专业等直接可测的职前人力资本指标被发现与教学质量关系不大(Harris et al.，2011)，工作经验等级等职后人力资本指标与教学质量的关系也未得到一致认可(Rockoff et al.，2012)。20世纪80年代以来，构建增值性模型(value-added model，VAM)评价教师教学质量的研究自提出以来，因在客观性上的不可比拟优势，迅速受到学术界关注(梁文艳、杜育红，2011)。然而，增值性评价同样存在一些局限[①]，也面临不少现实约束[②]。近年来，美国教师教学质量评价改革直指具体教学行为，旨在通过评价以诊断问题、改进教学(Harris et al.，2014；Kane et al.，2011)。尽管这类评价主要基于课堂观察，但在框架设计、过程管理以及实证模型构建等方面有别于传统观察评价，又被称为新的课堂观察评价(Kane et al.，2012)。随着其在研究和实践中取得较好效果，截至2015年，全美有38个州明确要求将课堂观察引入教师质量评价系统(Doherty et al.，2015)。

---

① 基于VAM评价教师教学质量的局限包括：强调基于模型获得质量指数，忽视教学过程，难以为教师发展提供实践性参考；个体教师的贡献嵌套于集体中，增值性评价难以分离。

② VAM实施的基础是建立“学生—教师—学校”匹配的多期面板数据，缺乏数据会制约其可行性。

尽管我国《基础教育课程改革纲要(试行)》明确指出：“要建立促进教师不断提高的评价体系，使教师从多种渠道获取信息，不断提高教学水平。”然而，现有教师质量评价仍以传统模式为主(胡咏梅、施世珊，2014)。为此，本章将梳理美国基于课堂观察评价教师质量的相关研究和实践经验，并讨论其对中国的启示。

第一节　教师教学质量课堂观察评价的框架设计

扎根理论和实践经验设计评价框架，既是保证评价效度的基础，又是利用评价结果指导教师改进的前提。本部分将分别针对通用型和特定学科两类评价框架，从设计理念、评价模块、具体维度和应用项目 4 个方面梳理框架设计。

(一)通用型教师教学质量课堂观察评价框架

以表 4-1 所列举的最具影响力的 FFT 框架(Framework for Teaching)和 CLASS 框架(Classroom Assessment Scoring System)为例，通用型框架旨在从整体归纳出高质量教师在教学行为中的共性要素，概念界定清晰，且具有很强的操作性。

FFT 框架由 Danielson 团队按照美国新教师评价与支持联盟的教师专业发展标准(InTASC)①，扎根建构主义教学理论②开发而成(Kane et al.，2011)；该框架包含计划和准备、课堂环境营造、课堂教学技巧和专业职责 4 个模块；每个模块下设若干评价维度，并包含具体的评价指标；为保证评分的可操作性，对各项评价指标给出 4 个水平(不合格、合格、良好和优秀)的评分标准和参考案例。而 CLASS 框架由 Pianta 团队开发，该框架扎根于依恋理论、自我决定理论等心理学理论，认为师生互动直接作用于学生学业提升，因而该框架侧重课堂师生互动的质量(Pianta et al.，2009)；该框架包含教师情感支持、课堂组织以及教学支持 3 个模块。

---

① InTASC 涉及教师预备、资格认定和持续专业发展等方面的改革。

② 建构主义理论强调学习主动性，认为主体须通过利用内部构建的基本认识原则去组织经验，并发展知识。

表 4-1　通用型课堂观察评价框架设计概览

观察评价框架	设计理念	评价模块	评价维度	应用项目
FFT 框架	基于建构主义教学理论强调学习的意义建构和学生积极参与	计划和准备	对学科（内容/结构）和教学法相关知识的掌握	· 学生成就/教师评价相关研究项目（辛辛那提市：2003 年、2004 年、2006 年） · 卓越教学项目（芝加哥市：2009 年） · 反思教师评价项目（芝加哥市、辛辛那提市：2011 年） · 有效教学测量项目（比尔·盖茨基金会对全美公立学校抽样：2009 年、2010 年、2011 年、2012 年、2013 年、2014 年）
			对学生发展有关知识的掌握程度（儿童/未成年人认知发展、学习过程、儿童兴趣与文化传承、个性化需求等相关知识）	
			对学生学习结果的预设（清晰程度、均衡程度、适应程度等）	
			教学资源的充足程度	
			教学活动/程序的设计	
			学生评价的设计	
		课堂环境营造	教师创造相互尊重的课堂氛围（师生的互动、学生间的互动）	
			设定有利于学习的班级文化（班级营造浓厚的学习氛围、学生对学业有较高的期望、学生有学习自豪感）	
			课堂秩序管理（教学小组的管理、教学形式转换的管理、教学材料发放的管理、班级秩序、对教辅人员的监管）	
			学生行为管理（对学生的期望、监管，回应学生错误行为）	
			教室物理空间的布置（安全、舒适）	
		课堂教学技巧	基于教学目标设定教育期望、正式和非正式地与学生交谈	
			提问和讨论技术（提问的质量、讨论的技术、学生课堂参与）	
			教师鼓励参与式教学（活动设计、分组教学、教学材料设备等）	
			教学评价（清楚告诉学生评价标准、监测学生学习效果、及时反馈）	
			教学的灵活性（根据学生实际情况调整教学、回应学生需求）	

续表

观察评价框架	设计理念	评价模块	评价维度	应用项目
FFT框架	基于建构主义教学理论强调学习的意义建构和学生积极参与	专业职责	教学反思（及时性、精确性和运用到未来教学中）	
			准确记录课堂内外的教学事件	
			与家长的交流（关于课程内容、学生情况及家长参与的交流）	
			专业共同体的参与（同事的交流、学校管理实务的参与）	
CLASS框架	基于依恋理论、自我决定理论等心理学理论强调师生互动的重要性	情感支持	师生的积极关系	·涉及7项美国国家级和地区级研究项目，覆盖4431个班级
			师生的消极关系	
			教师对学生需求和学业水平变化的敏锐感知	
		课堂组织	班级是否以牺牲学生兴趣为代价过度管制	
			学生行为管理	
			教师课堂教学生产力	
		教学支持	指导学习的方式	
			班级混乱	
			高质量的反馈	
			教师在不同情境下应用语言刺激和语言促进的质量	
			教学方法的丰富性	

注：这两种框架的评价信息不完全来自课堂观察，还来自教师的日志记录等。

(二)特定学科的教师教学质量课堂观察评价框架

有学者认为，为了更准确地评价教师，评价框架必须充分考虑学科异质性(Grossman et al.，2014；Hill et al.，2005)。为此，数学学科有 MQI 框架(Mathematical Quality of Instruction)、UTOP 框架(UTeach Observation Protocol)以及 FFT 框架等；语言、艺术学科有 PLATO 框架(Protocol for Language Arts Teaching Observation)、FFT-ELA 框架等。相比通用型评价框架，特定学科的评价框架(见表 4-2)强调捕捉以学科知识内容和质量为内核的教学行为，指标更为细致和深入(Hill et al.，2005)。

表 4-2 呈现了数学学科 MQI 框架和语言、艺术学科 PLATO 框架的信息概览。其中，MQI 框架由 Hill 团队基于"过程—产出"理论开发并完善；包含教学形式、数学知识的丰富、和学生一起学习数学、错误和不准确，以及意义建构和推理中的学生参与 5 个模块；每一个模块下设若干评价维度，每一个维度下又有相应的教学行为要素指标对其进行具体表征。PLATO 框架由 Grossman 团队以有效教学理论为基础，在全面考虑英语语言艺术教学中教师示范、教学策略和文化背景等因素的重要性后开发，包括 4 个模块、13 个维度，每个维度下设 1 个课堂教学行为观测指标(Grossman et al.，2014)。

表 4-2　特定学科课堂观察评价框架设计概览

观察评价框架	设计理念	评价模块	评价维度	应用项目
MQI框架	基于“过程—产出”理论强调数学知识以及精确解释的重要性	教学形式	讲授型教学（数学知识传授以教师讲授为主）	·“为学而教”项目（纽约市：2012 年） ·“数学专业发展影响力评价”项目（美国教育部：2012 年、2013 年、2014 年、2015 年、2016 年） ·“探索改善教师数学教学质量的方法”项目（美国国家科学中心：2012 年、2013 年、2014 年、2015 年） ·有效教学测量项目（比尔·盖茨基金会对全美公立学校抽样：2012 年、2013 年、2014 年）
			全班讨论（学生课堂上分享想法、推理逻辑等）	
			结合现实案例讲授	
		数学知识的丰富	讲授注重不同数学知识点、不同表达形式、不同案例间的连接	
			解释（给出想法、解题步骤、解决方案的意义）	
			多元解决方案	
			数学概念和过程的归纳总结、概念化和推广	
			数学语言的丰富性、清楚性	
		和学生一起学习数学	纠正学生的错误和困难	
			在教学中回应学生的想法	
		错误和不准确	重大错误或疏忽（解答问题错误、概念定义不准确等）	
			数学术语或标记上不准确	
			任务开展或内容呈现上不清楚	
		意义建构和推理中的学生参与	学生对解题思路、过程和方法给出解释	
			学生提出数学问题、参与数学推理	
			学生参加智力要求较高的数学推理活动	

续表

观察评价框架	设计理念	评价模块	评价维度	应用项目
PLATO框架	基于有效教学理论强调教师示范、清晰教学和指导练习在英语语言教学中的重要性	课堂活动	课程目标设定	・教师教学质量评价基线调查项目（纽约市：2007、2008年） ・教师教学质量评价追踪调查项目（纽约市：2008年、2009年、2010年、2011年、2012年、2013年） ・“教学领导—为美国而教”项目（2009年） ・有效教学测量项目（比尔・盖茨基金会对全美公立学校抽样：2012年、2013年、2014年）
			智力挑战	
			师生间、学生间就语言艺术问题进行充分讨论	
			适应母语非英语学生的教学策略和方法	
		内容的表述与使用	及时、有效反馈学生应用语言的知识和技能	
			为学生提供真实文本，学生也会创作文本	
			内容表达	
		教学材料	联系学生个人的经历和文化背景选择教学材料	
			先修知识的联系紧密性	
			示范（学生学习前，给学生明确的策略、技巧和程序；完成任务后，向学生展示好的范例）	
			教学策略（指导学生读、写、听、说过程中，教师重视讲授学习的策略而不仅仅是知识的灌输）	
		课堂环境	学生行为管理、秩序井然	
			教学时间安排的合理性和教学效率	

第二节　教师教学质量课堂观察评价的实施过程管理

过程管理是课堂观察评价成功实施的关键，评价信度很大程度上也取决于此。本部分从保障施评者资质以及完善评分机制两方面梳理相关经验。

(一)观察者资质保障

观察者是实施评价的主体，他们既可以进入课堂实施现场评价，也可以观看录像实施视频评价。因此，能否保证观察者的资质是决定评价质量好坏的关键(Hill et al.，2005)。根据表4-3可知，所有评价框架的实践均对评价者的资质做出了严格规定：首先，明确规定评价者的初始资质，即要求观察者拥有一定的教学经验；其次，不仅详细介绍观察工具的框架、指标构成和评分细则等信息，还给予受训者讨论和反馈的主动学习机会；再次，对培训者进行严格的资格认证和考核，即要求培训者的评价与专家评分保持较高的一致性；最后，在观察者与被观察教师间实行随机匹配或单盲匹配，尽可能避免刻板印象、偏见等主观因素的影响。

表4-3　课堂观察评价者的培训与资格认证概览

观察评价框架	初始资质	培训内容	资格认证
FFT	拥有教学经验	介绍评价指标系统；观看课堂教学视频，练习打分，由培训者给出反馈	观看课堂教学录像并实施评价，要求与专家评分完全匹配的指标比例不低于50%，差异在2分及以上的比例不超过25%；通过测试才能获得评价资格
CLASS	拥有教学经验	介绍框架及评价维度；练习评价；小组讨论和反馈，参加周会	观看课堂教学录像并实施评价，与专家评分差距在1分及以内的比例不低于80%；通过测试才能获得评价资格
MQI	拥有数学专业知识和教学经验	介绍评价指标系统；观看课堂教学视频，练习打分，由培训者给出反馈	观看课堂教学录像并实施评价，要求评价者得分与专家得分在所有维度上的平均差异不超过可接受的最大值
PLATO	3年及以上的ELA教学经验	介绍评价工具和评分细则；观看每一个指标在每一个绩效水平下的录像实例；练习打分，由培训者给出反馈	分别观察所有阅读、写作和语法3个板块中至少5个不同的课堂录像后，打分正确率均不低于70%；差异在2分及以上的比例不超过10%；实施过程有校准测试、专家指导

（二）评分机制设计

课堂观察评价得分的变异源于教师教学质量、观察者、授课班级、授课内容等多个方面。根据概化理论，为保证评价信度，必须提高教师真实教学质量变异在实际评价得分变异中的占比，即要尽可能降低其他方面带来的误差（Hill et al.，2012；Pianta et al.，2009）。

已有研究发现，一次性观测、单一观测往往会提高非教师教学质量因素变异在最终评价得分变异中的占比，从而降低信度（Kane et al.，2012；Pianta et al.，2009）。因此，要提高评价信度，有必要对同一教师进行多次重复观察（不同授课班级、不同评价者、不同时间）。例如，有学者利用有效教学测量项目（MET）中基于 FFT、CLASS、UTOP 和 PLATO 框架实施的教师评价结果研究发现，每次观察仅使用 1 名观察者对教师的一次课堂打分，所得到的信度得分不超过 0.37，使用 2 名观察者对同一教师的同一次课堂打分所得到的信度水平提升到 0.53，而使用 3 名观察者和 4 名观察者，得到的信度水平能达到 0.6 以上（Kane et al.，2012）。还有学者根据基于 MQI 框架实施的数学教师评价结果开展研究后同样发现，评价信度随着观察者数量、观测次数、课程片段长度的增加而提升（Hill et al.，2012）。

因此，为了尽可能降低非教师教学质量因素带来的评价误差，设计合理的评分机制至关重要。具体涉及的问题包括：需要多少名观察者共同实施观察？每次观察应持续多长时间？每名教师应被重复观察多少次？是否应该在该教师的不同授课班级进行重复观察？重复观察的间隔周期应该为多长？等等。

第三节 识别教师质量评价有效指标的实证研究设计

尽管教师课堂教学质量的观察评价框架可在理论上视为高质量教学行为的标准，但我们必须对指标的有效性提供经验证据支持（Kane et al.，2011）。不同指标对学生发展的影响效应在不同样本类型、不同发展维度上都存在差异。这是改进和优化评价框架的重要依据。因此，研究者需要开展实证研究揭示各项教师课堂教学行为对学生学业成绩的因果影响（Cohen et al.，2016；Kane et al.，2011）。这意味着，完整的教师教学质量课堂观察评价系统还包含教师课堂教学质量指标对学生发展指标的因果效应的识别，这通常需要引入增值性模型和固定效应模型等实证手段(如图4-1)。接下来，我们从模型设计和经验证据两个方面总结实证设计的经验。

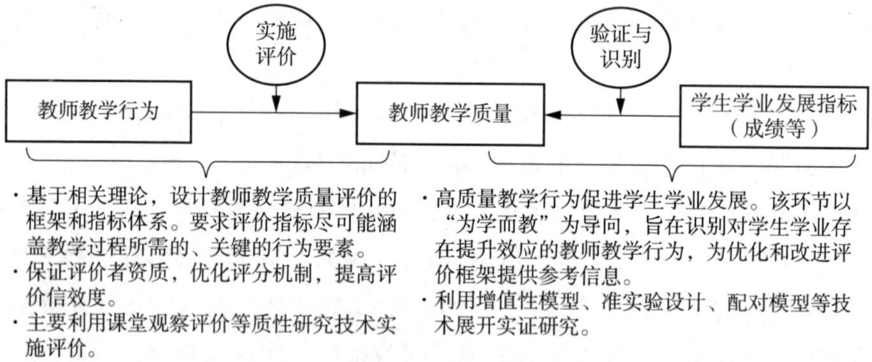

图 4-1　教师教学质量课堂观察评价的设计思路与理念

(一)模型设计

揭示教师课堂教学行为对学生学业成绩影响效应的基准模型如下：

$$Score_{ijs} = \beta_0 + \sum_{t=1}^{T} \beta_{1t} Tea\_quality_{jst} + \sum_{k=1}^{K} \beta_{2k} Stu_{ijsk} + \sum_{p=1}^{P} \beta_{3p} Class_{jsp} + \sum_{q=1}^{Q} \beta_{4q} Sch_{sq} + \delta_{ijs} \tag{4-1}$$

其中，$Score_{ijs}$是第s所样本学校第j名教师授课班级中第i名学生的学业成绩。解释变量$Tea_quality_{jst}$是第s所样本学校第j名教师的第t项课堂教学行为指标，Stu_{ijsk}、$Class_{jsp}$以及Sch_{sq}分别是学生个体层面、教师/班级层面以及学校层面的控制变量，δ_{ijs}是误差项。该模型中，回归系数β_{1t}表示第t项教师教学行为对学生学业成绩的边际影响效应。若β_{1t}显著为正，说明该项教学行为是影响学生学业成绩的关键要素，需要引起足够的重视。模型(4-1)在评价教师课堂教学行为对学生学业成绩的影响过程中存在两个内生性威胁：教师质量和学生间的非随机匹配以及其他重要的变量遗漏(Kane et al.，2011)。

第一，教师和学生的非随机匹配问题。长期以来，择校造成好学生选择好教师，按能力分班造成好教师教授好学生，这种非随机匹配导致我们难以准确估计教师对学生发展的真实影响，成为相关研究的难题(Hill et al.，2011)。针对这一问题，我们可在模型(4-1)中引入前测成绩($Score_{ijs}^{-1}$)，以剥离学生先天能力、已有基础等因素造成的估计偏误，进而提高β_{1t}估计精确度(Hill et al.，2011；Kane et al.，2011)。具体模型如下：

$$Score_{ijs} = \beta_0 + \gamma Score_{ijs}^{-1} + \sum_{t=1}^{T} \beta_{1t} Tea\_quality_{jst} + \sum_{k=1}^{K} \beta_{2k} Stu_{ijsk} + \sum_{p=1}^{P} \beta_{3p} Class_{jsp} + \sum_{q=1}^{Q} \beta_{4q} Sch_{sq} + \delta_{ijs} \tag{4-2}$$

第二，变量遗漏问题。同一名教师的教学行为在不同的情境下存在差异，不同的办学条件、校领导、班级都会产生影响(Cohen et al.，2016)。例如，班级凝聚力这一变量通常很难测量，它不仅会因为同伴效应和学习氛围而影响学生学业成绩，而且会通过教师教学策略的选择影响对教师质量的评分。如果遗漏班级凝聚力，会造成对β_{1t}的估计是有偏的。针对这一问题，可行的方法是，基于同一教师在不同授课班级(横向)或不同授课时间(纵向)的观察评价得分($Tea\_quality'_{jst}$)的混合面板数据，引入班级和学校层面固定效应θ_{js}和σ_s，建立固定效应—增值性模型(Kane et al.，2011)：

$$Score_{ijs} = \beta_0 + \gamma Score_{ijs}^{-1} + \sum_{t=1}^{T} \beta_{1t} Tea\_quality'_{jst} + \sum_{k=1}^{K} \beta_{2k} Stu_{ijsk} + \sum_{p=1}^{P} \beta_{3p} Class_{jsp} + \sum_{q=1}^{Q} \beta_{4q} Sch_{sq} + \sigma_s + \theta_{js} + \delta_{ijs} \tag{4-3}$$

(二)经验证据

大量学者揭示了各项课堂观察评价指标所对应的具体教学行为对学生学业的影响效应，为优化评价框架提供信息，还可以帮助教师有针对性地选择个性化的教学策略(Kane et al.，2011)。例如，有学者基于FFT框架的教师教学质量数据构建固定效应—增值性模型发现，教师班级课堂秩序管理水平对学生数学成绩影响最大，而教师提问和发起讨论的技术对学生阅读成绩的影响最大(Kane et al.，2011)。有学者基于CLASS框架的评估数据同样发现，教师课堂管理水平对学生数学成绩具有显著正向影响(Pianta et al.，2009)。这说明，在评价教师课堂教学质量时，应重视课堂秩序管理。

尽管如此，现有研究仍待改进。一方面，学生发展是多元的，现有研究多聚焦于测试成绩这项发展指标，我们有必要采用更丰富的学生发展指标作为结果变量开展研究（Harris et al.，2014）。另一方面，由于不能完全避免内生性问题，为了获得更为准确的结果，我们有必要开展随机实验（Cohen et al.，2016；Kane et al.，2011）。

第四节　结论与讨论

国内现有教师质量评价，要么与学生成绩直接挂钩，违背了以评促改的初衷，甚至有可能加剧教育不公平（胡咏梅、施世珊，2014）；要么基于成绩实施增值性评价，尽管增强了客观性和公平性，但不能打开教学过程的“黑箱”，且推广性不强（梁文艳、杜育红，2011）；要么基于学者自身经验和主观判断设计观察工具，缺乏理论支撑和实证检验，可靠性和有效性有待商榷（崔允漷，2012）。相对来说，最新的基于课堂观察的教师教学质量评价强调扎根理论和实证研究，更能发挥评价对教学的诊断与改进作用。基于上文的梳理，我们认为，我国的教师教学质量评价可从以下几个方面进行优化。

第一，重视课堂观察评价对促进教师专业发展和学生发展的作用。

基于严格设计的课堂观察评价，我们不但能够获得教师教学质量信息，还能够为教师提供针对性的改进措施，而且评价过程本身也能起到促进教师发展、提升教学质量的作用。有研究发现，在美国的辛辛那提公立学区，控制其他因素的影响以后，历时 1 年的教师课堂观察评价显著提升了教师在各项课堂教学质量指标评价中的得分（Taylor et al.，2012）。其原因在于：①正式的打分和反馈程序会给予教师信息，有利于被评估人更好地成长；②评估鼓励教师参照评价框架加强自我反思；③评估程序能为其他教师以及管理人员就有效教学实践进行交流创造更多机会。因此，我们应重视课堂观察评价在促进教师专业发展中的作用。

第二，设计和完善基于课堂观察进行中小学教师教学质量评价的技术和手段。

课堂观察评价是一项系统性的工作，实施难度非常大。国内传统课堂观察评价的施评者多为校长、年级组长等管理人员，缺乏系统的理论指导，实施过程的科学性不足，难以保证信度和效度。从前沿研究和实践来看，它涉及扎根理论设计和开发观察评价框架、观察实施过程的质量管理、指向学生产出的效度论证、评价过程的信度保障、观察评价结果的应用及再评估等。

只有保证课堂观察评价的“专业性”，才能真正发挥帮助教师改进教学的作用。此外，在评价框架和工具开发、实施过程管理等各个阶段均须充分考虑我国实际情况，审慎对待课堂观察研究和实践，避免直接“移植”评价指标带来的“水土不服”。

第三，加强基础教育质量监测，重视数据的连续性、追踪性与匹配性，为识别有效教师教学行为提供数据基础。

教师教学质量评价本身应是一个动态优化的过程，必须基于学生发展数据引入实证研究手段为教学行为的有效性提供证据，进而改进评价工具，并为教师发展提供有价值的信息。实证研究的基础是高质量的数据库，特别是“学校—教师—学生—家庭”配套的追踪调查。目前，我国已进行了初步尝试，但总体来看，本土数据缺乏仍是制约研究开展的重要原因。因此，对样本容量大、代表性好、内容丰富、链接不同系统、跨越不同时期的教育数据进行调查收集，是一项富有价值且十分必要的工作。

第五章

引入增值性评价，改进农村教师教学质量评价

长期以来，教师质量评价大多直接使用班级平均成绩等指标，但由于“教师—学生”非随机匹配引致的混淆偏误问题，上述指标难以准确识别教师质量。换言之，一些通常意义上的“好”教师，未必在学生成长中发挥了较大的作用，只是好学生成就了好教师①。在教师人事管理决策中使用这类指标，不仅不准确，还可能加剧源于优质生源争夺的教育不公平问题（边玉芳、孙丽萍，2015；李凌艳，2020）。中共中央、国务院于2020年印发了纲领性文件《深化新时代教育评价改革总体方案》（以下简称《总体方案》），特别指出要“探索增值评价”“改革教师评价”，为推进教师质量评价改革指明了方向。

增值性评价致力于将教师要素的影响效应从其他要素（学生家庭资源等）中区分开，阐释教师对学生成长的真正贡献，以识别教师质量②。得益于发达国家教育质量监测与评估数据库的日渐成熟，“学生—教师—学校”匹配的、长期的大规模纵向追踪数据库为增值性评价的学术探索提供了保障。大量学者通过实施增值性评价，证实了教师质量的多维性、长期性、持续性和累积性等特征，为教师问责提供了更可靠的指标（Koedel et al.，2015）。一系列高水平学术研究涌现，地方管理部门更加积极地将其引入实践（Koedel et al.，2015）。目前，美国有45个州在教师人事管理中（教师工资、解雇或雇佣等决策）引入了增值性评价指标，超过30个州以地方立法的形式对实施教师质量增值性评价做出了规范（Amrein-Beardsley et al.，2019）。

---

① 例如，由于学生自我选择等原因，自身优秀或家庭社会经济水平高的学生更可能进入“好”教师的班级，这使得班级平均成绩的高与教师的“好”的因果关系不清晰。

② 在教师质量增值性评价的研究中，教师质量（teacher quality）也被称为教师绩效（teacher performance）、教师效能（teacher effectiveness）等。

虽然增值性评价在美国教师管理实践中的影响力不断增强，但是其学术分歧和争议一直存在，这也成为教育改革争议的焦点（Amrein－Beardsley et al.，2019）。大量学者研究证实了增值性评价的优势和潜力（Chetty et al.，2014；Hanushek et al.，2010；Kane et al.，2012），但也有不少学者针对可能存在的问题提出了批评和担忧（Baker et al.，2013；Gabriel et al.，2013；Hill et al.，2011；Rothstein，2010）。教师质量增值性评价蓬勃发展的过程，某种意义上可视为研究者回应和解决其他学者就研究假设、统计方法、应用风险等方面所提出问题的过程（Condie et al.，2014）。

鉴于此，对中国教师质量开展增值性评价，不可避免地会遇到一系列问题和争议，这也是《总体方案》将其定位为探索阶段的原因。近年来，一些中国学者梳理了教师质量增值性评价的价值导向、基本原则和实践应用经验（边玉芳、孙丽萍，2015；胡咏梅、施世珊，2014；李凌艳，2020；王晓平、谢小庆，2019；辛涛等，2009；尤铮、王璐，2019；张亮，2015），或者利用两期追踪调查数据尝试开展了教师质量的增值性评价研究（梁文艳，2017；彭湃等，2015）。尽管如此，上述研究并没有就增值性评价在模式选择、前沿技术引入、数据库建设、评价导向设计等方面需考虑和应对的问题进行充分讨论，而评价的可靠性和应用价值却取决于此。为此，本章基于对学术文献、政策文本以及网络资料的全面梳理，尝试系统地总结教师质量增值性评价在美国学术研究和实践应用中的发展路径，以期为探索本土化的教师质量评价提供更加可靠的参考依据。

第一节　教师质量增值性评价研究的溯源

“增值”的概念源于经济学，指在经济生产（Lovenheim et al.，2017）的特定阶段，产出价值的增加量。20 世纪 70 年代，Hanushek（1971）和 Rosenbaum（1976）等学者开创性地将增值的概念引入教师质量评价，通过比较观测期内学生真实成绩与基于观测特征（初始成绩、家庭特征等）所得到预测成绩的差异，来评价教师对学生教育的贡献程度，并将其定义为教师质量。根据图 5-1，增值性模型的预测成绩代表了在非教师特征上相似学生的平均成绩，真实成绩与预测成绩的差异源于教师质量的差异，若学生的真实成绩高于预测成绩，说明授课教师的质量较高；反之，若真实成绩低于预测成绩，则说明教师的质量较低。其基本假设在于，通过引入前测成绩并借助复杂的计量方法，可剥离非教师因素的干扰，进而识别教师对学生教育获得的“净”效应，以准确识别教师质量（Chetty et al.，2014；Hanushek，1971；Hanushek et al.，2010；Harris et al.，2011；Weisberg et al.，2009）。

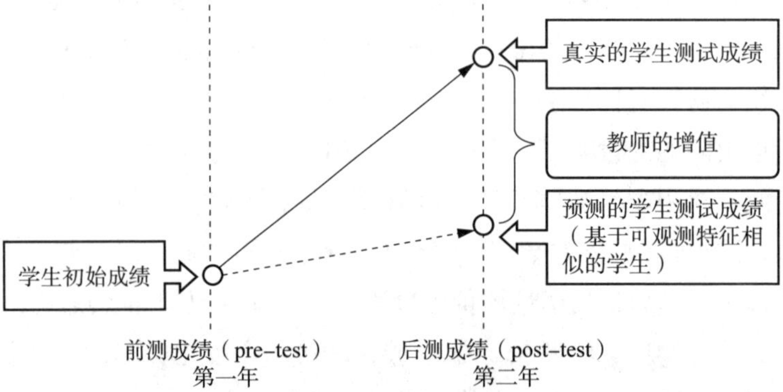

图 5-1　教师质量增值性评价的概念框架

教师质量的增值性评价在美国备受重视，主要源于以下 3 个方面：

第一，回应教师“无用论”，即回答：“好”教师对学生成长的重要性有多大？《科尔曼报告》指出，相比家庭背景等要素，学历等教师质量特征与学生成绩不相关（COLEMAN，1979），这有悖于教师对学生发展至关重要的常识，引发了教师“无用论”的争议。以教育经济学家为代表的研究者迅速做出回应，他们指出，受限于截面数据和简单生产函数模型设计，已有研究不能衡量教师特征与学生发展的因果关系。哈努谢克于 1971 年利用追踪数据构建增值性模型开展的开创性研究发现，在更好地剥离非教师因素的干扰后，一些教师在促进学生成长的过程中的确更有作用，这证实了好教师的重要性（Hanushek，1971）。此后，越来越多的学者利用增值性模型开展研究，证实了教师质量对学生发展很重要（Condie et al.，2014；Hanushek et al.，2010；Kane et al.，2013；McCaffrey et al.，2004；Sass et al.，2014）。

第二，公共问责运动的推动，即回答：如何在实施教师问责的过程中准确地测评教师对学生发展的真实贡献？在教师工资福利支出在国际公共财政支出中占比很大、公共财政压力迅速增大的背景下，提升公共财政的绩效变得十分迫切（Lovenheim et al.，2017）。从理性人假设出发，为个体提供准确的绩效信息和正确的激励措施，可以促使个体做出改进生产的决策，因而美国公共部门强调引入竞争、实施基于真实表现的教师问责制度，准确度量教师绩效非常关键(Tuckeret al.，2006)。由于管理者评价、观察评价等传统评价手段难以为识别、激励和保留好教师提供准确的信息(Weisberg et al.，2009)，而增值性评价在剥离干扰因素、识别教师对学生教育获得的“净”效应上具有优势，因而地方政府高度重视并推进教师质量增值性评价的研究，积极将其引入管理实践，以期为教师问责提供更准确、客观和公平的评价信息(Condie et al.，2014；McCaffrey et al.，2007；Sanders et al.，1994；Webster et al.，1997)。

第三，提高教师质量，即回答：怎样才能培养一支高质量的教师队伍？美国联邦政府的多个重大教育法案，均将提高教师质量以确保学生教育获得作为核心内容。为此，大量研究通过构建增值性模型去揭示教师人力资本、教学行为要素、教师教育改革项目等对学生发展的因果影响效应，为调整和优化教师人事管理政策，以及改进教师专业发展活动提供循证依据(Hanushek et al.，2010)。例如，一项基于增值性模型的研究证实，相比传统资格项目招聘的教师，通过替代性资格项目招聘的教师在对学生发展的影响效应上并无差异，该研究可以为缓解传统资格证项目可能导致的教师数量短缺问题①、推进多样化教师招聘改革提供更加可靠的依据(Kane et al.，2008)。

尽管教师质量的增值性评价引起了社会各界的重视，但直至 20 世纪末，相关研究基本使用小规模的、短期追踪的师生匹配数据，这大大限制了技术的改进和应用价值的提升(Sass et al.，2014)。进入 21 世纪后，随着学生标准化测验的广泛实施、管理数据库可用性的增强以及政府重视程度的提高，增值性评价在学术研究和实践应用中的发展得到了有力地推动，具体体现在以下 4 个方面：①地方教育管理部门综合考虑准确性、透明性、公平性和应用性后，选择特定的教师质量增值性评价系统，积极将其引入人事管理实践(Goldhaber et al.，2012)。②大量基于增值性模型的实证研究证实了教师要素对学生发展的重要性，它们不仅证实了教师质量的短期效应(short-term effect)，还证实了教师质量的长期效应(long-term effect)(Chetty et al.，2014；Hanushek，2011)。③一系列研究引入随机实验或准实验设计，就增值性评价

① 按照规定，为获得传统的教师资格证，申请人在大学毕业后必须在教师教育学院接受 1~2 年的全日制专业学习，这会给大学毕业生带来相当高的机会成本，因而减少了潜在教师的供给数量并造成某些地区存在教师短缺的问题(Kane et al.，2008)。

在无偏性和稳定性上可能存在的问题做出回应和改进，保证评价的严谨性（Kane et al.，2013）。④拓宽教师质量的内涵，从学业成绩导向的单维度评价拓展到以认知技能和非认知技能相结合的多维度教师质量评价（Jackson，2018；Jennings et al.，2010；Kraft，2019）。

第二节　教师质量增值性评价在实践应用中的评价系统

目前，美国接近90%的州都建立了教育增值性评价系统，并将其对教师质量的评价结果引入人事管理（Amrein-Beardsley et al.，2019），根据开发者和使用者的不同，评价系统大致分为5类（Goldhaber et al.，2012），见表5-1。在评价教师质量时，各系统的核心逻辑均是通过引入前测成绩、基于学生成长，更可靠地识别教师质量，但它们在是否引入非教师要素为控制变量、选择学区层面还是学校层面实施评价、是否保证前后测成绩可比性等方面存在差异（Goldhaber et al.，2012）。尽管一系列研究证实，各类增值性评价系统估计的教师质量的相关性程度较高①，但评价结果仍然存在一定的差异，特别是在利用评价结果划分教师个体所属质量等级时。为此，地方教育管理部门需要从以下方面进行综合考虑后做出选择。

第一，准确度和透明度的权衡。Ballou 等（2004）指出，通过引入前测成绩以间接地控制社会经济地位等其他与初始成绩相关的非教师特征，可以较准确地剥离非教师因素的干扰，进而识别教师质量。因此，进一步控制其他非教师特征尽管可以在一定程度上提高评价的准确度，但不可避免会牺牲方法和结果的透明度，降低该类评价技术对于管理者、教师和学生（家长）的吸引力。换句话说，准确度的提升能否抵偿透明度的损失，是地方教育管理部门选择评价系统时需要重点思考的问题之一。

第二，公平问题的差异化考量。引入学生人口统计学特征等作为控制变量，隐含着对不同群体的差别对待。以学生族裔特征为例，控制该变量后，少数裔弱势学生群体的任课教师相对于非少数裔优势学生群体的任课教师更容易获得较高水平的质量评价结果。对于少数裔学生的任课教师而言，考虑

① 例如，Wright（2010）分别利用 SGP 与 EVAAS 系统估计教师质量指数并计算相关系数，Goldhaber 和 Theobald（2012）分别利用5类评价系统计算教师质量指数并计算相关系数，他们发现，各类系统所得到教师质量指数的相关性为0.5~0.9，且显著。

到这类教师在教学中会因为学生基础差、家庭资源少等面临相对更多的教学障碍，控制学生族裔特征对这类教师可能是更公平的；然而，对于非少数裔学生的任课教师而言，他们获得高水平质量评价结果的可能性却因为控制学生族裔变量而迅速降低，对这类教师似乎会造成不公平并影响他们的工作动机（Goldhaber et al.，2012）。这使得引入各项非教师特征变量到评价系统后可能引发的差异性的公平问题，成为地方教育管理部门选择评价系统时需要重点考量的一个要素。

第三，学校效应剥离的利弊权衡。大多数地区选择在学区层面实施教师评价，因为这存在样本量大、成绩预测更准确的优势，但不可避免地会造成估计得到的教师质量混淆学校效应。尽管通过构建多水平模型、引入学校固定效应等手段，可在一定程度上剥离学校效应，但这些技术蕴含着在现实情境下很难保证的假设——教师能力在所有学校中的分布相同（Hanushek et al.，2010）。与之相对，在学校层面实施教师评价，则不存在教师质量中混入学校效应的问题，但却面临样本量减少后难以准确预测后测成绩，进而降低质量评价准确性的问题，以及更可能引导教师做出竞争而不是合作行为的决策风险（Goldhaber et al.，2012）。

表 5-1 美国地方教育管理部门使用的主要教师质量增值性评价系统概览

评价系统	覆盖地区	技术方法	应用
统计分析系统公司（Statistical Analysis System，SAS）开发的教育增值性评估系统（Education Value-Added Assessment System，EVAAS）	田纳西州等10余个州	回归模型控制前测成绩，以及学生水平、班级水平、学校水平的非教师变量； 利用固定效应识别教师质量； 不对前后测成绩的可比性做出要求； 学区层面实施评价	有专门的、开放的系统平台，评估结果引入公立学校问责系统，为教师改进教学实践提供方案
威斯康星大学增值研究中心（Value-Added Research Center，VARC）开发的增值性评价系统	威斯康星州等10余个州	回归模型，大多数情况下，控制前测成绩和非教师特征变量； 基于投射值识别教师质量； 不对前后测成绩的可比性做出要求； 学区层面评价	为学区对学校层面的问责提供信息，但不用于教师个体的人事决策，服务于教师专业发展等教学改进

续表

评价系统	覆盖地区	技术方法	应用
美国研究院(American Institutes for Research，AIR)开发的增值性评价系统	佛罗里达州、纽约州、马里兰州等	计算增长分数，通常不控制学生背景特征； 对跨年级、纵向前后测成绩的可比性提出要求； 学区层面评价	以学生学习目标(Student Learning Objectives，SLOs)作为衡量教师质量的基础，不用于教师个体的人事决策，主要服务于教师专业发展改进
美国数学政策研究院(Mathematica)开发的增值性评价系统	华盛顿特区等	回归模型，控制前测成绩和非教师特征变量； 不对前后测成绩的可比性做出要求； 学区层面评价	自2008学年开始，引入华盛顿特区公立学校和部分特许学校的人事问责系统，用于奖励、辞退等高利害性人事决策，为教师改革提供依据
国家教育评价改进中心(National Center for the Improvement of Educational Assessment，NCIEA)学生成长百分位数系统(Student Growth Percentiles Model，SGP)	科罗拉多州等20余个州	成绩分位点的进步分数描述，不控制学生背景特征，基于不同分位水平点学生成绩的进步状况评价教师质量； 不对前后测成绩的可比性做出要求； 学校层面评价	不用于教师人事决策，将增值性评价结果与课堂观察评价等结合，为教师定期提供反馈，服务于教师职业嵌入式专业发展计划

注：在回归技术的使用中，增值性模型还可细分为进步分数增值性模型(gain-score VAM)、滞后分数增值性模型(lagged-score VAM)和多变量增值性模型(multivariate VAM)。

第三节　教师质量重要性的证实：从短期效应到长期效应

为更充分地回应教师“无用论”(Coleman，1979；Ehrenberg et al.，1995)，我们必须通过准确揭示教师质量对学生教育获得的因果影响效应，来证实学生的发展的确会因为教师的不同而改变。随着增值性评价技术的引入，越来越多的研究证实，基础教育阶段教师的重要性不仅体现为能改变学生当前的、短期的发展，还体现为能改变学生未来的、长期的发展。

概括起来，这些研究大致分为两类。

一类研究通过测算教师质量效应的规模，来证实教师质量的重要性(Aaronson et al.，2007；Nye et al.，2004)。这类研究中，研究者计算了基于增值性评价所得到的教师质量指数 $\hat{\theta}_j^{EB}$ 的方差(σ_{EB}^2)占相应学生教育产出变量的方差(σ_A^2)的比值(σ_{EB}^2/σ_A^2)，将该比值称为教师质量效应的规模。由于教师质量效应的规模衡量了学生发展的总差异中源于教师质量的差异部分，因而取值越大，表明教师质量对该项教育产出获得的重要性越高。阿姆莱因·比尔兹利等学者整理近100篇以学生学业成绩为结果变量的文献后指出，教师质量效应的规模介于7%~14%，这意味着学生学业成绩的差异中有7%~14%归因为任课教师质量的差异(Amrein-Beardsley et al.，2019)。因此，教师质量对学生受教育期间的、短期的教育获得具有不可忽视的影响，教师质量的重要性得以证实。

另一类研究则致力于通过揭示滞后期教师质量指数的边际影响效应，来证实教师质量的重要性。这类研究的开展必须以多期(T>3)追踪数据为基础，以某一期的学生教育获得状况为因变量，以基于增值性评价估计的、授课教师在滞后期的质量指数为解释变量，构建教育生产函数模型。换言之，滞后期教师质量指数所产生影响效应的绝对值越大、显著性程度越高，则表明教师质量对该项教育产出获得的重要性程度越高。通过该设计，一些研究证实了授课教师质量对学生测试成绩具有重要的作用。例如，Rockoff(2004)发现，教师质量指数每提升1个标准差，学生数学成绩会提高0.11个标准差，该效应等同于班级规模缩小33%的效应；Aaronson(2007)发现，教师质量指数每提高1个标准差，对学生成绩的提升效应接近全学年知识获得量的20%。

得益于教育管理数据库与社会经济管理数据库的可得性与可链接性，一些学者以学生完成基础教育阶段教育后的个体发展指标作为结果变量，通过揭示基础教育阶段教师质量指数的边际影响效应，尝试证实教师质量对学生终身发展的长期效应(Chetty et al.，2014)。例如，学者利用长期追踪数据(为期数十年)开展研究，发现基础教育阶段任课教师的质量指数能显著地正向预测学生大学教育的机会获得以及劳动力市场的收入水平(Chetty et al.，2014；Hanushek，2011)，基础教育阶段授课教师质量对学生终身发展的重要性得以证实。

第四节 教师质量增值性评价的无偏性与稳定性：回应与改进

随着教师质量的增值性评价被越来越多地引入管理实践，教育理论学者提出了许多担忧，最突出的是：①增值性评价是否能准确地识别教师对学生发展的因果效应，即无偏性能否得到满足（Baker et al.，2010；Paufler et al.，2014；Rothstein，2010）；②增值性评价识别出的教师质量是否是教师稳定的、具有可持续性的个人品质，即稳定性能否得到满足（Baker et al.，2010；Newton et al.，2010）。满足无偏性和稳定性是教师人事决策引入增值性评价的前提和基础，针对上述两方面的担忧，大量学者引入随机实验设计等加以回应。

（一）无偏性

通过引入滞后期结果变量，增值性评价的确在很大程度上剥离了不随时间变化的、不可观测因素的干扰，但可能无法剥离随时间变化、不可观测因素的干扰，因而存在高估或低估教师质量的风险①（Baker et al.，2010；Paufler et al.，2014；Rothstein，2010）。针对上述担忧，一系列研究者通过开展随机实验或准实验研究加以回应，证实在保证数据可靠、跨期足够的情况下，增值性评价结果可视为教师质量估计结果偏误很小的指标，将其引入人事管理决策相当可靠（Guarino et al.，2015；Kane et al.，2013）。

具体来看，Kane（2013）基于随机实验设计的研究证实，增值性评价得到的教师质量指数在无偏性上面临的困扰很小。该研究分为两个阶段：在前一阶段，研究者利用观测数据开展常规增值性评价，估计每名教师的质量指数 $\hat{\theta}_j^{pre}$。在后一阶段，研究者引入随机实验，利用抽签方式实现教师和学生间的随机分配，重新收集追踪数据后开展增值性评价，进而估计每名教师的质量指数 $\hat{\theta}_j^{post}$，通过构建以 $\hat{\theta}_j^{pre}$ 为自变量、$\hat{\theta}_j^{post}$ 为因变量的回归模型，发现 $\hat{\theta}_j^{pre}$ 几乎能完全预测 $\hat{\theta}_j^{post}$。由于师生随机匹配可同时剥离不随时间变化和随时间变化的干扰因素，$\hat{\theta}_j^{post}$ 可视为教师质量的无偏估计，因而 $\hat{\theta}_j^{pre}$ 几乎能完全预测 $\hat{\theta}_j^{post}$ 的结果，这说明增值性评价所获得的教师质量指数，基本可以被视为教师真实质量的无偏估计结果。

即便如此，Rothstein 和 Mathis（2013）仍然提出了质疑，他们认为，受随机实验样本规模小、参与样本具有服从性（compliance）等限制，上述结论的外部效度不高，不能充分证明增值性评价的无偏性。针对上述质疑，切迪等

① Paufler（2014）指出，在观测期内，随着学生成绩的提高或下降，家长教育投入、学生自我期望等都会改变，即使引入滞后期结果变量，增值性模型也可能无法消除上述随时间变化的非教师因素的干扰，使得无偏性不能得到保障。

(2014)基于覆盖全州的、“学生—教师”匹配的、长期的追踪数据库，引入准实验设计开展研究，进一步证实增值性评价的无偏性。切迪仍采用两个阶段的研究思路：在前一阶段，基于观测数据实施增值性评价，估计每名教师的质量指数 $\hat{\theta}_j^{pre}$；在后一阶段，利用优秀(薄弱)教师在校际流动构成的断点，引入断点回归准实验设计，重新估计教师质量 $\hat{\theta}_j^{post}$，同样得出 $\hat{\theta}_j^{pre}$ 几乎能完全预测 $\hat{\theta}_j^{post}$ 的结论；由于断点回归的准实验设计较好地保证了 $\hat{\theta}_j^{post}$ 的无偏性，而全州样本的覆盖能保证结论的外部效度，增值性评价的无偏性可以得到更充分的支持。

(二)稳定性

在不同教学环境中(不同时间点、不同学生特点等)，教师有着不同的师生互动和感知，需要选择不同的教学方法和策略，这使得基于特定学生群体样本、特定时期数据实施的增值性评价所识别的教师质量，包含教师影响学生发展的可持续(persistent)效应和不可持续(non-persistent)效应[①]，其中，不可持续部分的存在造成了评价的不稳定性，也使得将评价结果引入高利害性人事决策可能带来很大的风险(Berliner，2013；Koedel et al.，2015；Newton et al.，2010)。

针对不稳定性，研究者主要从以下两个方面做出了回应。第一，我们应理解教学环境是教师质量概念的组成部分，因而将增值性评价结果引入教师人事决策时，必须更细致地考虑教学环境和学生特点，开展敏感性分析，同时结合管理者评价、课堂观察评价等手段对教师质量得出综合的评价结果，最大程度地降低不稳定性带来的风险(Newton et al.，2010)。第二，采用更精心设计的统计方法和数据(例如，增加教师样本的规模和使用 3 期数据来构建增值性模型)，可以在一定程度上降低估计的不稳定性。Goldhaber 和 Hansen (2013)发现，增大增值性模型估计时的教师样本规模，会明显提高教师质量指数的跨期相关系数($\hat{\theta}_j^{t-1}$ 与 $\hat{\theta}_j^{t}$ 的相关系数)；相对于使用 2 期数据，使用 3 期

① 例如，授课班级的某些随机的因素造成教师与学生互动更多，或者随机原因对授课班级前期测试造成负向冲击，都可能造成增值性评价得到的教师质量指数 $\hat{\theta}_j$ 包含了一部分不可持续性的教师影响效应，尽管 $\hat{\theta}_j$ 是教师质量的无偏性估计结果，但它仍可能是不可持续的不稳定部分(Kane et al.，2008；Koedel et al.，2015)。

数据[①]构建增值性模型得到的教师质量指数跨期相关系数明显增大。引入贝叶斯估计方法得到教师质量的收缩增值估计量(Shrunken Value-added Estimate)，能够更好地降低衰减偏误，保证教师质量指数估计的稳定性(Chetty et al.，2014；Harris et al.，2014；Sass et al.，2014)。

第五节　教师质量增值性评价的拓展：从单维走向多维

一直以来，教师质量的增值性评价多以学生标准化测试成绩为导向(Kraft，2019)。但是，标准化测试侧重于衡量学生以读写和计算技能为内涵的认知技能，并不能衡量以尽责性、批判思维能力等为内涵的非认知技能，而后者对青少年在课堂内外的成功和终身的发展更为重要(Heckman et al.，2006)。非认知技能重要性的证实，使教师质量的内涵变得更加复杂：教师质量不能只基于对学业成绩的提升作用来评判，我们还应考察其在学生非认知技能全面发展中的作用。这引出一个新的问题：学业成绩导向的教师质量与非认知技能导向的教师质量是一致的吗？

图 5-2 可以清晰地阐明上述问题，如果在任意结果导向的增值性评价中，教师始终为高质量(图 5-2 的 A 象限)或者低质量(图 5-2 的 B 象限)的，意味着两种导向的教师质量是一致的；反之，如果擅长提高成绩的教师不擅长培养学生的非认知技能(图 5-2 的 C 象限)，或擅长培养学生非认知技能的教师不擅长提高学生成绩(图 5-2 的 D 象限)，意味着两种导向的质量不一致，甚至存在竞争性。回答上述问题，对于改革教师质量评价和教师人事政策很重要。这是因为，当前普遍实施的教师人事决策主要关注教师对学生成绩提升的贡献，较少关注教师对学生非认知技能提升的贡献[②]。那么，如果两类质量是一致的，现行人事决策系统仍能全面涵盖教师质量，无须改革；反之，现行人事决策系统对教师质量的衡量是片面的，需要改革。

部分学者利用增值性模型同时评估了非认知技能导向和学业成绩导向的教师质量，发现二者的关系尚无定论。只有少数研究发现两类质量显著正向相关(Jennings et al.，2010)，更多的研究发现两类质量不相关(Backes et al.，

① 即不是引入滞后一期的学生成绩进行成绩预测，而是引入滞后两期的学生成绩进行成绩预测。

② 例如，在华盛顿的 IMPACT 教师问责制度改革中，教师绩效考核有超过 50%的业绩都归于对学生成绩的增值，与之形成鲜明的对比，考核指标没有引入教师在学生非认知技能发展中的贡献。

2015；Gershenson，2016；Kraft，2019），甚至还有一些研究显示，两类质量负相关(Blazar et al.，2017；Jackson，2018；Ruzek et al.，2015)。通过对教师质量的分类描述，Kraft(2019)发现，只有不足3%的教师位于图5-2的A象限，即在两类质量维度上都拥有较高质量；Ruzek(2015)发现，样本中超过30%的教师位于图5-2的C象限，即拥有高学业成绩增值的同时拥有低非认知技能的增值。

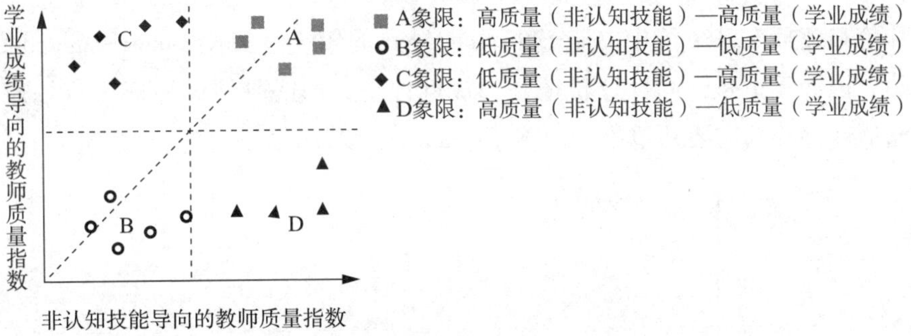

图5-2 学业成绩导向教师质量与非认知技能导向教师质量的一致性

由此可知，侧重学生成绩的单维度教师质量评价只考察了教师对学生成长的部分贡献(Kraft，2019)。其原因可能在于，提高成绩的教学活动在很大程度上独立于培养非认知技能的教学活动(Jennings et al.，2010)。此外，现行的教师人事政策甚至可能加剧两个维度质量的竞争。这是因为，如果人事问责侧重考虑教师对学生成绩进步的贡献，从自身效用最大化角度出发，教师会选择对考核负责而不是对学生负责的唯分数的行为决策方案，即增加学科知识讲授的教学投入，并减少培养学生非认知技能的教学投入(Jackson，2018)。如图5-3，受资源(时间、精力等)约束，教师需要在以提高成绩为导向的质量(纵轴)和以培养学生非认知技能为导向的质量(横轴)间分配资源，即在最优生产前沿面上对两类教学活动的投入做出配置。很显然，从学生福利最大化角度出发，在成绩和非认知技能发展中获得均衡的发展是最优的选择，这要求教师平衡两类投入，选择B点；但从教师福利最大化角度出发，如果问责系统强调教师对学生成绩进步负责，则增加提高成绩的教学投入是教师最优的选择(Harris et al.，2011)，教师会选择A点，从而加剧两类质量的竞争。

事实上，越来越多的研究表明，在教师对学生终身发展(未来进入劳动力市场的收入、高等教育机会的获得等）的影响效应中，源于教师培养学生非认知技能所发挥作用的部分与教师提高学生成绩所发挥作用的部分大体相当，甚至前者更为重要（Bowles et al.，2001；Chamberlain，2013）。例如，一系列研究发现，对于完成高中学业、获得大学入学机会、就业后工资及收入等终身发展指标的个体差异，在源于教师质量差异的部分中，20%~30%源于学业成绩导向的教师质量差异，接近70%源于非认知技能导向的教师质量差异（Chamberlain，2013；Flèche，2017；Jackson，2018）。这更加凸显了在教师质量评价和教师人事决策中“唯分数”可能导致的短视性风险（short-sightedness risk），因而无论是诊断性评价还是形成性评价，抑或是终结性评价，教师质量增值性评价都需要从单维走向多维（Jackson，2014）。

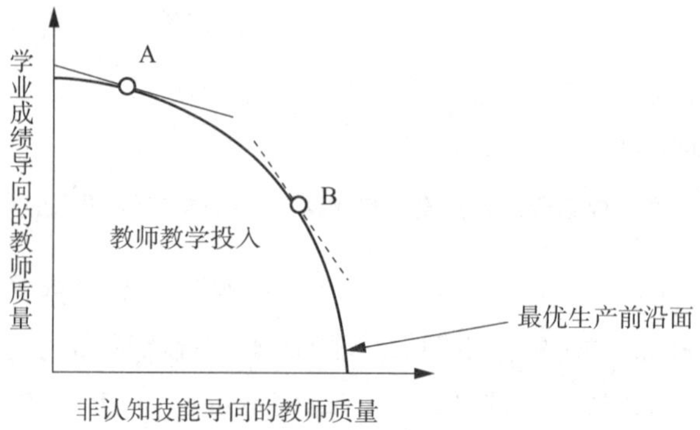

图5-3 教师教学投入行为的选择

第六节 结论与讨论

为教师人事决策和质量改进提供可靠的质量评价信息，以更好地保障学生通过学校教育获得成长，是国家纲领性文件《总体方案》提出“探索增值评价”的根本原因。然而，评价方式改革是一个持续的过程，而不是一次性的活动或事件，需投入大量时间和资源去探索，否则会带来不必要的风险。事实上，即使已经历超过半个世纪的发展，美国教育研究协会（AERA）至今仍然对使用包括教师质量增值性评价在内的评价技术提出大量警示（AERA，2015）。

为了教师和学生的利益，在探索教师质量的增值性评价时，我们应努力思考和回答如下问题：通过增值性评价，我们要衡量什么？将增值性评价引入教师人事决策，不同利益相关者的反应会是什么？面对评价结果相关性更高但仍存在差异的不同增值性评价系统，如何在综合考量准确性、公平性、透明性以及使用目的后做出本土化的选择？为了对好教师的识别、招聘、激励以及专业发展提供循证依据，我们应该如何利用增值性评价设计并开展研究？回答上述问题，将是一个大胆探索、小心求证的过程，是一个放慢实践应用脚步、积极推进学术研究的过程。美国在教师质量增值性评价的学术研究与实践应用中取得了很大的进步，为我们探索本土化的教师质量增值性评价提供了经验和教训。为此，本章以国际经验为鉴，立足中国实际，围绕探索中国教师质量增值性评价的工作方向，从以下 6 个方面做出展望。

（一）建设师生匹配的大规模追踪数据库，为探索增值性评价提供数据支持

增值性评价是数据驱动的评价技术，“学校—教师—家庭—学生”匹配的、包含丰富的学生能力测评结果的、多跨期的（大于 3 期）追踪数据，是实施高质量的增值性评价、获得可靠评价结果的数据基础。毫不夸张地说，缺乏高质量的数据，是阻碍中国学者对增值性评价进行学术探索的最大障碍。为此，我们可以利用传统的抽样调查方法，对“学校—教师—家庭—学生”匹配样本实施追踪调查，构建新的教育评价数据库。需要注意的是，调查过程中要保障抽样的科学性和代表性，减少受访者不应答等产生的样本流失、测评工具的信效度降低等问题。

进一步地，我们可以借助中国教育信息管理现代化工作推进的契机，充分挖掘行政管理数据，构建长期观测的、宽口径的全样本追踪数据库。事实上，从发达国家的经验来看，将海量的、多类行政管理数据库相链接，能以较低成本建立起长期、信息量丰富、测量结果准确、全覆盖的追踪数据库，同时解决样本代表性和自主开发工具的测量误差问题，这是教师质量增值性评价蓬勃发展并走向精细化的契机（Chetty et al.，2014；Jackson，2018）。在中国，随着教育管理现代化的快速推进，中小学已经普遍建立起伴随式和动态监测的电子化行政档案，使行政管理数据库跨库合并成为可能，完全能为探索教师质量增值性评价提供具有海量性、多样性和真实性的数据库。当然，要实现这些管理数据在增值性评价中的应用价值，我们必须加强数据处理、共享和分析等方面的研究。

（二）结合实验或准实验设计，保证增值性评价的可靠性

内生性问题造成评价结果可能无法满足无偏性的要求，是将增值性评价引入教师人事管理实践的最大挑战(AERA，2015)。换句话说，如果识别出的教师质量不能完全剥离非教师因素的干扰，将增加将其用于高利害性人事管理决策的风险。可以预期，评价结果可靠性的争议，同样会是中国教师管理实践中引入增值性评价最大的困扰。从国际前沿研究看，引入随机实验或准实验设计，可以为评价结果的可靠性提供更加充分的支持，以提升其应用价值(Chetty et al.，2014；Kane et al.，2013)。因此，在探索本土化的教师质量增值性评价过程中，为了对模型设置、变量选择、结果有效性等问题提供更加丰富和扎实的证据，有必要在基于观测数据实施标准化增值性评价的过程中，引入随机实验和准实验设计，通过对常规数据的增值性评价结果与实验(或准实验)设计数据的增值性评价结果的相互校验，调整和优化标准化增值性评价设计，最大程度地减小评价的偏误。

(三)引入多维学生发展指标，全面评价教师质量

过多关注学生学科知识的获得，却忽略对个人终身成就同样重要甚至更为关键的非认知技能，这是当前教育评价的普遍问题(Heckman et al.，2006)。单一维度的、学业成绩导向的教师质量增值性评价，简化了教学的复杂本质，难以描述教师质量的全貌，可能遗漏教师对学生发展更重要的影响效应(Blazar et al.，2017)。更加糟糕的是，这种人事决策可能引导教师将精力过度投入以提升成绩为目标的教学活动，减少培养学生非认知技能的教学活动投入，有悖于“为学而教”的教育理念(Jackson，2014；Khine et al.，2016)。换言之，我们必须同时引入学生认知和非认知技能为结果变量，全面评价教师质量。唯有这样，才可能通过教师质量评价来引导教师在五育并举中更好地发挥作用，避免“唯分数”的学校教育。

一方面，由于学生非认知技能具有多元和丰富的内涵，需要由学校或教师来培养的非认知技能并不具有普适性或通用的标准，它深刻地受到社会、经济和文化的影响(AERA，2015)，这使得我们必须加快探索能够由中国教师培养的学生非认知技能要素。另一方面，增值性评价必须非常谨慎地用于未经标准化质量检验的测评结果(AERA，2015)。近年来，中国学术机构对学生非认知技能测评做出了大量的探索性工作，例如，中国教育创新研究院基于我国社会、经济、科技、教育发展需求，提出了中国“21 世纪核心素养 5C 模型”，为评价中国青少年的非认知技能搭建了框架，但测评工具开发尚处于起步阶段。因此，教育学术研究机构和管理部门应共同开发科学的、标准化的、高信效度的非认知技能测评工具。

(四) 推进增值性评价与传统评价的有机结合，构建综合的教师质量评价框架

我们积极探索增值性评价，既不代表传统的质量评价手段没有价值，更不代表在高风险的人事决策中可以单独使用增值性评价指标。有学者指出，相对于管理者主观评价、课堂观察评价等传统评价方式，增值性评价在评价结果的客观性和准确性上存在优势，但远不完美，这使得判断教师质量应该将增值性评价与传统评价有机地结合在一起(Kane et al.，2013；胡咏梅、施世珊，2014)。因而，在教师评价和问责中，我们需要综合考虑多方面质量证据，构建综合的评价框架，严格避免单独使用增长分数作为问责依据(AERA，2015)。构建多指标综合评价系统的困难不仅在于指标的取舍，还在于权重的分配，具体来看，学业成绩的增值指标、非认知技能的增值指标、课堂观察评价指标、管理者评价指标等不同评估指标各自所占权重的估算都有待学术研究提供有效证据。

(五) 揭示影响教师质量的构成要素，助力教师质量改进

要最大化地发挥增值性评价的作用，更重要的任务是从因果效应角度揭示教师质量的构成要素或形成路径，助力教师质量提升。

首先，我们要更细致地揭示教师学历等职前人力资本指标对教师质量的预测作用，为优秀教师的识别和招聘提供依据。例如，基于增值性模型的研究显示，教育年限、学历层次等常见的人力资本指标并不能有效识别教师质量(Clotfelter et al.，2006；Jepsen，2005；Rivkin et al.，2005)，而大学入学测试中的成绩(Harris et al.，2011)、入职测试中的能力测试成绩(Boyd et al.，2009)以及大学阶段平均绩点(Kane et al.，2008)等更能有效识别教师质量，这类研究可以为教师招聘中“素质”与“学历”之争提供依据。

其次，我们要更准确地揭示教师工作经验等职后人力资本指标对教师质量的预测作用，为优秀教师的保留提供依据。例如，一些以成绩为导向的教师质量增值性研究指出，工作经验与教师质量总体表现出非线性的倒“U”形关系(Atteberry et al.，2015)，这可能源于职业倦怠或知识陈旧等问题(Clotfelter et al.，2007)，拥有更高劳动力市场竞争力的高质量教师的流失率更高(Podgursky et al.，2004)，这类研究为激励教师工作热情、加大投入避免

优秀资深教师流失等教师政策提供了依据。

最后，我们要更全面地揭示教师课堂教学行为要素对教师质量的预测作用，为支持教师的成长提供证据。例如，越来越多的增值性研究关注到了教师教学行为特征与教师教学质量的关系，从课前教学内容准备的充足性（Borman et al.，2005；Gallagher，2004；Grossman et al.，2013；Kane et al.，2011）、学生中心教学策略（Cohen et al.，2000；Grossman et al.，2013；Lavy，2016）、信息技术使用技能（Grossman et al.，2013；Jepsen，2005）、师生关系的信任度和亲密度（Jones et al.，2011；McCormick et al.，2015；Poulou，2017）等方面寻找“好”教师的构成要素，这些研究为教师专业发展活动的设计提供了依据。

（六）建设专业的、开放的增值性评价系统平台，增强学术研究与管理实践的联系

梳理EVAAS等被美国地方教育管理部门广泛使用的增值性评价系统的实施经验，不难发现，只有获得教育管理者和教师认可和信任的系统才可能运行和获得成功。要取得信任，首先需要强调管理者和教师在评价系统开发和改进过程中的实质性参与，让他们相信增值性评价有助于帮助教师改进教学和学生获得成功（Minnici，2014）。在增强学术研究与管理实践的联系的过程中，有一个重要的抓手，即建设和开发专业的、开放的软件系统平台。

结合图5-4所示的增值性评价软件平台的运行流程，我们可以更具体地加以阐释：第一个环节，学术研究者开发和建设简单易行的信息技术软件平台，为一线管理者提供持续的培训，就增值性评价的原理、数据和资料需求、具体操作等进行讲解，吸引和鼓励一线教育管理者参与试点评价。第二个环节，对参与的学校管理者或具体操作人员进行培训，以帮助他们在规定的时间节点，通过管理数据平台整合或重新收集资料等方式提供软件平台需要的数据或资料。第三个环节，软件平台为学校或地区教育管理者提供定制的评估诊断报告，包括教师水平或学校水平的质量评估结果、教师质量改进指导建议等。第四个环节，学校管理者基于软件平台提供的信息，为教师改进教学提供业务性指导。第五个环节，学校/教育部门管理者和教师在提供原始资料/数据，或者使用软件平台所提供的信息的过程中，持续地向软件平台开发者反馈自身的需求、面临的约束和碰到的问题，软件平台开发者迅速开展分

析，了解和预判引入增值性评价对学生、教师和学校可能带来的影响，不断改进、优化平台，以及提供更多定制性服务。

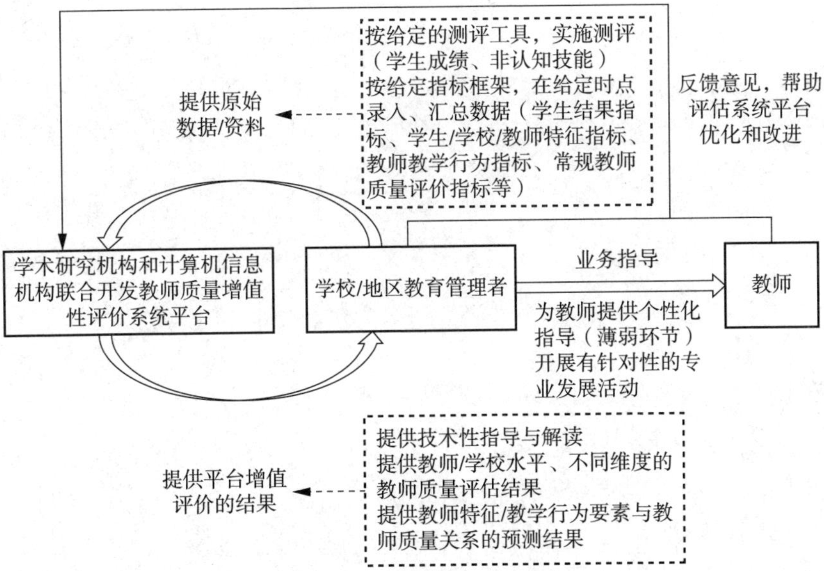

图 5-4 增值性评价软件平台的运行流程

需要注意的是，在探索阶段，管理者在使用软件平台所提供的评估结果的过程中，只能将其用于低风险的诊断目的和作为更深入考查教师的起点，应严格避免将其用于问责等高风险人事决策，否则可能会有意想不到的风险（McCaffrey et al.，2007）。此外，教师评价系统应重视收集更加丰富的教师教学行为实践相关信息，有意识地将评价结果与教师专业学习联系起来，让教师通过参与评价获得专业学习机会和个性化的质量改进信息，更好地建立起教师对评估的信任。总之，只有加强与地方教育管理部门、学校管理者及教师的联系，才能取得他们的信任，使增值性评价能真正服务于教育质量提升。

下篇

教师队伍质量提升的路径探索

第六章

农村教师队伍稳定的影响因素及解决对策研究

在快速城镇化进程中，偏远的农村学校一直备受生存与发展问题的困扰，农村教师队伍的稳定与壮大更是面临重重困难。2015 年出台的《乡村教师支持计划(2015—2020 年)》再一次将政策着力点聚焦到 330 万名农村教师身上，也引发了学者对于如何留住农村教师的深深思索。实际上，探索如何留住农村教师，就是要追问“什么因素影响了农村教师的留任?”本章利用在贵州省进行基线调研所采集的数据开展实证研究，试图在建模分析农村教师留任率的基础上，结合当地的建设经验来初步回答“如何留住农村教师”这一重大问题。

第一节　文献综述

如何吸引和留住高质量教师是世界各国共同关注的问题，学者围绕教师“留任”(teacher retention)和“流失”(teacher attrition)开展了大量研究。早在 20 世纪 80 年代，美国学者查普曼(Chapman)就从社会学习理论(social learning theory)出发，提出了影响教师留任的概念模型(Chapman，1983)，但相关实证研究却始于西奥博尔德(Theobald)对美国公立中小学教师留任的考察(Theobald，1990)。该研究从个人因素、职业因素、学区因素 3 个方面进行分析，发现教龄、工资、年龄等都与教师的留任呈正向相关关系。类似地，有学者利用全美中小学教师调查数据将公立学校教师分为“留任”“流动”和“离职”3 类，采用判别分析法(discriminant analysis)比较这 3 类教师的特征(Shen，1997)。休斯(Huges)将教师流失的影响因素分为个人因素、学校因素、组织因素和教师效能感 4 个方面，并利用二元逻辑回归方法进行实证检验，结果表明，教龄、社会经济地位、工资、工作量、家长参与等因素能够显著地影响教师留任率(Hughes，2012)。对本章最具有启发价值的是詹科-摩尔(Djonko-Moore)的一项研究，该研究利用美国国家教育统计中心的数据，对贫困人群和少数族裔聚集地区的教师流失情况进行多元逻辑回归(multinomial logistic regression)分析，结果显示，学校环境对教师流失具有显著影响(Djonko-Moore，2016)。

国内也有不少学者关注如何吸引和留住教师，多聚焦师范生就业动机和职业选择，关注教师离职，特别是农村教师的流失问题(娄立志、刘文文，2016)。例如，周钧通过梳理与教师流动及流失相关的文献，将我国农村教师流动及流失的原因归结为工资收入低、工作压力大、发展空间小、物质保障低等(周钧，2015)。尽管如此，就我们目前所掌握的国内文献来看，由于数据的限制(主要是已离职教师的具体信息大多不可得)，国内学者真正利用教师流动的微观数据进行的实证研究并不多见，大部分研究都是通过问卷调查的方式，来考察教师的流动意愿及其可能的影响因素的。但是，隐性的心理结构与显性的流动结果之间无疑存在较大的差距，影响了相关研究结论的信度。

通过以上对于相关文献的梳理，我们不难发现，发达国家和我国由于所处的发展阶段不同，相关研究在价值取向上有较大的差别。欧美国家由于高度的市场化运作和强大的教师工会，导致其公立学校效率低下、师资堪忧，因此研究的焦点大多集中在分析公立学校的教师留任和流失问题(Cochran-Smith，2004)上。而我国作为发展中国家，城镇化及其所带来的城乡差距更为研究者所关注，因此农村教师的流失问题更受重视(Gallo et al.，2016)。

沿袭国内研究的这一取向，本章也将关注的焦点放在农村教师上，但是与既有研究有所区别的是，本章重在利用西部特岗教师的数据来分析具有何种特征的教师更愿意扎根农村。为此，在研究思路上，本章将借鉴休斯、詹科-摩尔等人的做法，通过构建二元逻辑回归模型来考察农村教师留任的影响因素。

第二节　样本与数据

本章的研究样本是贵州省 W 县 D 镇的义务教育阶段教师，所有的数据均来自D镇教育管理中心。W县是贵州省的人口大县(140万人)，也是少数民族聚集地区(少数民族人口占23%)，2012年被国务院扶贫办列为集中连片特殊困难地区。县域经济发展的滞后严重制约了W县的教育发展，超龄入学、中途辍学、校舍不足等现象一直普遍存在，“两基普九”进程远远落后于全国，师资匮乏是主要原因。2006年教育部联合财政部实施了“中央特岗计划”，为W县教师队伍建设提供了有力支撑，“中央特岗计划”也成为该县补充义务教育阶段师资的最主要来源。以D镇为例，2015年全部在岗教师有432名，其中特岗教师(含特岗期)有285名，占全部在岗教师的65.9%，占2006年以后新进教师的86.4%。因此，对于D镇来说，特岗教师作为一个“多数”群体，不仅能够较好地代表该镇的教师队伍情况，而且能够在一定程度上反映特困地区农村教师队伍的现状。

我们对W县进行了实地调研，收集了大量有关特岗教师的一手资料。在后期的数据挖掘工作中，我们对D镇的特岗教师录用数据和在职教师数据进行匹配，构建了D镇特岗教师录用与留任数据。特岗教师录用数据来自W县教育局特岗办提供的2006—2015年所有招录特岗教师的数据。2006年的数据提供了民族、毕业院校、专业、级别等个人特征信息；2007年未招聘特岗教师，故没有相关数据；2008年开始，特岗教师的信息统计工作更加细致和完备，除了民族、毕业院校、专业、级别，还提供了户籍、任教学科、学段等信息。在职教师数据来自D镇教育管理中心提供的2015年在职教师数据，包括了D镇所有在职教师的个人基本信息。我们根据“参加工作方式”，筛选出所有特岗教师。通过将D镇在职特岗教师数据匹配到D镇录用特岗教师数据中，我们获得了D镇特岗教师留任与离职的完整数据。需要说明的是，虽然从严格意义上来说，我们通过匹配获得的数据是关于特岗教师是否留任的，无法分辨未留任教师具体是属于流动还是属于流失，但实际上，根据W县教育局的统计数据，计划实施以来，全县正常调动(即流动)的特岗教师仅有56名。因此，我们认为D镇数据中的特岗教师流动人数可以忽略。在后文中，我们将非留任的教师统称为离职(与“在职”相对)。

第三节 特岗教师的录用与留任率分析

贵州省作为全国最早实施“特岗计划”的省份，在特岗教师聘用方面积累了丰富的经验，并且产生了一整套具有鲜明特色的做法，比如配套增设“地方特岗”，无论是在顶层设计还是在具体实施上都走在全国前列。贵州省特岗教师的招录计划基本上遵循自下而上的路径产生，即基层上报需求，然后层层审核。在2015年以前，上报的需求基本上都能够得到教育部批复，但是由于教师队伍减员情况不一，以及教育部对“定岗定编”的刚性要求，所以每年实际招录的特岗教师人数有较大的波动(见表6-1)。

表6-1呈现了D镇历年特岗教师的录用情况。截至2015年，D镇共计招录特岗教师463名，其中男性教师占57.7%，这与贵州省整体上男教师比重偏高的情况较为一致。在录用的特岗教师中，大多数为汉族教师，占全部特岗教师的73.4%，少数民族教师占26.6%，比全国第六次人口普查数据中W县的少数民族人口比例稍高。这在一定程度上体现出D镇特岗教师的招录有利于吸引少数民族师资。从学历上看，各年份招录的特岗教师以专科和本科学历为主(分别占55.3%和37.1%)，而且本科学历的教师有逐年递增的趋势。相比之下，中师学历的特岗教师尽管在个别年份出现，但是所占比例很低。这主要与特岗招聘对学历的要求有关，为了贯彻教育部文件精神、吸引优质师资，W县特岗教师招聘对于本科学历采取了免笔试的优惠政策。特岗级别是贵州实施“地方升级版”的特岗计划所带来的特有现象。该省在国家特岗计划的名额之外，要求各市县匹配招录“地方特岗教师”①。D镇2008年以来共计招录179名地方特岗教师，也成为师资队伍的重要补充。

表6-1　D镇特岗教师录用情况(2006年、2008—2015年)　(单位：人)

年份	性别		民族			学历			级别		小计
	女	男	汉族	彝、苗、回族	其他	专科	本科	中师	国家级	地方级	
2006	11	34	26	9	10	43	2	0	45	0	45
2008	41	69	78	13	19	87	7	16	9	101	110
2009	12	19	19	7	5	5	26	0	29	2	31
2010	29	34	45	10	8	28	26	9	35	28	63
2011	13	17	24	3	3	6	24	0	30	0	30

① 地方特岗每年招录的形式和标准不一，如2008年设省、市两级特岗，2012年仅有县特岗。贵州省设立的地方特岗教师基本上参照国家规定，执行3年特岗期，特岗期结束之后，转接为正式的编制内教师。

续表

年份	性别		民族			学历			级别		小计
	女	男	汉族	彝、苗、回族	其他	专科	本科	中师	国家级	地方级	
2012	22	11	25	5	3	28	5	0	33	0	33
2013	33	32	56	6	3	33	29	3	41	24	65
2014	29	40	52	15	2	26	36	7	46	23	69
2015	6	11	15	2	0	0	17	0	16	1	17
小计	196	267	340	70	53	256	172	35	284	179	463

在表 6-1 的基础上，我们计算了各类特岗教师的留任率，结果如表 6-2 所示。整体来看，女教师的留任率高于男教师；汉族教师的留任率略高于彝、苗、回族教师，而其他少数民族教师的留任率仅是前两者的一半；本科学历教师的留任率高于中师和专科学历教师，但三者差距并不十分明显；国家级特岗教师的留任率略低于地方级特岗教师。

从历年的变动趋势来看，2012 年以前特岗教师的留任率普遍较低，而 2012 年以后的留任率普遍较高。造成这种现象的原因是多方面的，既有制度设计的原因，也有教师职业发展规律的原因。首先，国家规定特岗教师有 3 年的特岗期，特岗期内离职需要支付高额的违约金，因此对于教师留任来说是一个较为刚性的制度约束。其次，特岗政策的执行和推广需要一定的缓冲时间，早年录用的特岗教师很可能由于信息不对称导致的政策误读而选择离职。再次，2008 年之后的全国经济发展减速加剧了大学生就业的难度，也使得已就业学生的跳槽选择面更加狭窄，所以留任率会有所提高。最后，从教师职业发展规律来看，职业倦怠多出现在任职 3~5 年的时候，所以 2012 年以前入职的教师更可能由于职业倦怠而做出离职的选择。

表 6-2　D 镇特岗教师留任率（2006 年、2008—2015 年） （%）

年份	性别		民族			学历			级别		小计
	女	男	汉族	彝、苗、回族	其他	专科	本科	中师	国家级	地方级	
2006	45.5	35.3	38.5	33.3	40.0	34.9	100.0	NA	37.8	NA	37.8
2008	39.0	36.2	42.3	30.8	21.1	37.9	14.3	43.8	11.1	39.6	37.3
2009	33.3	26.3	42.1	14.3	0.0	40.0	26.9	NA	24.1	100.0	29.0

续表

年份	性别		民族			学历			级别		小计
	女	男	汉族	彝、苗、回族	其他	专科	本科	中师	国家级	地方级	
2010	41.4	44.1	40.0	80.0	12.5	42.9	38.5	55.6	34.3	53.6	42.9
2011	38.5	47.1	41.7	100	0.0	50.0	41.7	NA	43.3	NA	43.3
2012	72.7	90.9	84.0	60.0	66.7	82.1	60.0	NA	78.8	NA	78.8
2013	100.0	90.6	96.4	83.3	100.0	100.0	89.7	100.0	92.7	100	95.4
2014	96.6	95.0	98.1	86.7	100.0	92.3	100.0	85.7	97.8	91.3	95.7
2015	100.0	100.0	100.0	100.0	NA	NA	100.0	NA	100.0	100.0	100.0
小计	63.8	57.3	64.7	60.0	30.2	56.6	65.1	60.0	57.5	61.6	60.0

注：NA表示无法计算。

由于2006年特岗教师的个人基本信息不全，所以我们对表6-1中数据的分析显得不够充分，特别是缺乏对教师户籍、任教学科等重要信息的解读。下面我们利用2008—2015年的数据对D镇招录的特岗教师进行分析（见表6-3）。教师原籍是指根据特岗教师的身份证前6位所确定的户籍所在地。从特岗教师的原籍分布情况来看，以贵州省内的居多，占录用教师总数的85.9%。来自贵州省的教师中，B市户籍占一半以上（55.7%），更是有1/3左右来自W县（30.1%）。

师资的学科结构不合理是农村教师队伍建设面临的又一难题，特别是音体美教师，在农村教师队伍中属于“稀缺品”。从D镇的数据来看，每年都有一定数量的音体美教师补充进教师队伍，占总体的19.4%，特别年份（如2011年）音体美教师的录用比例接近50%。这一方面说明了就业难使得艺术学科的毕业生愿意“降下身段”去农村任教，另一方面也说明D镇较好的待遇和福利有助于吸引音体美等学科的教师。

表6-3 D镇特岗教师录用数量（2008—2015年） （单位：人）

年份	原籍				任教学科		学段		小计
	W县	B市	贵州	外省	文化课	音体美	小学	初中	
2008	15	54	110	0	106	4	103	7	110
2009	3	5	29	2	25	6	0	31	31
2010	24	35	59	4	53	10	39	24	63
2011	4	19	26	4	21	9	8	22	30

续表

年份	原籍				任教学科		学段		小计
	W 县	B 市	贵州	外省	文化课	音体美	小学	初中	
2012	9	23	29	4	28	5	27	6	33
2013	10	17	30	35	54	11	26	39	65
2014	30	34	62	7	51	18	21	48	69
2015	13	13	14	3	12	5	0	17	17
小计	108	200	359	59	350	68	224	194	418

与表 6-2 类似，我们在表 6-3 的基础上计算了各类教师的留任率，结果如表 6-4 所示。从生源地来看，亲疏关系似乎与教师留任并无明显关系，因为外省教师的留任率高达 84.7%，而贵州本省教师的留任率仅为 58.8%。这与贵州特岗教师较高的薪酬待遇不无关联，留任教师基本遍布了四川、重庆、湖南、广西、云南这 5 个省份。但是个别来自其他地区的教师(如辽宁和河南)还是选择了离开。实际上，周边文化的认同还是非常重要的。当然，从时间上来看，2012 年以前的外省教师留任率并不高(招录的人数也很少)，2013 年开始，留任率一直保持 100%，主要与合同的约束有关。从贵州本省来看，地缘优势非常明显，本县、本市的教师留任率分别为 77.8%和 63%，都高于本省的比例，而且分年度来看，也基本上保持了这一趋势。值得注意的是，在 2013 年、2014 年，本省生源的流失率高于外省生源。

从任教学科上看，音体美教师的整体留任率为 69.1%，略高于文化课教师(61.1%)，但是，与文化课教师逐年升高的留任率相比，音体美教师留任率的波动更为明显。实际上，我们在实地调研过程中发现，面对农村较为落后的教学条件，正常开展音乐、体育、美术等课程是非常困难的。特别是在一些教学点，由于师资不足，音体美教师还要兼任文化课的教学任务。这些都是造成音体美教师容易流失的原因。

从学段上来看，初中教师的留任率为 68%，比小学教师的留任率高。初中教师的高留任率的一个原因是，相比于小学，任教于初中能够获得更高的社会地位和自我认同感。但实际上，在 D 镇的特殊环境下，初中意味着更好的教学条件和更便利的交通。目前，D 镇共有 15 所中小学，其中 2 所初中，13 所小学，而在 13 所小学中，位于镇上的仅有 1 所。此外，从 2008—2012 年这段没有合同约束的时期来看，初中教师的留任率明显低于小学教师，小学教师的留任率不仅起点高，而且增长幅度大。

应届生的留任率整体上高于往届生。但是，对比历年的留任率会发现，在大部分年份，往届生的留任率还是高于应届生的，特别是 2008 年和 2010 年。这说明，应届生由于缺乏社会经验，无论在应聘还是在离职上，随意性都可能会更强。

表 6-4　D 镇特岗教师留任率(2008—2015 年)　(%)

年份	原籍				任教学科		学段		小计
	W 县	B 市	贵州	外省	文化课	音体美	小学	初中	
2008	60.0	37.0	37.3	NA	36.8	50.0	39.8	0.0	37.3
2009	100.0	60.0	31.0	0.0	32.0	16.7	NA	29.0	29.0
2010	50.0	45.7	44.1	25.0	39.6	60.0	46.2	37.5	42.9
2011	50.0	36.8	38.5	75.0	47.6	33.3	62.5	36.4	43.3
2012	88.9	87.0	86.2	25.0	82.1	60.0	74.1	100.0	78.8
2013	90.0	94.1	90.0	100.0	94.4	100.0	100.0	92.3	95.4
2014	93.3	91.2	95.2	100.0	98.0	88.9	90.5	97.9	95.7
2015	100.0	100.0	100.0	100.0	100.0	100.0	NA	100.0	100.0
小计	77.8	63.0	58.8	84.7	61.1	69.1	57.6	68.0	62.4

注：NA 表示无法计算。

第四节　特岗教师留任的影响因素分析

(一)二元逻辑回归模型的估计结果

教师是否留任虽然是个人选择问题，但也受到复杂的外界环境影响。本章在文献综述部分已经提及，影响教师留任和流动的因素主要分为个人因素、学校因素、社区因素 3 个方面。而对于身处贫困农村的特岗教师来说，外界环境对于其留任的影响可能具有更大的作用。因此，结合 D 镇数据的情况，我们构建如下的 logit 模型来考察特岗教师留任的影响因素：

$$s_i=a_0+b_1\cdot Dem_i+b_2\cdot Hum_i+b_3\cdot Sch_i+b_4\cdot Geo_i+b_5\cdot X+\varepsilon_i \qquad (6-1)$$

模型(6-1)中，s_i 表示特岗教师是否留任(留任=1，离职=0)；Dem_i 表示特岗教师的人口学变量，主要包括性别(男=1，女=0)和年龄(连续变量)；

Hum_i 表示人力资本变量，主要包括学历(以大专为参照类)、学科(音体美=1，文化课=0)、级别(国家级=1，地方级=0)；Sch_i 表示学校变量，主要包括学段(初中=1，小学=0)、在职教师中特岗教师的比例(%)、在职教师中具有高级职称教师的比例(%)；Geo_i 表示地缘变量，主要包括民族(以汉、彝、回、苗族之外的民族为参照)、原籍(以外省为参照)，以及自行合成的地缘指数①；X 是表示是否在特岗期的虚拟变量。值得指出的是，尽管在国内外既有研究中，工资水平都是影响教师职业选择和留任的重要因素，但是以上模型并未将其纳入考量。原因有二：一是因为现有数据库中没有教师工资数据；二是因为该研究样本局限在一个镇的范围内，工资水平大体上处于较为均衡的状态，遗漏变量带来的估计偏误是十分有限的。

表 6-5 呈现了二元逻辑回归模型的估计结果，与普通多元线性回归不同的是，二元逻辑回归模型的回归系数并不直接表示自变量对因变量的边际影响，需要通过 logistic 函数进行变换后另行计算“机会比”(odds ratio)。模型 A 是一个基本模型，该模型仅含有性别、学历、科目、级别、民族等变量，结果显示，除民族变量之外，上述变量大多没有显著的统计效应。而对于民族变量来说，汉族教师留任率最高，其次是彝、回、苗族，最后是其他民族，汉族和彝、回、苗族教师的留任率分别是其他民族的 3.944 倍和 3.289 倍。模型 B 在基本模型的基础上添加了年龄、特岗教师比例、高级职称比例、原籍等变量。此外，为了控制时间效应，我们还添加了“是否在特岗期”这一虚拟变量。结果发现，地缘变量(包括民族和原籍)都不具有显著影响，年龄和学校变量具有显著影响。其中，年龄对于教师留任具有非常显著的倒“U”形影响，临界点出现在 35 岁左右，即 35 岁之后特岗教师的留任率会显著降低；特岗教师比例和高级职称教师比例两个变量都能够显著影响特岗教师的留任率。模型 C 将模型 B 中的地缘变量替换为地缘指数，结果发现，地缘指数能够非常显著地影响特岗教师的留任率，地缘指数每提高一个单位，特岗教师的留任率将提高 34.7%。

综合以上模型的结果，我们认为，年龄、特岗教师比例、高级职称比例

① 地缘指数的合成方法如下：按照教师的籍贯进行编码，外省人=0，贵州省人=1，B 市人=2，W 县人=3。该指数越大，表示其地缘相关程度越高。

具有较强的政策含义。年龄是刚性因素，对于特岗教师来说，35 岁是一道门槛，婚姻和家庭是影响能否跨越门槛的关键因素。对于以男教师为主的特岗教师群体来说，如果不能顺利构建双职工家庭，那么其留任的可能性会骤然降低。特岗教师比例是一个学校层面的环境变量，该比例越高，说明学校教师群体的同质性越高，特岗教师越容易融入。相反，特岗教师比例越低的学校，对于特岗的认同程度越低，特岗教师留任的可能性也越低。高级职称比例越高的学校，师资力量越强，特岗教师能够得到更多的专业支持和发展，因此也越具有吸引力、凝聚力和向心力。

表 6-5　特岗教师留任的二元逻辑回归模型结果

变量		模型 A		模型 B		模型 C	
		回归系数（标准误）	机会比	回归系数（标准误）	机会比	回归系数（标准误）	机会比
人口学变量	性别（男=1）	-0.279	0.756	-0.053	0.948	-0.006	0.994
		(0.203)		(0.262)		(0.270)	
	年龄			-1.200***	0.301	-1.212***	0.298
				(0.402)		(0.447)	
	年龄平方			0.017***	1.017	0.017***	1.017
				(0.006)		(0.007)	
人力资本变量	中师学历（是=1）	0.076	1.078	-0.935*	0.393	-0.890	0.410
		(0.402)		(0.559)		(0.589)	
	本科学历（是=1）	0.214	1.239	-0.033	0.967	0.062	1.064
		(0.253)		(0.512)		(0.548)	
	学科（音体美=1）	0.356	1.427	-0.054	0.948	-0.168	0.845
		(0.291)		(0.398)		(0.412)	
	级别（国家级=1）	0.039	1.040	0.051	1.053	0.151	1.163
		(0.253)		(0.432)		(0.443)	
学校变量	学段（初中=1）			-0.300	0.741	-0.326	0.722
				(0.608)		(0.639)	
	特岗教师比例(%)			3.861**	47.490	4.056**	57.745
				(1.848)		(1.913)	
	高级职称教师比例(%)			3.769*	43.332	3.978*	53.421
				(2.284)		(2.340)	

续表

变量		模型 A		模型 B		模型 C	
		回归系数（标准误）	机会比	回归系数（标准误）	机会比	回归系数（标准误）	机会比
地缘变量	汉族（是=1）	1.372***	3.944	1.144***	3.139		
		(0.324)		(0.430)			
	彝、回、苗族（是=1）	1.191***	3.289	0.865	2.374		
		(0.391)		(0.526)			
	W 县人（是=1）			0.401	1.493		
				(0.606)			
	B 市人（是=1）			−0.219	0.803		
				(0.575)			
	贵州人（是=1）			0.051	1.052		
				(0.548)			
	地缘指数					0.298*	1.347
						(0.173)	
统计结果	特岗期			2.807***	16.568		
				(0.502)			
	常数项	−0.829**		16.228**		16.573**	
		(0.361)		(6.763)		(7.515)	
	N	446		398		266	
	伪 R^2	0.0407		0.2936		0.0709	

注：*、**、***分别表示 p 值在 0.1、0.05、0.01 水平上显著。

（二）访谈调研资料的个案分析

前文主要利用 D 镇教育部门的数据对特岗教师留任的影响因素进行分析，虽然留任模型的分析尽可能考虑到了不同类型因素所造成的影响，但仍然有很多隐形的力量（如制度、财政、文化等）是无法明确纳入模型的。为此，下面我们结合实地调研的结果，对影响特岗教师留任的其他因素进行补充分析。

1.“中央特岗计划”在有效引导地方财政配套的同时，变相加剧了地方财政负担，无形中降低了地方政府留住特岗教师的积极性

从中央财政的角度来看，“中央特岗计划”的初衷是通过中央财政转移支付的方式逐步提高地方财政对教育的支持力度，并最终促使地方财政能够在

师资补充上做到自给自足。政策颁布之初，就明确规定中央财政对每位特岗教师的支持年限为 3 年，到期接转之后的工资发放则由地方政府统筹安排。我们在调查过程中发现，贵州省教育厅对于“中央特岗计划”非常支持，但也表示计划的资助年限太短，对地方来说犹如“饮鸩止渴”，难以保证特岗期结束之后教师工资的足额有效发放。同时，为了响应中央政策，贵州省教育厅也推出了“地方特岗计划”，要求所有享受“中央特岗计划”指标的市县，都要用地方财政配套招聘“地方特岗”教师。这无疑使得这些原本就处于贫困边缘的地方政府的财政情况雪上加霜，也削弱了地方教育部门留住特岗教师的积极性，这是因为在特岗期结束之后，教师的工资福利等开支将全部转嫁给地方财政。

以 W 县的情况来看，其财政收支一直处于极度失衡的状态，有关数据显示，该县地方财政支出与收入之比从 2006 年的 3.7 扩大到 2014 年的 6.7，基本上呈现逐年扩大的趋势。目前 W 县农村义务教育阶段教师有 1.2 万余人，按平均年薪 7.7 万元计算，仅仅支付农村义务教育阶段教师工资就需要 9.4 亿元。考虑到中央对未接转特岗教师的转移支付为 3.1 万元/人(共有约 2280 人)，可以减轻的财政负担仅为 0.7 亿元，县财政还需要自筹 8.7 亿元。由此不难看出地方财政的巨大压力。

2. 农村教师不仅教学负担重，而且承担过多教学之外的工作，严重影响了农村教师的本职工作和专业发展

农村学校由于师资匮乏，通常生师比都较高，导致农村教师常年超负荷工作。在我们调研的一个教学点，全校共有 6 个班、250 名学生，但仅有 6 名教师，因此基本上每个教师时时刻刻都在上课，根本无暇顾及自身专业是否对口。不仅如此，由于地处偏远的农村，周遭环境使得农村教师根本无法安心地上好每一堂课。除此之外，由于农村地区家长的素质普遍偏低，对学生的教育问题也极为不重视，联系不到家长也成为农村教师在学生管理上面临的首要难题。学生一旦出事，无论事情大小，教师就成为第一责任人，学生生病也需要教师先行垫付医疗费用，无形中增加了教师的经济压力和精神压力。

为了保证留守儿童的安全，农村教师还面临更多的监管任务。比如 W 县实施了留守儿童月报制度，每月必须汇报留守儿童的情况。各乡镇政府以学校为中心，以教师为责任人，建立了留守儿童帮扶制度，要求责任到人，每名教师负责若干名留守儿童，定期进行家访。此外，地方教育部门的教育监管存在形式主义，如辅导学生要拍照留证、检查材料要手工抄写等。一位教

学点的校长甚至抱怨道，自己每天花在教学上的时间只有1/3，其他时间都用来应付检查、写报告。

3. 物质条件匮乏、基础设施不健全仍然是阻碍乡村教师留任的重要原因

农村地区物质条件极为匮乏，在我们所调研的贵州省部分地区，生活用水的匮乏程度已经超出了常人的想象。W县乡镇学校的教师宿舍中没有自来水，教师必须从学校附近的水窖中取水，而水窖中的水是靠天然降水获得的，并没有进行必要的过滤和消毒。W县教学点的情况则更为窘迫，至今连储藏天然降水的水窖都没有修建，师生的饮用水问题常年得不到妥善解决。

在基础设施方面，虽然大部分学校(包括教学点)在地方政府的支持下都建设或租赁了“特岗楼”(当地特岗教师宿舍的统称)，但是由于标准限制，只能满足青年特岗教师的暂时安置之需，对于那些准备结婚的特岗教师来说，很难满足其婚后的居家生活要求。特别是贵州省特岗教师存在明显的性别失衡现象，男教师比例明显偏高，再加上住房条件限制，婚恋难题对男教师的留任造成极大影响。对于已婚教师来说，学校附近没有托儿所或幼儿园，也造成了很大的育儿困难，部分女教师甚至抱怨道，自己的孩子也成了“留守儿童”。

第五节 结论与讨论

2018年年初，中共中央、国务院发布了《关于全面深化新时代教师队伍建设改革的意见》，标志着我国教师队伍建设迈入新征程。文件明确提出“大力提升乡村教师待遇”，并从补贴、住房、生活、晋升、表彰、培训等多维度加以阐释，体现出党中央对农村教师队伍建设的高度关注。实际上，农村教师的问题不仅是教师队伍建设的问题，也是农村教师的发展问题。因此，我们必须因势利导，多措并举加强农村教师职业吸引力，善待并留住农村教师。

(一)继续加大中央转移支付力度，延长“中央特岗计划”的支持年限

“中央特岗计划”实施10年来，取得了卓越的成效，不仅提高了地方政府在师资建设上的干劲，也激发了更多大学生到偏远地区任教的热情，为促进义务教育均衡发展提供了强有力的支撑。但是，从贵州省的调研结果来看，如果要真正达到“中央特岗计划”文件中规定的相关要求(定编定岗保待遇)，中央财政转移支付与地方实际支出之间的缺口是非常巨大的。“中央特岗计

划”实施了 10 年，地方财政也就被“拖累”了 10 年，目前地方政府要求加大转移支付的呼声也越来越高。我们认为，随着税制改革速度的不断加快，为了切实减缓地方财政负担，中央应该根据物价波动水平实时调整特岗计划的人均拨款额度，并且考虑延长特岗服务期至 4~5 年。

（二）构建合理而全面的专业发展支持体系，助力乡村教师获得专业成长

《乡村教师支持计划（2015—2020 年）》明确了如何构建完整的乡村教师支持体系这一重大问题，但是对于农村教师专业发展的关注不够。本章的研究表明，由于教学负担繁重、教学外任务繁杂、知识体系陈旧等原因，农村教师（无论是新教师还是老教师）面临巨大的专业发展难题。落后的基础设施和微薄的财政力量使得大部分农村教师难以获得培训学习的机会。我们认为，中央财政应该在现有支持计划的框架之下，尝试设立“乡村教师专业发展专项”，并且要求地方财政进行配套，为农村教师的专业发展提供财政支持。相应地，地方政府应该在“乡村教师发展专项”的支持下，构建合理而全面的专业发展支持体系，为农村教师提供稳定的在职培训机会，保障农村教师的专业成长。

（三）避免招聘中出现“本地化倾向”，通过增强文化认同留住农村教师

为了解决本地生源的就业问题，不少地方在农村教师招聘中呈现出一种本地化偏好。但是本章发现，虽然地缘因素对于农村教师留任来说非常重要，但地缘因素与教师留任的关系在统计上并不显著。因此，农村教师招聘的本地化倾向并没有实证依据。不仅如此，农村教师招聘的本地化不仅会隐藏裙带关系，还会降低优质教师的供给，不利于农村教师队伍整体质量的提高。文化差异造成的地方融入门槛成为影响农村教师留任的又一重要因素。因此，在农村教师的入职培训以及在职进修中，学校应该逐步渗透地方文化教育的内容。这样不仅可以让农村教师增强自身的文化认同感，还能够激发他们对民族教育事业的热爱。

教师是教育发展的第一资源，留住和用好农村教师是农村教师队伍建设的核心要义。2018 年全国教育大会再次明确提出“把更多教育投入用到加强乡村师资队伍建设上”，为新时代农村教师队伍建设注入新动力。相信在多项重大政策的牵引之下，农村教师将成为更具幸福感、成就感和荣誉感的光辉职业，农村地区将涌现出更多的“四有好教师”。

第七章

学校工作特征与农村教师的工作满意度

近年来，《关于全面深化新时代教师队伍建设改革的意见》《教师教育振兴行动计划》等重大政策相继出台，教师队伍建设迎来了新的历史机遇和发展契机(王定华，2018)。在建设优质、稳定教师队伍的过程中，提升教师以“个人对工作需求满足程度的自我感知水平”为内涵的工作满意度非常关键(Sims，2017；武向荣，2019)。这是因为，教师的工作满意度越高，则他们不仅更愿意在教学工作中投入时间和精力(Collie et al.，2012；Kunter et al.，2013)，使其教学水平得到提升(Hagenauer et al.，2015)，也更可能感受到工作的价值和意义(Skaalvik et al.，2011)，工作承诺感更强且离职意愿更低(Toropova et al.，2021)。

学校环境中的工作特征要素与教师工作满意度紧密相关(Sims，2017；Toropova et al.，2021)。聚焦中国教师工作满意度的实证文献不多(武向荣，2019)，且它们大多缺乏基于严谨研究设计和大样本数据的实证分析，因此，我们并不清楚教师工作满意度的现状如何、短板何在。管理者该如何改进学校治理和优化学校工作特征要素配比，以提高教师工作满意度？言之有据地回答上述问题，能为提升教师工作满意度提供有效信息。

工作要求—资源模型(Job Demands-Resources Model，下文简称 JD-R 模型)为从学校工作特征要素的角度剖析教师工作满意度问题提供了很好的理论框架(Yin et al.，2018)。原因在于：JD-R 模型在统一框架下同时对工作要求和工作资源要素展开分析，将工作特征要素对工作满意度的积极影响与消极影响有机地结合起来，形成一种平衡而全面的、具有交互性的分析框架，能为利益相关者提供一个非常恰当的沟通工具(Bakker et al.，2007；Demerouti et al.，2001；Yin et al.，2018)。基于此，本章基于 2018 年教师教学国际调查数据库(Teaching and Learning International Survey，下文简称 TALIS)中的上海教师样本，在JD-R模型框架下揭示工作要求和工作资源对教师工作满意度的影响效应及作用机制，旨在为改进学校治理和提高教师工作满意度提供证据。

第一节 文献回顾

根据JD-R模型，任何工作类别中的工作特征要素均可分为工作要求和工作资源(Bakker et al.，2007；Yeh，2015)。其中，工作要求需要个体持续地开展体力或脑力劳动、投入较长时间才能完成，通常用工作量、工作时间等客观性指标或工作负荷感知等主观性量表加以测量；过高的工作要求往往被视为工作中消耗精力的“坏东西”。工作资源指个人从工作中获得的心理、社会或组织资源，包括以工作自主权等为内涵的任务资源、以职业发展为内涵的组织资源以及以与同事良好互动交流等为内涵的社交资源；更多的工作资源往往被视为工作中的“好东西”(Bakker et al.，2007)。更加具体地，JD-R模型整合了下述3个基本的心理过程，来剖析工作特征要素与工作满意度等个人情绪感知的关系(Bakker et al.，2007；Demerouti et al.，2011)。

第一个心理过程，是工作要求负向影响个体积极情绪感知的损耗路径。在该路径中，工作要求的增加(如工作时间增加)可能触发一个工作压力增大的过程，进而可能阻碍个体对工作满意度的自我感知(Bakker et al.，2007)。可能的原因是，当个体面对不断增加的工作要求时，更可能感受到较高程度的、源自工作的压力，并通过更加持续和努力的工作投入来应对压力和工作要求；但与之相伴的是，持续和努力的投入会消耗身心能量，导致个体更多地感受到职业倦怠等消极情绪和更少地感受到满意等积极情绪(Demerouti et al.，2011)。

一系列学者基于不同国家、不同职业的样本开展研究，较为一致地证实了JD-R模型中有关工作要求和负向情绪感知(如职业倦怠)具有正相关关系，或者和正向情绪感知(如工作满意度)具有负相关关系的假说(Bakker et al.，2003；Hakanen et al.，2006；Yeh，2015；Yin et al.，2018；李爱梅等，2015)。具体到学校情景中，有学者基于工作负担状况量表测量了芬兰教师的工作要求，发现工作要求在负向预测教师组织承诺水平的同时，却正向预测了教师的健康问题(Hakanen et al.，2006)。有学者基于工作要求量表测量了中国香港教师的工作要求，同样发现工作要求正向预测了教师的焦虑和抑郁等负向情绪(Yin et al.，2016；Yin et al.，2018)。有学者使用工作时长指标测量了挪威教师的工作要求，也发现工作要求负向预测了教师的工作满意度，却正向预测了教师的离职动机(Skaalvik et al.，2018)。我们认为，工作要求增加个体负向情绪感知的损耗路径可能同样存在于中国内地的学校，于是提出了本章的第一项研究假设：

H_1：工作要求负向预测教师的工作满意度。

此外，正如上文所指出的，JD-R 模型认为工作要求负向预测个体积极情绪的损耗路径，源于工作要求对工作压力的触发(Bakker et al.，2007)。教师被普遍视为充满压力的职业(Pearson et al.，2005；Zurlo et al.，2013；张建人等，2014)，一些研究也证实了工作压力会阻碍教师对工作满意度的感知(Pearson et al.，2005；安晓敏、佟艳杰，2020)，但现有文献没有在 JD-R 模型框架下引入工作压力这一中介变量，完整地揭示工作要求影响教师工作满意度的路径(Yin et al.，2018)。TALIS2018 调查了教师的工作压力状况，为剖析该中介路径提供了数据支持，为此，我们提出本章的第二项研究假设：

H_2：工作压力在工作要求负向影响教师工作满意度的过程中起着中介作用。

第二个心理过程，是工作资源正向影响个体积极情绪感知的增益路径。在该路径中，工作资源的增加(如领导反馈增多)可能触发一个正向激励的过程，进而可能促进个体对工作满意度的自我感知(Bakker et al.，2007)。自我决定理论认为，个体对满意度等积极情绪的自我感知程度，取决于能力发展、自主性以及归属性这 3 个基本需求的满足状况(Ryan et al.，2000)；由于任务资源以提升工作自主权为内涵，组织资源以促进职业发展为内涵，社交资源以增加同事互动为内涵，因此，更多的工作资源为个体成长、学习和发展提供了支持，有助于个体对能力发展、自主性以及归属性需求的满足，自然也就促进了个体对积极情绪的感知(Bakker et al.，2007)。

一系列学者基于不同国家、不同职业类型的样本开展了研究，较为一致地支持了工作资源能够正向影响积极情绪的增益路径(Bakker et al.，2003；Hakanen et al.，2006；Skaalvik et al.，2018；Yeh，2015；Yin et al.，2018；李爱梅等，2015)。我们认为，工作资源增加可以促进个体正向情绪感知的增益路径在中国的学校应该同样成立，并提出了本章的第三项研究假设：

H_3：工作资源正向预测教师的工作满意度。

第三个心理过程，是工作要求和工作资源相互作用、共同影响个体积极情绪感知的过程。一方面，在工作资源充足程度更高的环境中，工作要求更可能达成，这减少了工作要求触发个体工作压力的可能性，自然就减少了工作要求负向影响积极情绪的可能性，该过程也被称为“缓冲假设”；另一方面，工作要求较高的环境，更可能避免个体惰性的产生，也能增强个体主动调动工作资源以达成工作要求的内在动机，这有助于增强工作资源的激励作用，促进了工作资源对工作满意度的正向影响，该过程也被称为“应对假设”(Demerouti et al.，2011)。具体到学校情境中，已有文献发现，工作资源增加后，工作要求对教师职业倦怠感的负向影响减少，支持了“缓冲假设”(Schaufeli et al.，2009)；并且，随着工作要求的增加，工作资源对于教师工作绩效的积极作用显著增大，“应对假设”同样得到了一定的支持。尽管如此，上述研究并没有关注到教师的工作满意度(Bakker et al.，2007)。

综上，基于“缓冲假设”，我们可以认为，教师拥有的工作资源具有促进工作要求达成的功能，可以有效地降低工作要求对工作压力的触发程度，因而调节了工作要求与工作幸福感之间通过工作压力所建立起来的间接关系。也就是说，当拥有的工作资源较为充足时，工作要求对工作满意度的负向影响效应可能较小；反之，当拥有的工作资源较为匮乏时，上述负向影响效应可能较大。因此，我们提出了本章的第四项研究假设：

H_4：工作资源能够减少工作要求对教师工作满意度的负向影响。

将“缓冲假设”和“应对假设”相结合，可以进一步推断，工作要求与工作资源的最佳配比可能是“高要求—高资源”。即在“高要求—高资源”的工作要素组合下，教师工作满意度的自我感知水平可能最高。因此，我们提出了本章的第五项研究假设：

H_5：在“高要求—高资源”的工作要素组合下，教师工作满意度的自我感知水平最高。

第二节　数据来源、测量指标与描述性分析

(一)数据来源与测量指标

本章的数据来自 TALIS2018 对中国上海的调查，调查对象包括 198 所学校的 3976 名教师。TALIS2018 数据库包括教师工作满意度、工作压力、各类工作特征要素和个人特征等指标，为本章在 JD-R 框架下揭示教师工作满意度

的现状及影响因素提供了很好的数据支持。

(二)测量指标

1. 工作满意度指标

TALIS2018 的教师调查，将教师工作满意度分为职业满意度、学校环境满意度以及薪酬满意度。其中，职业满意度包括“当教师的好处明显大于坏处”等5道题目；学校环境满意度包括“我喜欢在这所学校工作”等2道题目；薪酬满意度包括“我很满意当前工作发放的薪酬”等2道题目(1=非常不同意，4=非常同意)；上述满意度维度的内部一致性状况较好(α系数依次为0.750、0.758和0.770)。我们依次在每个满意度维度通过因子分析提取第一公因子的方法依次估算得到职业满意度、学校环境满意度和薪酬满意度3项满意度指标。

2. 工作要求指标

工作时间是一类测量工作要求的典型指标(Schaufeli et al.，2013)。参考已有文献使用工作时长测量工作要求的思路(Pereira et al.，2013；Skaalvik et al.，2018；Yeh，2015)，本章使用工作时长(小时/周)测量了教师的工作要求，工作时间越长，代表教师面临的工作要求越高。

3. 工作资源指标

工作资源分为以工作自主权等为内涵的任务资源、以职业发展为内涵的组织资源和以与同事互动为内涵的关系资源(Bakker et al.，2007)。参考已有文献(Skaalvik et al.，2018；Yeh，2015；Yin et al.，2018)，本章采用了工作自主性、领导支持、绩效反馈和同事互动交流4个工作资源指标。

具体来看，工作自主性指标，通过调查教师在“确定教学内容”等5类教学活动中拥有自主权的程度进行测量(1=非常不同意，4=非常同意)，其α系数为0.922。领导支持指标，通过调查教师在参与专业发展活动时能否获得领导在“减少教学工作任务”等8个方面的支持进行测量(1=有，0=没有)。绩效反馈指标，通过调查教师从学校获得的绩效反馈是否为“专业领域知识的理解”等5类教学能力带来积极影响进行测量(1=有，0=没有)。同事互动交流指标，通过调查教师在“与同一班级教师团队教学”等8类教学交流活动中的参与频次进行测量(1=没有，6=每周1次或更多)，其α系数为

0.851。本章通过因子分析提取第一公因子的方法，估算了工作自主性和同事互动交流两项工作资源指标得分；又根据项目反应理论的技术，分别在剩下两个维度内将所含题项汇总计算得到了领导支持和绩效反馈指标两项工作资源指标得分；各指标的取值越大，代表教师在相应工作资源上的拥有水平越高。

4. 工作压力指标

TALIS2018 通过调查教师在“备课量”等 7 类教学活动中感受到的压力状况来衡量工作压力(1=完全没有压力，4=压力非常大)，其 α 系数为 0.785。我们通过因子分析提取第一公因子的方法估算了工作压力指标，取值越大，工作压力越大。

5. 控制变量

为了更有效地开展研究，本章引入了以下控制变量：性别(1=女性，0=男性)、年龄(1=30 岁以下，2=30~39 岁，3=40~49 岁，4=50 岁及以上)、受教育程度(1=研究生，0=本科及以下)、学校所在区域(1=农村，0=城市)。此外，为排除不可测学校要素的干扰，所有模型均引入了学校固定效应项。

(三)样本描述性统计分析

根据表 7-1 呈现的变量均值和相关系数可知，工作要求与各项工作满意度全部负相关，特别是与薪酬满意度显著负相关，而且与工作压力显著正相关；工作资源与各项工作满意度全部显著正相关；工作压力与各项工作满意度全部显著负相关。这些数据描述结果初步支持了本章的相关假设。

进一步地，表 7-2 呈现了工作满意度、工作要求、工作资源和工作压力在不同个体特征样本中的分布。结果显示，按性别划分，相对于女教师，男教师的工作满意度和面临的工作要求均显著更低，尽管如此，他们获得的领导支持却显著更多。按学历划分，相对于学历较高(研究生)的教师，学历较低(本科及以下)教师的职业满意度和学校环境满意度显著更低，后一类教师面临显著更低的工作要求，但获得的领导支持、绩效反馈和同事互动交流这 3 类工作资源也显著更少。按城乡划分，相对城市教师，农村教师面临的工作要求显著更低，但获得的工作自主性和同事互动交流两类工作资源也显著更少。按年龄划分，随着年龄的增加，教师面临的工作要求、拥有的工作资源以及感受到的工作满意度均显著下降。

表 7-1 各变量均值与相关系数（n=3976）

变量	(1)	(2)	(3)	(4)	(5)	(6)	(7)	(8)	(9)
(1)工作要求—工作时长	1.000								
(2)工作资源—工作自主性	0.092***	1.000							
(3)工作资源—领导支持	-0.029***	0.031***	1.000						
(4)工作资源—绩效反馈	0.039***	0.083***	0.198***	1.000					
(5)工作资源—同事互动交流	0.182***	0.236***	0.183***	0.285***	1.000				
(6)工作压力	0.142***	-0.001	-0.144***	-0.113***	0.009	1.000			
(7)工作满意度—职业满意度	-0.005	0.192***	0.192***	0.237***	0.200***	-0.283***	1.000		
(8)工作满意度—学校环境满意度	-0.014	0.190***	0.222***	0.261***	0.238***	-0.284***	0.624***	1.000	
(9)工作满意度—薪酬满意度	-0.041***	0.087***	0.213***	0.204***	0.142***	-0.359***	0.499***	0.474***	1.000

注：***表示 $p<0.01$。

表 7-2　工作满意度、工作需求、工作资源和工作压力的描述性统计结果

变量		性别			学历			城乡			年龄				
	全样本	男性	女性	差值（男性—女性）	本科及以下	研究生	差值（本科—研究生）	农村	城市	差值（农村—城市）	30 岁以下	30~39 岁	40~49 岁	50 岁及以上	F 值
工作满意度															
职业满意度	63.28	62.272	63.643	-1.371**	62.885	66.157	-3.272***	63.283	63.212	0.071	67.43	64.04	61.89	60.31	18.984**
学校环境满意度	60.83	61.565	60.576	0.988	60.632	62.243	-1.611*	60.330	60.866	-0.537	63.40	61.59	59.56	59.34	7.056**
薪酬满意度	46.97	47.305	46.851	0.453	46.790	48.327	-1.537	47.325	46.890	0.435	51.80	46.29	44.98	47.88	15.541***
工作要求															
工作时间	45.34	43.380	46.036	-2.656***	44.721	49.536	-4.815***	43.290	45.554	-2.263***	47.54	47.09	44.51	41.01	30.819***
工作资源															
工作自主性	80.16	78.493	80.726	-2.232***	80.040	81.085	-1.045	78.590	80.387	-1.797**	80.83	82.53	79.38	75.32	20.949*
领导支持	24.43	28.511	22.998	5.513***	23.297	31.745	-8.448***	23.373	24.485	-1.112	32.91	26.08	20.89	19.61	39.091***

续表

变量		性别			学历			城乡			年龄				
绩效反馈	72.38	73.483	71.997	1.486	71.674	77.158	-5.484***	73.272	72.180	1.092	77.92	72.77	70.74	69.06	8.035***
同事互动交流	58.24	56.492	58.846	-2.354***	57.867	60.471	-2.604***	55.608	58.549	-2.941***	61.26	59.23	57.51	54.34	14.607***
工作压力															
工作压力	36.86	37.332	36.692	0.640	36.757	37.364	-0.607	36.879	36.863	0.016	34.40	36.79	36.99	37.13	3.776

注：全样本是 3976 名教师。*、** 或 *** 分别指组间差异在 10%，5%和 1%的水平上显著(t 检验或单因素方差分析)。

第三节 实证分析结果

（一）工作要求负向预测工作满意度的损耗路径检验

表 7-3 中的模型(1)、模型(2)和模型(3)依次呈现了工作要求影响教师职业满意度、学校环境满意度和薪酬满意度的模型估计结果。结果显示，工作时长变量的系数显著为负，这说明，工作要求的提高，阻碍了教师对工作满意度的自我感知。由此，H_1，即工作要求负向预测教师的工作满意度得到了支持。

接下来，根据中介效应检验步骤(Baron et al.，1986)，本章对 JD-R 模型中工作压力在工作要求负向影响教师工作满意度的过程中起着中介作用的假设进行了检验(即 H_2)。第一，在估计工作要求影响教师工作压力的模型中[模型(4)]，工作时长的系数显著为正，说明随着工作要求的提高，教师的工作压力会显著增加；第二，在不引入工作压力，仅估计工作要求影响教师工作满意度的模型中[模型(1)、模型(2)和模型(3)]，工作要求的系数全部显著为负；但是，一旦控制工作压力后，在估计工作要求影响教师工作满意度的模型中[模型(5)、模型(6)和模型(7)]，工作要求对工作满意度的影响系数全部不显著，但工作压力的系数仍然显著为负。上述结果说明，工作压力在工作要求影响工作满意度的损耗路径中起完全中介的作用。为更好地保证研究效度，我们使用 Bootstrap 方法再次进行检验(温忠麟、叶宝娟，2014)。表 7-4 的估计结果显示，Bootstrap 方法计算的中介效应 95%置信区间不包含 0。由此，H_2，即工作压力在工作要求负向影响教师工作满意度的过程中起着中介作用，得到了支持。

除此之外，表 7-3 中控制变量的估计结果还显示，在其他变量保持一致的情况下，相对于 30 岁以下的年轻教师，年长教师的工作满意度显著更低、工作压力显著更大；相对于本科及以下学历的教师，研究生学历教师的工作满意度自我感知水平显著更高；相对于男教师，女教师的学校环境满意度自我感知水平显著更低；相对于城市教师，农村教师的薪酬满意度自我感知水平显著更高。限于本章聚焦于在 JD-R 模型框架下剖析教师幸福感问题，我们并未对上述发现展开讨论，但工作满意度在个体特征上的异质性问题值得我们在未来研究中深入探讨。

表 7-3 工作要求对工作满意度的影响

因变量 / 自变量	职业满意度	学校环境满意度	薪酬满意度	工作压力	职业满意度	学校环境满意度	薪酬满意度
	(1)	(2)	(3)	(4)	(5)	(6)	(7)
工作时长	-0.048**	-0.049**	-0.082***	0.226***	-0.000	0.005	-0.008
	(-2.25)	(-2.07)	(-3.28)	(8.81)	(-0.02)	(0.23)	(-0.34)
工作压力					-0.230***	-0.249***	-0.343***
					(-14.71)	(-14.53)	(-19.43)
30~39 岁	-2.634***	-1.413	-4.688***	3.506***	-1.864**	-0.619	-3.500***
	(-2.99)	(-1.50)	(-4.69)	(3.44)	(-2.20)	(-0.69)	(-3.72)
40~49 岁	-4.700***	-3.426***	-5.028***	3.507***	-3.897***	-2.553***	-3.887***
	(-5.13)	(-3.48)	(-4.82)	(3.36)	(-4.43)	(-2.71)	(-3.93)
50 岁及以上	-6.211***	-3.775***	-2.724**	4.136***	-5.218***	-2.859**	-1.422
	(-5.46)	(-3.06)	(-2.17)	(3.24)	(-4.69)	(-2.37)	(-1.18)
研究生以上学历	1.681*	-0.361	0.696	0.710	1.905**	-0.128	1.198
	(1.82)	(-0.36)	(0.66)	(0.66)	(2.15)	(-0.13)	(1.20)
女性	0.938	-1.292*	0.350	-1.467*	0.557	-1.685**	-0.298
	(1.33)	(-1.69)	(0.43)	(-1.87)	(0.82)	(-2.27)	(-0.39)
农村	-1.352	-5.773	12.829*	-3.061	-2.196	-6.716	11.542*
	(-0.34)	(-0.97)	(1.93)	(-0.56)	(-0.50)	(-1.14)	(1.86)
常数项	71.035***	75.794***	33.338***	29.965***	78.182***	83.518***	43.825***
	(11.45)	(8.91)	(3.43)	(3.55)	(11.63)	(9.39)	(4.72)

续表

因变量 / 自变量	职业满意度	学校环境满意度	薪酬满意度	工作压力	职业满意度	学校环境满意度	薪酬满意度
	(1)	(2)	(3)	(4)	(5)	(6)	(7)
学校固定效应项	Yes	Yes	Yes	Yes	Yes	Yes	Yes
样本量(人)	3891	3890	3898	3895	3866	3865	3867
Adj. R^2	0. 07	0. 08	0. 09	0. 07	0. 14	0. 14	0. 20

注：***表示 $p<0.01$，**表示 $p<0.05$，*表示 $p<0.1$；控制变量以虚拟变量方式引入，年龄变量以 30 岁以下教师为控制组样本，学历变量以本科学历为控制组样本，性别变量以男性为控制组样本，学校所在地变量以城市为控制组样本。

表 7-4 “工作要求→工作压力→工作满意度”中介作用的 Bootstrap 检验

自变量与因变量	中介变量（工作压力）		
	Z 值	P 值	95%置信区间
工作要求→职业满意度	-16.03	0.000**	[-0.277，-0.217]
工作要求→学校环境满意度	-17.23	0.000***	[-0.301，-0.20]
工作要求→薪酬满意度	-20.20	0.000***	[-0.400，-0.330]

注：***表示 $p<0.01$，**表示 $p<0.05$，*表示 $p<0.1$；控制变量以虚拟变量方式引入，年龄变量以 30 岁以下教师为控制组样本，学历变量以本科学历为控制组样本，性别变量以男性为控制组样本，学校所在地变量以城市为控制组样本。

（二）工作资源正向预测工作满意度的损益路径检验

本章从工作自主性、领导支持、绩效反馈以及同事互动交流 4 个维度衡量了教师拥有的工作资源，表 7-5 中模型(1)、模型(2)和模型(3)依次呈现了各项工作资源对 3 类工作满意度影响的模型估计结果。结果显示，各项工作资源变量的系数全部显著为正。这说明，工作资源拥有水平的提高，的确可能通过触发一个激励的过程，起到促进教师工作满意度感知的作用。由此，H_3，即工作资源正向预测教师的工作满意度得到了支持。

表 7-5 工作资源对工作满意度的影响

因变量 / 自变量	职业满意度	学校环境满意度	薪酬满意度
	(1)	(2)	(3)
工作自主性	0.151***	0.172***	0.080***
	(7.05)	(7.58)	(3.32)
领导支持	0.093***	0.108***	0.124***
	(7.06)	(7.34)	(7.97)
绩效反馈	0.087***	0.105***	0.094***
	(8.26)	(9.21)	(7.67)
同事互动交流	0.073***	0.111***	0.047**
	(3.87)	(5.44)	(2.12)
控制变量	Yes	Yes	Yes
常数项	Yes	Yes	Yes
学校固定效应项	Yes	Yes	Yes
样本量	3019	3020	3023
Adj. R^2	0.16	0.19	0.16

注：***表示 $p<0.01$，**表示 $p<0.05$，*表示 $p<0.1$；控制变量以虚拟变量方式引入，年龄变量以 30 岁以下教师为控制组样本，学历变量以本科学历为控制组样本，性别变量以男性为控制组样本，学校所在地变量以城市为控制组样本。

（三）工作资源在工作要求影响工作满意度过程中的缓冲作用检验

参考已有文献（Edwards et al.，2007），本章通过构建模型（7-1）~模型（7-3）来检验 H_4。即要证明，在高水平工作资源组，工作要求对教师工作满意度的间接效应（通过工作压力产生的影响）相对较小；而在低水平工作资源组，上述间接效应相对较大。具体的检验模型如下：

$$M=\alpha_0+\alpha_1 X+\alpha_2 W+\alpha_3 X\cdot W \tag{7-1}$$

$$Y=\beta_0+\beta_1 M+\beta_2 X+\beta_3 W+\beta_4 X\cdot W \tag{7-2}$$

在上述模型中，X 为自变量（工作要求），M 为中介变量（工作压力），W 为调节变量（工作资源），Y 为因变量（工作满意度）。将模型（7-1）代入模型（7-2）：

$$Y=(\beta_0+\alpha_0\beta_1)+[\beta_2+\beta_1(\alpha_1+\alpha_3 W)]\cdot X+(\beta_3+\beta_1\alpha_2)W+\beta_4 X\cdot W \tag{7-3}$$

在模型（7-3）中，中介作用的条件间接效应量是 $\beta_1(\alpha_1+\alpha_3 W)$。当调节变量 W 分别取高水平（高于平均值 1 倍标准差）和低水平（低于平均值 1 倍标准差）值时，中介作用的条件间接效应量的差异在 95%置信区间中不包含 0，即可以认为，被调节的中介作用得到了支持。

表 7-6 呈现了被调节中介作用 Bootstrap 检验的估计结果。结果显示：首先，相对于低工作自主性的群组，在高工作自主性的群组中，工作要求通过工作压力变量对教师满意度产生的负向中介效应反而显著更高（间接效应组间差异的 95%置信区间不含 0），由此 H_4 在工作自主性这项工作资源维度被拒绝；其次，相对于低领导支持或低绩效反馈的群组，在高领导支持或高绩效反馈的群组中，工作要求通过工作压力变量对教师满意度产生的负向中介效应显著更低（间接效应组间差异的 95%置信区间均不含 0），由此 H_4 在绩效反馈和领导支持这两项工作资源维度得到支持；最后，相对于低同事互动交流的群组，在高同事互动交流的群组中，工作要求通过工作压力这一中介变量对个体工作满意度产生的间接效应反而更高，尽管差异不显著（间接效应组间差异的 95%置信区间含 0），由此 H_4 在同事互动交流维度没能得到支持。

表 7-6　被调节中介作用 Bootstrap 检验

		效应量系数	标准误	95%置信区间	
				下限	上限
工作要求(X)→工作压力(M)→职业满意度(Y)	低工作自主性	-0.032***	0.012	-0.058	-0.011
	高工作自主性	-0.078***	0.015	-0.108	-0.049
	组间差异性(低—高)	0.046**	0.022	0.001	0.089
	低领导支持	-0.065***	0.011	-0.094	-0.046
	高领导支持	-0.036***	0.010	-0.054	-0.016
	组间差异性(低—高)	-0.029*	0.016	-0.007	-0.004
	低绩效反馈	-0.066**	0.011	-0.085	-0.042
	高绩效反馈	-0.035***	0.009	-0.054	-0.019
	组间差异性(低—高)	-0.030**	0.016	-0.053	0.000
	低同事互动交流	-0.043***	0.009	-0.059	-0.024
	高同事互动交流	-0.069***	0.011	-0.097	-0.051
	组间差异性(低—高)	0.027	0.016	-0.007	0.057
工作要求(X)→工作压力(M)→工作环境满意度(Y)	低工作自主性	-0.037**	0.015	-0.066	-0.008
	高工作自主性	-0.089***	0.016	-0.121	-0.056
	组间差异性(低—高)	0.052**	0.026	0.003	0.103
	低领导支持	-0.069***	0.012	-0.097	-0.045
	高领导支持	-0.039***	0.011	-0.064	-0.019
	组间差异性(低—高)	-0.030*	0.017	-0.067	0.003
	低绩效反馈	-0.069***	0.012	-0.097	-0.048
	高绩效反馈	-0.036***	0.010	-0.058	-0.020
	组间差异性(低—高)	-0.033*	0.018	-0.063	-0.000
	低同事互动交流	-0.046***	0.011	-0.070	-0.024
	高同事互动交流	-0.073***	0.013	-0.097	-0.050
	组间差异性(低—高)	0.027	0.019	-0.011	0.065

续表

		效应量系数	标准误	95%置信区间	
				下限	上限
工作要求(X)→工作压力(M)→薪酬满意度(Y)	低工作自主性	-0.048**	0.019	-0.084	-0.003
	高工作自主性	-0.117***	0.021	-0.162	-0.063
	组间差异性(低—高)	0.069*	0.038	-0.005	0.140
	低领导支持	-0.098***	0.015	-0.127	-0.070
	高领导支持	-0.053***	0.014	-0.085	-0.027
	组间差异性(低—高)	-0.044**	0.024	-0.093	-0.002
	低绩效反馈	-0.093***	0.016	-0.128	-0.067
	高绩效反馈	-0.050***	0.015	-0.081	-0.024
	组间差异性(低—高)	-0.043*	0.024	-0.090	0.001
	低同事互动交流	-0.061***	0.014	-0.084	-0.025
	高同事互动交流	-0.100***	0.016	-0.136	-0.074
	组间差异性(低—高)	0.040*	0.023	0.002	0.091

注：***表示 $p<0.01$，**表示 $p<0.05$，*表示 $p<0.1$；控制变量以虚拟变量方式引入，年龄变量以30岁以下教师为控制组样本，学历变量以本科学历为控制组样本，性别变量以男性为控制组样本，学校所在地变量以城市为控制组样本。

为了更直观地呈现工作资源的调节效应，本章依次以调节变量（工作资源）的均值加减1个标准差为分组标准，分别描绘了在高工作资源和低工作资源情况下，工作要求与工作压力的关系。图7-1和图7-4显示，当工作自主性或同事互动交流这两类工作资源的拥有水平更高时，工作要求对工作压力的触发作用更大；与之不同，图7-2和图7-3显示，当领导支持或绩效反馈这两类工作资源的拥有水平更高时，工作要求对工作压力的触发作用更小。

综上，“工作资源能够减少工作要求对教师工作满意度的负向影响”的缓冲假设（H_4）在领导支持和绩效反馈这两个维度得到了支持，而在工作自主性维度被拒绝。上述结果说明，在学校管理实践中，如果管理者能为教师专业发展活动提供更多的支持、为教师教学活动提供更加积极的反馈，会有助于增加工作要求达成的可能性，进而减少了工作要求触发工作压力、降低满意度的可能性。我们推测，缓冲假设在工作自主性维度被拒绝的原因可能在于：受集体主义文化的影响，中国人更多表现出集体中心的人格倾向，这使得个人行为决策与心理情绪感知更多地依赖组织规范和他人要求（叶浩生，2004）；那么，随着工作要求的增加，相较于在自主性水平较低组织中工作的教师，集体中心的人格倾向使得在自主性水平较高组织中工作的教师更可能因为不确定他人的决策和组织的要求而倍感压力。

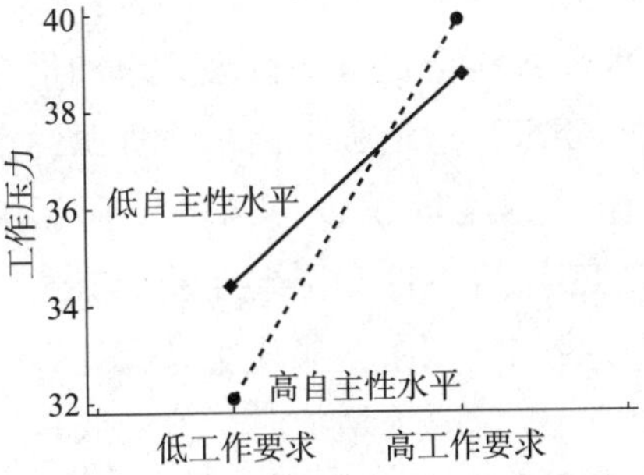

图 7-1　工作自主性的调节作用

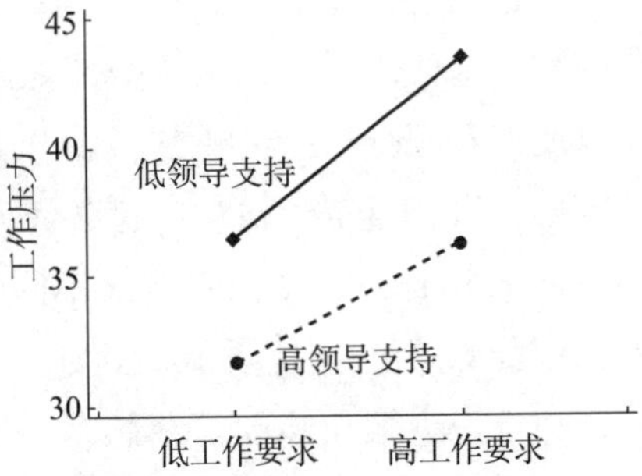

图 7-2　领导支持的调节作用

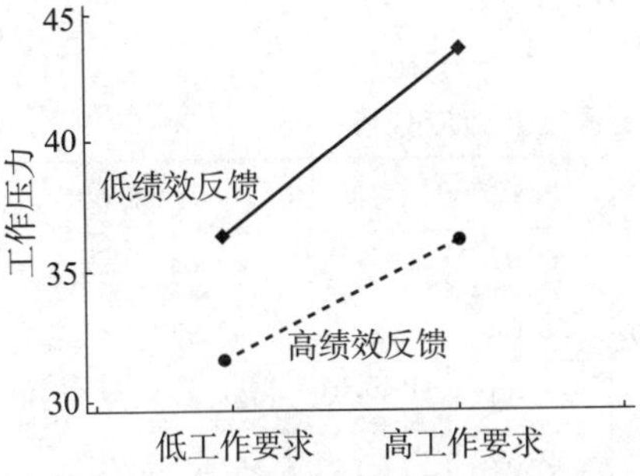

图 7-3　绩效反馈的调节作用

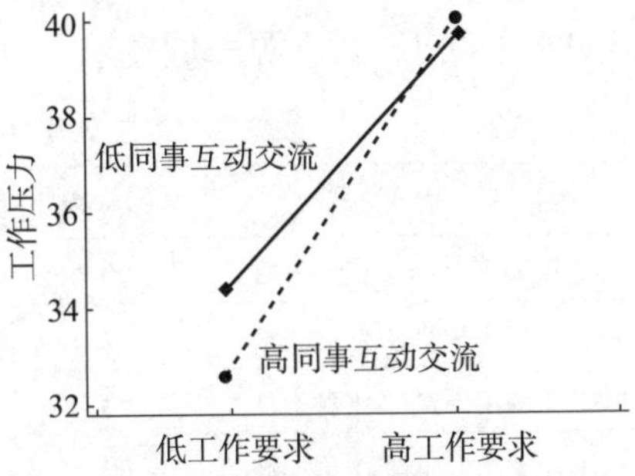

图 7-4　同事互动交流的调节作用

(四)工作要求和工作资源共同影响教师工作满意度的应对效应检验

本部分通过分析工作资源与工作要求影响工作满意度的交互作用来检验 H_5。参考已有文献(李爱梅等，2015)，本章按前 25%和后 25%的标准，分别划分了高、低工作要求组和高、低工作资源组。表 7-7 呈现了不同工作要求和工作资源组合下，样本教师的工作满意度状况。

结果显示，当考察领导支持或绩效反馈这两项工作资源与工作要求对工作满意度的交互影响时，不管在哪一维度的工作满意度水平，均呈现出高工作要求—高工作资源>低工作要求—高工作资源>低工作要求—低工作资源>高工作要求—低工作资源的分布；双因素方差分析显示，工作要求与工作资源的交互效应显著。但是，当考察工作自主性或同事互动交流这两项工作资源与工作要求对工作满意度的交互影响时，则呈现出低工作要求—高工作资源>高工作要求—高工作资源>低工作要求—低工作资源>高工作要求—低工作资源的分布，工作要求与工作资源的交互效应同样显著。

由此，H_5 同样只在绩效反馈和领导支持这两类工作资源维度得到支持，即对于这两类工作资源，“高资源—高要求”是有利于教师感受到满意度的最佳搭配。这体现了，当工作要求较高时，教师可能会更有动机去寻求和借助绩效反馈和领导支持的工作资源以达成工作要求，这增强了高工作资源的激励效果，自然也就增进了工作资源对工作满意度等积极情绪的正向影响（Demerouti et al.，2011）。与之不同的是，在工作自主性和同事互动交流这两类工作资源维度，H_5 没能得到数据支持。这再次体现了，集体主义文化影响了教师行为决策和心理情绪感知，当教师面临工作要求增加时，他们通常不太可能从工作自主性或从同事互动交流中寻求资源以更好地达成工作要求，这使得在这两类工作资源上，“高资源—高要求”教师群体的工作满意度自我感知水平低于“高资源—低要求”教师群体。

表 7-7　工作要求与工作资源交互效应分析

组合	职业满意度		学校环境满意度		薪酬满意度	
高工作要求—高工作自主性	66.66	F=50.29 P<0.01	63.87	F=44.40 P<0.01	47.64	F=8.73 P<0.01
高工作要求—低工作自主性	61.25		58.62		43.98	
低工作要求—高工作自主性	68.27		65.40		48.87	
低工作要求—低工作自主性	60.59		57.69		47.02	
高工作要求—高领导支持	67.64	F=76.60 P<0.01	66.54	F=109.56 P<0.01	51.16	F=66.89 P<0.01
高工作要求—低领导支持	54.65		50.93		37.48	
低工作要求—高领导支持	65.90		65.19		50.30	
低工作要求—低领导支持	57.74		53.96		41.37	
高工作要求—高绩效反馈	69.14	F=47.09 P<0.01	66.89	F=57.08 P<0.01	53.94	F=60.66 P<0.01
高工作要求—低绩效反馈	60.18		57.65		40.60	
低工作要求—高绩效反馈	67.37		66.64		53.91	
低工作要求—低绩效反馈	59.10		56.91		43.68	
高工作要求—高同事互动交流	68.69	F=53.11 P<0.01	66.80	F=76.54 P<0.01	50.14	F=26.84 P<0.01
高工作要求—低同事互动交流	58.13		54.00		38.87	
低工作要求—高同事互动交流	69.18		68.61		51.96	
低工作要求—低同事互动交流	59.70		56.30		45.24	

注：表中呈现了以相应工作满意度为因变量，以工作要求组别（高、低分组）和相应工作资源组别（高、低分组）为自变量，进行双因素方差分析的检验结果。

第四节　基于农村特岗教师小规模调查数据的进一步剖析

TALIS2018 数据库主要面向我国上海地区教师进行采样调研，几乎没有涵盖农村教师样本。因此，即使基于 TALIS2018 数据库的分析能够为提高我国教师的工作满意度提供一些普适性证据，但考虑到城乡差异的存在，我们有必要针对我国农村教师展开分析，以考察农村教师与城市教师在教师满意度方面存在的共性与特性。

本节专门围绕农村教师工作满意度问题，针对河南省 D 县 9 个镇、11 个乡的 2013—2019 届的 319 名农村特岗教师实施了小规模的调查，并基于该调查数据回答以下问题：第一，工作要求的各个维度与农村特岗教师工作满意度如何相关？即探讨各项工作要求要素负向预测农村特岗教师工作满意度的损耗路径。第二，工作资源的各个维度与农村特岗教师工作满意度如何相关？即探讨各项工作资源要素正向预测特岗教师工作满意度的预增益路径。表 7-8 呈现了参与调查的农村特岗教师的样本分布。

表 7-8　参与调查的农村特岗教师的分布

分类	类别	人数(人)	百分比
性别	男	47	14 7%
	女	272	85. 3%
户籍状况	本县人	287	90%
	外地人	32	10%
年龄	28 岁及以下	77	24. 1%
	29~33 岁	218	68. 3%
	34 岁及以上	24	7. 5%
学历	大学专科及以下	24	7. 5%
	大学本科	293	91. 8%
	研究生及以上	2	0. 6%
职称	未评定职称	60	18. 8%
	三级教师	182	57. 1%
	二级教师	77	24. 1%
编制	有编制	253	79. 3%
	无编制	66	20. 7%
合计		319	100%

（一）农村特岗教师的工作满意度状况描述

对于农村特岗教师工作满意度状况，本章更加细致地从职业满意度、领导满意度、同事关系满意度、薪酬满意度以及发展满意度5个方面实施了调查。其中，职业满意度量表包括“我喜欢我目前的职业”“我觉得目前的职业没有意义（反向计分）”“我为我目前的职业感到骄傲”以及“我在工作中感到很舒服”4道题目，领导满意度量表包括“我的领导能够胜任他的工作”“我的领导对待我不公平（反向计分）”“对于下属的感受，我的领导不在乎（反向计分）”“我喜欢学校领导的管理”4道题目，同事关系满意度量表包括“我喜欢和我的同事一起工作”“我的同事工作能力较差，增加了我的工作负担（反向计分）”“我和同事一起工作的时候，氛围很和谐、很融洽”以及“我与同事工作过程中充满了争执（反向计分）”4道题目，薪酬满意度量表包括“我获得的工资与我的工作量相匹配”“我的工资涨得太少（反向计分）”以及“我能获得涨工资的机会”3道题目，发展满意度量表包括“我在工作中的发展机会少（反向计分）”“工作优秀的人在我们学校能获得更好的发展机会”以及“我对我的发展机会很满意”3道题目。

上述量表均为李克特5分量表，本部分在每个维度通过群均值的方法分别生成职业满意度、领导满意度、同事关系满意度、薪酬满意度以及发展满意度指标，其均值依次为3.47、3.35、3.90、2.32、2.93（见表7-9）。由此可见，农村特岗教师对于薪酬和发展两个方面的满意度最低，相对而言，他们的同事关系满意度最高。

进一步地，我们分样本对教师工作满意度状况进行描述。从性别来看，女教师的职业满意度、薪酬满意度和发展满意度均值高于男教师，这可能是因为教师职业较高的稳定性、较低的薪酬水平特征更满足女性需求而不符合男性期望（敖俊梅、林玲，2020）；男教师的领导满意度和同事关系满意度均值高于女教师，说明男教师更适应与领导和同事的日常相处，因此有着更高的满意度水平。从年龄来看，29岁～33岁教师的职业满意度、领导满意度、薪酬满意度和发展满意度最高，28岁及以下的年轻教师薪酬满意度最高，这与以往的研究结论一致，即年轻教师更容易对工作感到满意（武向荣，2019）。从户籍所在地来看，除发展满意度外，本县教师的各项满意度水平均高于外地教师。从学历来看，受教育程度越高，教师满意度水平越低，这可能是因为高学历教师拥有更多职业选择，对职业的期望也相对更高。此外，研究还发现，三级教师的满意度相对高于二级教师和未评定职称的教师；有编制教师的领导满意度和发展满意度更高；无编制教师的职业满意度、同事关系满意度和薪酬满意度更高；工作学校数量越少的教师各项满意度指标得分越高；教龄低于6年的教师各项满意度水平高于教龄超过6年的教师。

表7-9 参与调查的农村特岗教师的满意度状况

分类		职业满意度	领导满意度	同事关系满意度	薪酬满意度	发展满意度
性别	男	3.39	3.44	3.99	2.26	2.74
	女	3.48	3.34	3.88	2.33	2.96
年龄	28岁及以下	3.40	3.28	3.88	2.45	2.92
	29~33岁	3.52	3.39	3.93	2.32	2.95
	34岁及以上	3.16	3.24	3.69	1.96	2.83
是不是本地人	本县人	3.49	3.36	3.9	2.33	2.92
	外地人	3.3	3.27	3.9	2.23	3
学历	大专及以下	3.63	3.47	3.97	2.54	3.33
	大学本科	3.46	3.34	3.89	2.3	2.9
	研究生及以上	3.13	3.38	3.88	2.17	2.67
职称	未评定职称	3.41	3.3	3.94	2.38	2.81
	三级教师	3.49	3.4	3.84	2.35	3.00
	二级教师	3.46	3.28	4.00	2.22	2.86
编制	有编制	3.44	3.39	3.89	2.29	2.94
	无编制	3.56	3.21	3.93	2.45	2.88
工作学校数量	1所	3.55	3.33	3.88	2.4	3.02
	2所	3.37	3.43	3.92	2.26	2.89
	3所及以上	3.39	3.22	3.94	2.08	2.6
任教年限	未满4年	3.56	3.21	3.93	2.45	2.88
	4年至6年	3.49	3.42	3.94	2.39	3.03
	6年及以上	3.41	3.37	3.856	2.22	2.88
全样本		3.47	3.35	3.90	2.32	2.93

（二）农村特岗教师的工作要求与工作资源状况描述

对于农村特岗教师工作要求状况，本章更加细致地从工作负荷、情感工作需求两个方面实施了调查。其中，工作负荷量表包括“我需要付出很大努力才能完成工作”“我的工作量很大”以及“我在工作中经常碰到自己不能胜任的任务”3 道题目；情感工作需求量表包括“为了更好地完成教学工作，我必须花大量时间与学生、家长等交流”“为了达到更好的教学效果，我必须投入大量的精力去思考学生以及同事的需求和想法”以及“为了让学生和家长放心，我在工作中感到很心累”3 道题目。

对于农村特岗教师工作资源状况，本章更加细致地从同事和领导支持以及工作自主性两个方面实施了调查。其中，同事和领导支持量表包括“学校领导和同事在工作中很重视我”“在我们学校，大家会围绕共同目标坚持到底”“工作中出现问题时，领导会给予我帮助”“领导能公正客观地评价我的工作”“生活中出现困难时，领导会给我提供帮助”“工作中我忙不过来时，同事会帮我”“同事会帮我解决工作中遇到的问题”以及“生活中出现困难时，同事会给我提供帮助”8 道题目；工作自主性量表包括“领导支持我自主安排课堂上的学生活动”“我的教学工作不会面临过多的限制”“我有自己的一套教学方法”以及“我可以针对我的学生自主设计教学评价活动”4 道题目。

上述量表的所有题项均为李克特 5 分量表，本部分在每个维度通过群均值的方法分别生成各项具体的工作要求要素指标以及工作资源要素指标。结果发现，样本教师的工作负荷与情感工作需求均值为 2.79 和 3.18，处于中等偏低水平；同事和领导支持与工作自主性均值为 3.29 和 3.43，处于中等偏上水平。

表 7-10 呈现了样本教师的工作要求和工作资源各个维度的均分，其中：男教师所感知到的工作要求和工作自主性都高于女教师，女教师则比男教师更能获取同事和领导支持；年长教师工作要求水平高于年轻教师，而工作资源水平低于年轻教师；比起外地教师，本县教师的工作要求更少，工作资源更多；更高学历、工作学校数量更少的教师在获得更多工作资源支持的同时也面对更高的工作要求。此外，编制、职称、教龄不同的教师的工作要求和工作资源水平不同，但差异很小。

表 7-10 参与调查的农村特岗教师的工作要求和工作资源状况

分类		工作要求		工作资源	
		工作负荷	情感工作需求	同事和领导支持	工作自主性
性别	男	2.8	3.28	3.19	3.44
	女	2.78	3.16	3.31	3.42
年龄	28 岁及以下	2.78	3.1	3.23	3.37
	29~33 岁	2.77	3.18	3.34	3.46
	34 岁及以上	2.94	3.42	3.02	3.27
是不是本地人	本县人	2.78	3.18	3.3	3.43
	外地人	2.89	3.23	3.2	3.39
学历	大专及以下	2.44	3.03	3.32	3.48
	大学本科	2.82	3.19	3.29	3.42
	研究生及以上	2.67	3.52	3.63	4.00
职称	未评定职称	2.76	3.25	3.22	3.45
	三级教师	2.76	3.13	3.34	3.42
	二级教师	2.87	3.24	3.24	3.43
编制	有编制	2.78	3.22	3.32	3.45
	无编制	2.82	3.05	3.20	3.35
工作学校数量	1 所	2.85	3.27	3.37	3.49
	2 所	2.77	3.08	3.25	3.35
	3 所及以上	2.5	3.09	3.05	3.40
任教年限	未满 4 年	2.82	3.05	3.22	3.35
	6 年以下	2.73	3.11	3.42	3.47
	6 年及以上	2.81	3.29	3.25	3.44
全样本		2.79	3.18	3.29	3.43

(三)农村特岗教师工作要求、工作资源与工作满意度的关系

表 7-11 的模型(1)至模型(5)呈现了工作要求对农村特岗教师工作满意度的影响。结果发现，工作负荷与职业满意度、领导满意度和同事关系满意度呈显著负相关，但与薪酬满意度和发展满意度呈显著正相关；情感工作需求和薪酬满意度呈显著负相关，与其他 4 项满意度没有显著的相关关系。总体而言，前文教师的工作要求负向预测教师工作满意度这一结论在农村特岗教师的样本中同样得到了验证，即对教师的工作要求越高，教师的工作满意

度就越低。其中比较值得讨论的是工作负荷与薪酬满意度和发展满意度的正相关关系，我们推测，这可能是因为在多劳多得的绩效工资体制下，工作负荷较重的农村教师在辛勤付出的同时也得到了相应的薪酬和晋升机会，因而拥有较高的薪酬满意度和发展满意度。

表 7-11　基于农村特岗教师样本的工作要求与工作满意度关系分析

因变量 / 自变量	职业满意度	领导满意度	同事关系满意度	薪酬满意度	发展满意度
	(1)	(2)	(3)	(4)	(5)
工作负荷	-0.222** (0.073)	-0.203** (0.070)	-0.160** (0.061)	0.139* (0.069)	0.170* (0.080)
情感工作需求	0.114 (0.063)	0.024 (0.060)	0.094 (0.053)	-0.134* (0.059)	0.074 (0.074)
控制变量	Yes	Yes	Yes	Yes	Yes
调整后的 R^2	0.035	0.028	0.011	0.038	0.050

注：所有模型均引入了年龄、性别、学历、户籍、职称、编制、教龄、工作学校数量、学校类型 9 项变量；* 表示 $p<0.05$，** 表示 $p<0.01$，*** 表示 $p<0.001$。

表 7-12 的模型(1)至模型(5)呈现了工作资源对农村特岗教师工作满意度的影响。结果显示，同事和领导者支持与教师职业满意度、领导满意度、同事关系满意度、薪酬满意度和发展满意度均显著正相关；工作自主性和同事关系满意度呈显著的正相关关系。这意味着，给予农村教师的工作资源越多，农村教师的工作满意度水平就越高，该结论与前文基于 TALIS2018 上海调查数据的结论基本一致。

表 7-12　基于农村特岗教师样本的工作资源与工作满意度关系分析

因变量 / 自变量	职业满意度	领导满意度	同事关系满意度	薪酬满意度	发展满意度
	(1)	(2)	(3)	(4)	(5)
同事和领导支持	0.619*** (0.087)	0.560*** (0.084)	0.201* (0.084)	0.231* (0.094)	0.540*** (0.098)
工作自主性	-0.032 (0.082)	-0.001 (0.078)	0.203** (0.078)	0.040 (0.088)	0.088 (0.091)
控制变量	Yes	Yes	Yes	Yes	Yes
调整后的 R^2	0.265	0.254	0.153	0.051	0.249

注：所有模型均引入了年龄、性别、学历、户籍、职称、编制、教龄、工作学校数量、学校类型 9 项变量；* 表示 $p<0.05$，** 表示 $p<0.01$，*** 表示 $p<0.001$。

第五节 结论与讨论

本章基于JD-R模型的理论分析框架，利用TALIS2018中国上海教师的调查数据，探讨了学校工作特征要素与教师工作满意度的关系及其作用机制。主要得到以下结论：

首先，工作要求通过工作压力的完全中介作用，负向影响了教师对工作满意度的自我感知水平，JD-R模型有关工作要求会负向预测教师工作满意度的损耗路径假设得到支持。这与其他社会经济文化背景或职业样本中得到的研究发现一致（Demerouti et al.，2011；Yin et al.，2018）。这说明，工作要求的身心负荷过大可能触发个人的工作压力感知，进而会造成教师对于工作满意度状况的消极认知或降低工作满意度。

其次，4类工作资源均能显著地提高教师工作满意度的自我感知水平，JD-R模型有关工作资源正向预测教师工作满意度的增益路径假设得到支持。这说明，教师有强烈的学习和职业发展的需要，充足的任务资源、组织资源和社交资源可以满足教师对能力发展、自主性以及组织归属性的基本需求，激励了个体追求成长发展，并更多地感受到工作满意感等积极情绪（Skaalvik et al.，2018；Yeh，2015）。

并非所有的工作资源都能缓冲工作要求所产生的负向影响，只有领导支持和绩效反馈能够减少工作要求触发教师工作压力的可能性，进而起到减少工作要求对工作满意度负向影响的缓冲作用；但是，工作自主性可能增大工作要求触发教师工作压力的可能性，并可能增大工作要求对教师满意度的负向影响。由此，JD-R模型中有关工作资源在工作要求负向影响工作满意度的损耗路径中起缓冲作用的假设，仅在领导支持和绩效反馈的工作资源维度得到支持，却在工作自主性维度被拒绝。这与已有文献在中国其他职业中得到的发现一致（李爱梅等，2015），我们也发现，在诸多类别的工作资源中，仅领导支持这类资源可以在工作要求的损耗路径中起到缓冲作用。这说明，受集体主义文化和儒家思想的深刻影响，中国人的行为决策与心理情绪更多地依赖组织规范和准则（叶浩生，2004），工作要求增加后，领导或管理者的支持和反馈对于减缓个体压力、帮助个体从工作中恢复身心更为关键（Lu et al.，2006）；但是，那些在工作自主性程度较高组织中的教师也更有可能因为对组织要求和他人选择的不确定性而感受到压力。

最后，从工作要求与工作资源的配比来看，对于领导支持和绩效反馈这两类工作资源，教师在高资源—高要求的环境中能够感受到最高水平的工作满意度；与之不同的是，对于工作自主性和同事交流互动这两类工作资源，教师则在高资源—低要求的工作环境中感受到最高水平的工作满意度，在高资源—高要求的工作环境中感受到的工作满意度水平次之。但是，不管哪一类工作资源，教师在低资源—高要求的工作环境中感受到的工作满意度都是最低的。由此，JD-R 模型有关工作要求促使个体充分利用工作资源以完成工作目标的应对假设也仅在领导支持和绩效反馈这两类工作资源上得到支持。尽管如此，研究结果说明，在学校管理实践中，工作要求一定不是越低越好。事实上，较低的工作要求很可能催生个体惰性，使个体无所事事、难以感受到工作的意义(李爱梅等，2015)；但在工作要求提高的同时，组织需要相应地增加工作资源，这有助于个体动机从被动去达成要求的外部动机转变为主动去达成要求的内部动机(Bakker et al.，2007)，并使个体在完成任务过程中更不容易感受到压力，最终获得更高的工作满意度。

本章对于改进学校组织治理以提升教师工作满意度具有重要的政策启示。

第一，当前教师面临的工作要求普遍较高(样本教师周均工作时间超过 45 小时)，学校管理者有必要在调整工作时间的基础上，减少无效工作内容，适度地缩短教师的工作时长，避免过高工作要求可能产生的损耗路径，以提升教师的工作满意度。正如已有文献指出的，学校管理者应在保证“突破型”和“补充型”工作时间的同时，减少与实际工作联系不大的“耗竭型”和“低维持型”工作时间(王洁、宁波，2018)。

第二，学校管理者应该为教师提供更充足的、更高水平的资源，这能够满足个体自身发展的需求并提升教师的工作满意度；学校管理者应重视为教师专业发展提供更多支持、为教师的教学活动等提供更积极有效的反馈信息，因为这可以帮助教师应对工作要求、缓冲工作要求对工作压力的触发，进而间接地提升教师的工作满意度。

第三，学校管理者应该注意到，并非工作要求越低，教师的满意度就越高，适度的工作要求很重要，优化工作要求与工作资源的最佳配比对于教师满意度的获得非常关键。一方面，较低的工作要求可能滋生惰性，学校应该重视对工作要求的设定和规范。另一方面，提高工作要求必须与增加工作资源相配套，因为在工作要求较高的工作环境中，只有当学校管理者能提供充足的工作资源时，较高的工作要求才可能表现出激发个体内在工作动机、调用资源以获得自我实现的作用；否则，如果单纯地提升工作要求，却忽视工作资源的充足性，在高要求—低资源的学校环境中，教师的各项满意度都是最低的。

本章仍存在一些不足与局限，有待深入探究。第一，由于TALIS2018的数据仅包含了中国上海的样本，而上海是中国经济、社会和教育发展水平最高的地区之一，这在一定程度上限制了研究结论的外部效度，未来我们可以尝试在中国不同地区进一步开展调查以验证本章的相关结论。第二，本章在综合考虑指标测量的合理性和数据的可得性后，确定了测量指标；但不可避免的是，由于相关变量的概念内涵丰富，指标测量的全面性可能受限。例如，工作时间是典型的工作要求测量指标(Schaufeli et al.，2013)，也被大量学者用来衡量工作要求(Pereira et al.，2013；Yeh，2015)，本章使用工作时长测量工作要求具有其内在的合理性；但该指标对于全面衡量教师的工作要求仍然不够。这是因为，工作要求可能存在突破型、补充型和耗竭型等内在异质性，它们影响的异质性值得辩证分析(李爱梅等，2015)；同时，工作要求既体现为工作时长，还体现为教师对工作要求的感知，有必要采用量表等工具加以测量(Yin et al.，2018)。又如，为了尽可能多地覆盖教师满意度的概念内涵，TALIS将教师满意度分为职业满意度等子维度(Sims，2017)，但关注维度多又要保证调查可执行，同样可能会限制满意度测量工具的全面性。为此，我们可以在TALIS的基础上，设计更为周全可靠、更精细利于分析的测评工具以开展扎实的研究。第三，由于工作要求和工作资源对教师工作满意度的影响可能具有滞后性，本章使用的截面数据，可能在一定程度上限制变量间因果关系的推断(温忠麟，2017)，未来，我们可尝试采用追踪调查获得数据开展研究。第四，从样本描述分析部分和模型估计部分可以看到，满意度等变量及其相互关系在年龄等个体变量上的异质性非常有意思，对这些异质性的探讨有助于精准地帮助教师提升满意度。考虑到研究重点和本书篇幅，本章并未对上述异质性问题展开讨论，但它们值得我们在未来深入探讨。

第八章

专业发展活动特征与教师课堂教学质量

随着知识更新速度的日益加快，教师在课堂教学过程中不仅要向学生传授基本的学科知识，还要提升学生在高层次思维、问题解决以及团队合作等方面的技能，这对教师提出了更高的要求和挑战。如此一来，单纯依靠职前人力资本的储备难以应对整个教学生涯的挑战，教师必须持续学习以不断提升教学质量（Grigg et al.，2013）。

我国政府非常重视通过教师专业发展活动提高教师质量，这在《关于全面深化新时代教师队伍建设改革的意见》等政策规划中都有所体现。但是，为了真正发挥提升教师教学质量的作用，必须以专业发展活动特征对教师课堂教学质量所产生影响的具体实证证据为参考信息，设计、优化和改进教师专业发展活动（Desimone，2009；Merchie et al.，2018）。梳理现有文献，大量学者或从专业发展活动的理论模型和内涵（朱旭东，2014）、形式与顶层设计（陈向明、张玉荣，2014）等视角开展理论研究，或基于调查数据从特征与差异（柯政、洪志忠，2011）等视角开展经验研究。但是，却少有学者在“投入—产出”视角下，基于大型调查数据库构建生产函数模型，从教师所参与专业发展活动的特征对其课堂教学质量影响效应的角度解释相关规律。

鉴于此，本章基于2013年OECD“教师教与学状况的国际调查”数据库（Teaching and Learning International Survey，简称TALIS）的上海教师样本开展实证研究，尝试回答“具有何种特征的专业发展活动能有效提升教师课堂教学质量？”以期为教师专业发展活动的改进提供可靠信息。TALIS以问卷调查的方式覆盖了共计3925名上海教师，内容涉及个人背景、专业发展活动特征、课堂教学等信息。在教师样本分布上，女性占71.9%，40岁以下教师占61.18%，平均教龄约为15.6年，本科以上学历占97.85%，这与郅庭瑾等（2014）研究得到的上海教师以中青年为主、女性居多、学历较高的结论吻合，在一定程度上可以说明 TALIS2013 数据较好地反映了上海教师的情况。

第一节　教师参加专业发展活动的基本情况

(一) 指标设计

根据 TALIS2013 的数据，几乎所有样本教师在过去 1 年都参加了专业发展活动，但不同类型知识的覆盖程度差异很大。整体来看，教师学习内容仍以常规知识为主。90%以上的教师参加了针对学科知识、教学教法知识和课程知识等传统知识的学习活动，而依次有 76%、63%和 29%的教师参加了针对学生评价、ICT 技术和个性化教学等新兴知识的学习活动。

借鉴 Garet(2001)的经典研究成果，本章根据累积性、持续性、集体性、主动性、合作性以及一致性 6 类特征描述教师的专业发展活动。前 3 类属于结构特征，累积性指参加专业发展活动的累积时长，持续性指活动跨越较长的时期(而非不具有持续性的一次性讲授或学习)，集体性指活动以同一学校/学科/年级的教师为对象整群开展。后 3 类属于内涵特征，主动性指活动提供了自主发现和探索知识的机会(而非讲授式被动学习)，合作性指教师能获得围绕某一目标共同完成任务的机会，一致性指活动符合教师自身需求。可以认为，结构特征是内涵特征的前提与保障。

TALIS 2013 在上述 6 类特征上的调查题项及取值见表 8-1。数据显示，在累积性维度，教师过去 1 年参加专业发展活动的总时长平均为 41.64 个小时，明显高于其他国家的教师。例如，日本和韩国教师过去 1 年参加专业发展活动的平均时长分别为 6.3 个小时和 15.4 个小时。在持续性维度，仅 33.3%的教师参加的大多数或所有专业发展活动能跨期进行。在集体性维度，约 60%的教师参加的大多数或所有专业发展活动以集体形式开展。在主动性维度，仅 44.29%的教师参加的大多数或所有活动中有自主学习机会。在合作性维度，仅 47.3%的教师参加的大多数或所有活动提供合作学习机会。在一致性维度，50%以上的教师认为所参加的专业发展活动符合自身对学科知识、教学法知识以及课程知识的需求，但仅有 18.70%和 37.66%的教师认为所参加活动满足了对个性化教学知识和 ICT 技术这些新知识的学习需求。这说明当前专业发展活动对传统知识学习需求的匹配程度较好，而对新型知识学习需求的满足程度还有待改善。

表 8-1　教师专业发展活动的特征维度、调查题项以及数据描述

维度	题项	均值			
累积性	过去 1 年参加专业发展活动的总时长（小时）	41.64			
		频数分布			
		1	2	3	4
持续性[a]	过去 1 年参加的专业发展活动跨越数周	21.13%	45.57%	24.23%	9.07%
集体性[a]	过去 1 年参加的专业发展活动中全校/本学科教师集体参与	3.90%	36.52%	40.05%	19.53%
主动性[a]	过去 1 年参加的专业发展活动中有主动学习机会（不是被动听讲座等）	6.75%	48.96%	33.55%	10.74%
合作性[a]	过去 1 年参加的专业发展活动中与其他教师合作学习或一起做项目	7.70%	45.00%	36.01%	11.29%
一致性[b]	与学科知识的学习需求匹配	58.22%	—	—	—
	与教学法知识的学习需求匹配	61.73%	—	—	—
	与课程知识的学习需求匹配	52.10%	—	—	—
	与学生评价知识的学习需求匹配	47.03%	—	—	-
	与 ICT 技术的学习需求匹配	37.66%	—	—	—
	与针对学生行为和班级管理的学习需求匹配	42.37%	—	—	—
	与个性化教学的学习需求匹配	18.70%	—	—	—

注：a——赋值规则 1="没有"；2="一些活动"；3="大多数活动"；4="所有活动"。b——根据教师报告"是否有某类知识自我学习需求（1~4）"和"是否参与该类知识学习活动"合成，赋值规则：若有中等以上的学习需求（选 3 或 4），且参与了相应学习活动，定义为"1＝匹配"，否则，为"0＝不匹配"。

（二）数据处理

在 TALIS2013 数据中，只有累积性指标是连续变量，其余指标均为定序或分类变量。为了更好地开展分析，本章对其余 5 个维度的指标进行了如下处理，使之转化为连续变量：首先，在一致性维度，基于测量学中的项目反应理论，以每一项知识的学习需求匹配率取倒数为权重，对 7 类知识学习需求匹配率计算加权平均值，得到一致性总分；其次，对持续性、集体性、主动性、合作性取值，以及计算得到的一致性总分计算标准分 Z_{ik}（即第 i 个教师

样本在 k 个特征维度的标准分）；最后，利用公式 $\frac{100\times(z_{ik}-z_k^{min})}{(z_k^{max}-z_k^{min})}$ 生成各维度最终的指数（取值介于 0～100）。从图 8-1 可以看出，样本教师所参加的专业发展活动在一致性、持续性和主动性维度上得分较低，在集体性和合作性上的得分相对较高。

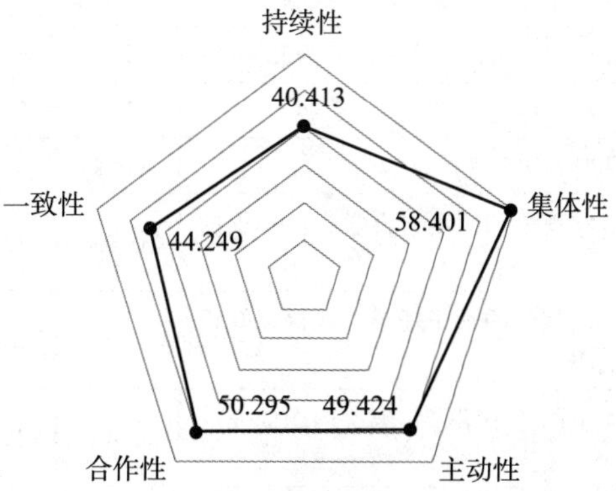

图 8-1 教师专业发展活动特征指数

第二节 教师课堂教学质量的基本情况

（一）指标设计

TALIS2013 通过课堂秩序管理、交流与讲授、参与式教学以及评价学生 4 个维度共 16 个题项对教师课堂教学质量进行了调查（见表 8-2）：第一，课堂秩序管理维度考察教师能否保证课堂的有序运行和教学时间的有效利用，该维度是保证其余 3 项教学质量的先决条件。第二，交流与讲授维度考察教师能否联系学生已有知识、背景和兴趣，运用案例讲授新知识，以确保学生理解与巩固知识。第三，参与式教学维度考察教师能否精心设计课程内容、分配探索性学习任务、运用个性化教学，以及使用现代化教学手段，以引导学生成为知识学习和探索的主体。有文献指出，促进学生的参与式学习是教学质量框架中最重要的内容（Charlotte，2005）。第四，评价学生维度考察教师能否巧妙运用多元性的过程性评价（例如，通过提问、学生自我报告等多元手段监控和了解学生学习过程），为学生提供准确的、建设性的、及时的和具体的信息反馈。所有题项均采用 Likert 4 级量表，取值越大表示情况越符合。

表 8-2　教师课堂教学质量的评价维度、调查题项及其频数分布

评价维度	TALIS 调查题项	频数分布(%)			
		1	2	3	4
课堂秩序管理	上课后，我需要花很长时间才能让学生安静	31.73	57.95	8.79	1.53
	学生在课堂上能够维护良好的学习氛围	1.68	8.46	70.45	19.41
	因为学生在课堂上捣蛋，我浪费了很多时间	26.39	60.84	11.00	1.77
	课堂上总是吵哄哄的	33.97	57.67	6.99	1.37
交流与讲授	我会在上课时总结已经学过的内容	0.52	9.27	75.63	14.58
	我能联系日常现象和活动告诉学生新知识的重要性	0.43	13.95	73.99	11.63
	我让学生完成相似的学习任务，以保证知识的理解与巩固	3.6	25.54	60.68	10.18
参与式教学	我能组织学生通过小组合作解决问题或完成任务	1.42	29.83	61.44	7.31
	我能针对学有余力和困难学生安排个性化学习材料	3.16	37.01	53.01	6.82
	我给学生布置超过 1 周才能完成的任务	24.96	43.58	27.23	4.23
	我安排学生使用现代化信息交流技术(ICT)开展学习	34.09	50.51	12.9	2.5
评价学生	我开发并实施自己的学生学习评价手段	5.05	37.59	51.51	5.85
	我让单个学生在班级中回答问题	1.42	11.52	65.25	21.81
	我为每个学生提供详细的书面评价	2.76	26.81	60.94	9.49
	我让学生对自身学习进步进行评价	9.34	47.75	39.86	3.05
	我观察学生在特定任务和作业中的表现并提供及时的反馈	1.8	22.74	65.48	9.98

注：赋值为，1="完全不符合"；2="比较不符合"；3="比较符合"；4="完全符合"。

根据表 8-2 呈现的各项指标分布情况，我们有以下发现：第一，样本教师在课堂秩序管理以及交流与讲授这两项教学质量维度上的表现较好。在课堂秩序管理维度的 4 个题项上，均有 90%左右的教师让学生保持安静并维护学习氛围(选 3 或 4)；同时，超过 90%的教师能够在上课时总结已学习的内容，超过 85%的教师能够联系日常现象和活动讲授新知识，超过 70%的教师能够安排相似任务以保证知识的理解与巩固。第二，样本教师在参与式教学以及评价学生两项教学质量维度上的表现并不理想。不足 70%的教师能组织学生通过小组合作解决问题或完成任务，不足60%的教师能针对学有余力和困难学生安排个性化学习材料，仅30%左右的教师会给学生布置超过1周才能完成的任务，仅15%左右的教师会安排学生使用现代化信息交流技术（ICT）开展学习；将近60%的教师开发并实施自己的评价手段，仅40%左右的教师会让学生对自身学习进步进行评价，70%左右的教师会为每个学生提供详细的书面评价，75%左右的教师会观察学生在特定任务和作业中的表现并提供及时的反馈。

（二）数据处理

为了更好地开展研究，本章运用多指标综合评价法为4个教学质量维度分别合成相应的指数得分①。具体步骤如下：首先，对课堂秩序管理中的消极行为进行反向处理②，使得每项指标得分越高表示该项表现越好。其次，在4个质量维度分别对所包含指标进行因子分析，以公因子一的载荷为权重汇总得到相应维度的质量得分 Q_{ik}（即第 i 个教师样本在第 k 个维度的标准分，其中，$k=1, 2, \cdots, 4$）。接下来，利用公式 $\frac{100\times(Q_{ik}-Q_k^{min})}{(Q_k^{max}-Q_k^{min})}$ 生成4个取值介于0~100的维度指数得分。图8-2所呈现的样本教师在4项课堂教学质量指数上的平均得分再次说明，样本教师在课堂秩序管理以及交流与讲授两类传统的教学质量维度上表现较好，而在参与式教学以及评价学生两类教学质量维度上表现相对不佳，说明教师对新型教学技能的理解和掌握还有待加强。

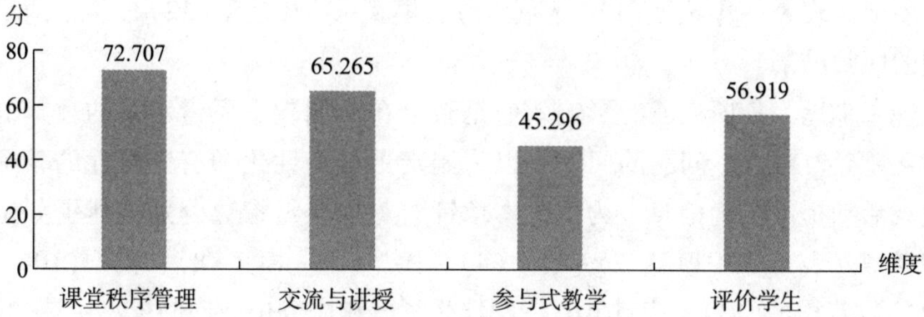

图8-2　教师课堂教学质量指数得分

① 各维度内各题项间的肯德尔和谐系数均大于0.8，说明内在一致性较高。

② 即对该维度下的第1、第3和第4这3个题项重新编码，赋值规则为：4=1，3=2，2=3，1=4。

第三节　专业发展活动对教师课堂教学质量的影响效应分析

理论上而言，针对上述6类特征改善专业发展活动的努力应该会起到提升教师课堂教学质量的作用。然而，只有准确揭示各项专业发展活动特征对课堂教学质量的影响效应，才能有针对性地设计和优化专业发展活动，实现提高效益和效率的双重目标。为此，本章从“投入—产出”视角开展实证研究。由于数据存在“教师—学校”两水平嵌套结构，即教师专业发展活动特征以及课堂教学质量在学校内部并不独立，为了获得无偏的、一致的估计，我们建立两水平模型来控制组内(学校内)和组间(学校间)差异，同时引入与专业发展活动以及教师课堂教学质量均相关的9项控制变量。基准模型如下：

$$\text{Level1: } Teaching_{Q_{ij}} = \alpha_{0j} + \sum_{k=1}^{K} \lambda_k TPD_{kij} + \sum_{t=1}^{T} \tau_t teacher_{\tau ij} + e_{0ij} \quad (8-1)$$

$$\text{Level2: } \alpha_{0j} = \beta_0 + \eta_1 \sum_{s=1}^{S} \eta_s school_{sj} + \mu_{0j} \quad (8-2)$$

模型(8-1)为教师个体水平，模型(8-2)为学校水平。其中，$Teaching_{Q_{ij}}$表示教师的课堂教学质量得分；TPD_{kij}表示教师所参加的专业发展活动在第k项特征维度上的得分；$teacher_{\tau ij}$表示教师个人的控制变量，包括性别、教龄、教龄平方、任教学科等变量；e_{0ij}是个人层面的随机误差项。在模型(8-2)中，β_0为平均截距，$school_{sj}$为学校的控制变量，即学校类型(公立、私立)、学校教师资源充足性程度以及非人员性教学资源充足性程度①，μ_{0j}为学校层面的随机误差项。表8-3中模型(1)、模型(5)、模型(9)和模型(12)报告了两水平模型的回归结果。

进一步地，各项特征的影响效应是否会在不同教学质量水平的教师群体中存在差异？对这一问题的回答可以为制定更加个性化和有针对性的教师专业发展活动提供精确信息。为此，本章针对每项质量指数分别构建了分位数回归模型。表8-3中模型(2)~模型(4)、模型(6)~模型(8)、模型(10)~模型(11)以及模型(13)~模型(16)依次报告了以相应分位数回归模型中第10分

① 这两个指标是对校长问卷中针对学校教学资源充足性程度的9道题目进行探索性因子分析得到的，第一项公因子主要包含“缺少高质量教师”“缺少应对特殊需求学生的教师”“缺少职业性教师”“缺少教辅人员”4项指标的信息，反映了学校的教师资源充足性程度，第二项公因子主要包含“缺乏教学资源”“缺少教学电脑”“缺少网络”“缺少教学软件”“缺少图书材料”5项指标的信息，反映了非人员性教学资源充足性程度。

位数、第50分位数以及90分位数点的回归结果，反映了不同特征对低水平、中等水平和高水平教师群体课堂教学质量的影响效应。根据表8-3的结果，我们得到如下结论：

第一，教师参加专业发展活动的累积时间越长，课堂教学质量指数得分越高。尽管如此，分位数回归结果显示，累积性仅在参与式教学维度上对不同分位数水平教师的影响效应全部显著为正。这一结果说明，只有保证了充足的学习时间，才能确保专业发展活动提高教师的课堂教学质量；特别是对于参与式教学这类新知识或新技能的学习，充足学习时间的重要性更加突出（Cohen et al.，2000）。

第二，教师参加更多跨越数周的专业发展活动，将显著提高其在参与式教学和评价学生这两类质量指数上的得分。分位数回归结果进一步显示，持续性对上述两项质量指数的显著提升作用仅存在于中上水平的教师群体中，而对最低水平的教师影响不显著。这一结果说明，要提高教师在参与式教学和评价学生方面的表现，需要重视专业发展活动的持续性，对中上水平的教师更是如此。这同样符合新知识学习的认知规律：短时间高强度的集中学习也许能帮助教师快速了解知识，但大多数教学知识与技能需要教师将其融入实践后，通过知识的“再情景化”才能掌握（陈向明、张玉荣，2014）。如果学习活动能在更长周期内连续开展，教师将学到体系更完整的知识，更可能将新知识/技巧应用到真实课堂教学实践中，带着思考与同伴在学习过程中深度讨论和交流，这会明显改进教师真正掌握并运用参与式教学和评价学生相关知识和方法的效果。

第三，教师参加更多面向同一学校、学科或年级整群开展的专业发展活动，将显著提升全部4项课堂教学质量。分位数回归结果显示，集体性对参与式教学维度上不同分位数水平教师的影响效应全部显著为正，但仅在课堂秩序管理、交流与讲授以及评价学生3项质量最低分布水平教师中具有显著影响。这一结果说明，集体开展专业发展活动对提高教师课堂教学质量很重要；尤其是对于在参与式教学的质量维度，以及在其他3类质量维度上表现不佳的教师。事实上，来自同一群体（学校、学科、年级）的教师在教学实践中更可能使用同样的教材、教授相似背景的学生、面对相同的考评标准和“工作文化”，因而不仅有更多的机会就所学知识开展交流和讨论，也因为情景一致性提高了讨论的聚焦性和深度（Merchie et al.，2018；OECD，2017）。此外，Desimone（2009）认为，在流动性日益加大的教师劳动力市场中，集体培训会大大提升新知识、新方法以及新理念在学校推行的延续性，降低其因个别受训教师流失而中断的风险。

第四，教师参加有主动学习机会的专业发展活动，将显著提高教师在参与式教学和评价学生两个维度上的指数得分。分位数回归结果显示，主动性特征在上述两个维度上对不同分位数水平教师的影响效应全部显著为正。这一结果说明，主动性对于教师在新教学知识或技能上的掌握和运用水平非常重要。参考相关文献(Garet et al.，2001)，我们推测：传统专业发展活动以讲授为主，即听专家讲座/报告等以知识灌输为主的“习得模式”，教师更多表现为单向的、被动的知识接受者，这与参与式教学以及强调过程性、多元性的学生评价不具内在统一性。与之相对的是，更具主动性的专业学习活动实为“参与学习模式”，教师能够获得观察教学案例、观察同伴实践，并接受同伴和授课者对自我教学实践观察的机会，在此基础上通过积极反思、汇报和提炼个人发现，和同伴以及授课教师进行互动、交流、讨论，教师在学习中成为主动的新知识生产者，这能有效提升教师对参与式教学和评价学生技能的认同和内化。

第五，教师参加与其他教师合作学习或共同完成任务的专业发展活动，将显著提升全部4项课堂教学质量。分位数回归结果显示，尽管对于课堂秩序管理水平、交流与讲授技能以及评价学生技能，合作性仅在各类质量指数处于中低分布教师中影响显著，但对于参与式教学技能分布在各个水平的教师，合作性均存在显著的正向影响。这一结果说明，提供合作学习机会对于提高教师课堂教学质量很重要，特别是对于参与式教学维度，以及在其他3类质量维度上表现不佳的群体。这是因为合作学习是个体与其他个体为了实现较为清晰的共同目标，通过组建小组、责任分工、积极互依互促以完成学习任务的动态过程，即各个教师主体支持、沟通、冲突碰撞、反思、协商，最终共同建构知识或完成任务的过程。

第六，教师参加的专业发展活动越满足自身知识学习的需求，越能显著提高教师在交流与讲授、参与式教学以及评价学生3个质量维度上的得分。分位数回归结果显示，一致性在上述3个质量维度上对不同分位数水平教师的影响效应全部显著为正。这一结果说明，我们在设计专业发展活动的过程中，应特别重视相关学习内容与教师自我学习需求的匹配。正如Penuel(2007)的研究，教师有学习某方面知识与技能的需求，反映了他们在教学实践中碰到了相关困难，因而在相应学习过程中会更有内在动机，且更能联系实践主动学习，对教学实践的改善效果更好。

表 8-3 教师专业发展活动特征对课堂教学质量的影响效应回归模型估计结果

因变量 / 自变量	课堂秩序管理				交流与讲授				参与式教学				评价学生			
	两水平回归 (1)	QR_10 (2)	QR_50 (3)	QR_90 (4)	两水平回归 (5)	QR_10 (6)	QR_50 (7)	QR_90 (8)	两水平回归 (9)	QR_10 (10)	QR_50 (11)	QR_90 (12)	两水平回归 (13)	QR_10 (14)	QR_50 (15)	QR_90 (16)
专业发展活动的累积性	0.010**	0.011	0.009	0.003	0.008**	0.002	0.013	0.006	0.009**	0.012*	0.013***	0.013*	0.004**	0.005	0.004	0.004
	(0.000)	(0.014)	(0.009)	(0.003)	(0.003)	(0.006)	(0.008)	(0.009)	(0.004)	(0.007)	(0.005)	(0.008)	(0.002)	(0.007)	(0.004)	(0.006)
专业发展活动的持续性	0.009	-0.026	-0.001	0.001	0.013	0.024	0.009	0.010	0.035***	0.014	0.033**	0.062***	0.032***	0.011	0.024**	0.077***
	(0.013)	(0.042)	(0.026)	(0.010)	(0.010)	(0.018)	(0.023)	(0.026)	(0.011)	(0.019)	(0.014)	(0.023)	(0.011)	(0.019)	(0.012)	(0.019)
专业发展活动的集体性	0.048***	0.083***	0.051	0.022	0.041***	0.062***	0.027	0.019	0.049***	0.052***	0.054***	0.048**	0.020*	0.026*	0.013	0.031
	(0.014)	(0.028)	(0.044)	(0.020)	(0.010)	(0.019)	(0.024)	(0.028)	(0.012)	(0.020)	(0.014)	(0.024)	(0.011)	(0.018)	(0.013)	(0.020)
专业发展活动的主动性	-0.419	-0.540	0.633	0.400	0.145	0.160	0.183	0.631	2.351***	2.493***	2.730***	2.407**	1.537***	1.550*	1.305**	1.387*
	(0.578)	(1.808)	(1.137)	(0.427)	(0.419)	(0.771)	(0.975)	(1.138)	(0.493)	(0.829)	(0.589)	(0.985)	(0.469)	(0.829)	(0.515)	(0.810)
专业发展活动的合作性	2.357***	4.228**	2.942***	0.116	1.648***	2.404***	1.547**	2.488	2.939***	3.183***	2.763***	2.486**	2.276***	4.103***	2.711***	1.059
	(0.575)	(1.804)	(1.134)	(0.426)	(0.418)	(0.769)	(0.672)	(2.135)	(0.490)	(0.826)	(0.587)	(0.982)	(0.466)	(0.825)	(0.512)	(0.805)
专业发展活动的一致性	-0.002	0.018	-0.018	0.003	0.038***	0.056***	0.019**	0.061***	0.057***	0.089***	0.054***	0.050***	0.058***	0.069***	0.055***	0.061***
	(0.011)	(0.035)	(0.022)	(0.008)	(0.008)	(0.015)	(0.009)	(0.022)	(0.009)	(0.016)	(0.011)	(0.019)	(0.009)	(0.016)	(0.010)	(0.016)
女性	2.103***	0.672	4.546***	1.364**	2.498***	3.079***	1.714	5.114***	0.770	1.214	1.118	-0.151	4.137***	4.744***	3.785***	4.266***
	(0.734)	(2.306)	(1.450)	(0.544)	(0.534)	(0.983)	(1.242)	(1.450)	(0.624)	(1.054)	(0.749)	(1.253)	(0.597)	(1.058)	(0.657)	(1.033)
教龄	0.815***	1.328***	1.157***	0.285***	0.150*	0.392**	-0.048	0.251	0.438***	0.416**	0.387***	0.439**	0.185*	0.132	0.232**	-0.015
	(0.119)	(0.368)	(0.232)	(0.087)	(0.086)	(0.157)	(0.198)	(0.232)	(0.101)	(0.168)	(0.120)	(0.200)	(0.096)	(0.169)	(0.105)	(0.165)
教龄平方	-0.019***	-0.029***	-0.027***	-0.008***	-0.004	-0.007	-0.000	-0.010	-0.005*	-0.003	-0.004	-0.009	-0.002	0.002	-0.002	0.000
	(0.003)	(0.011)	(0.007)	(0.003)	(0.002)	(0.005)	(0.006)	(0.007)	(0.003)	(0.005)	(0.003)	(0.006)	(0.003)	(0.005)	(0.003)	(0.005)

续表

因变量 / 自变量	课堂秩序管理				交流与讲授				参与式教学				评价学生			
	两水平回归 (1)	QR_10 (2)	QR_50 (3)	QR_90 (4)	两水平回归 (5)	QR_10 (6)	QR_50 (7)	QR_90 (8)	两水平回归 (9)	QR_10 (10)	QR_50 (11)	QR_90 (12)	两水平回归 (13)	QR_10 (14)	QR_50 (15)	QR_90 (16)
语文教师	0.536	2.655	0.591	-0.036	0.153	-0.391	-0.087	0.998	1.494**	2.427*	1.353	1.219	2.663***	2.541**	2.598***	2.542**
	(0.885)	(2.772)	(1.743)	(0.654)	(0.641)	(1.180)	(1.491)	(1.740)	(0.751)	(1.265)	(0.899)	(1.504)	(0.718)	(1.271)	(0.789)	(1.241)
数学教师	0.085	0.046	-0.852	-0.084	0.133	-0.618	0.261	0.838	-1.142*	-0.966	-1.550**	-0.286	0.150	1.150	0.074	0.739
	(0.732)	(2.289)	(1.439)	(0.540)	(0.530)	(0.975)	(1.233)	(1.439)	(0.622)	(1.046)	(0.743)	(1.243)	(0.594)	(1.051)	(0.652)	(1.026)
外语教师	0.982	0.654	1.254	0.129	0.978	1.622	0.961	2.246	0.836	-0.006	1.170	-0.196	-0.032	-0.401	-0.648	-0.747
	(0.908)	(2.823)	(1.775)	(0.666)	(0.654)	(1.202)	(1.518)	(1.773)	(0.772)	(1.289)	(0.916)	(1.532)	(0.733)	(1.294)	(0.803)	(1.263)
公办校	2.237*	5.159	0.531	-0.179	0.750	0.927	0.842	0.958	1.893	1.475	2.202**	1.779	2.200**	1.567	2.391**	3.770**
	(1.347)	(3.257)	(2.048)	(0.769)	(0.800)	(1.390)	(1.757)	(2.051)	(1.183)	(1.489)	(1.058)	(1.770)	(0.934)	(1.499)	(0.930)	(1.463)
教师资源充足性	0.266	0.100	0.354	-0.029	-0.121	-0.450	0.281	0.357	-0.188	0.427	0.141	-0.293	-0.052	-0.362	-0.046	-0.485
	(0.476)	(1.104)	(0.694)	(0.261)	(0.284)	(0.471)	(0.595)	(0.694)	(0.417)	(0.504)	(0.358)	(0.599)	(0.330)	(0.507)	(0.314)	(0.495)
其他教学资源充足性	-0.089	0.698	-0.205	-0.076	0.375	-0.171	0.368	1.315	0.616	0.761	0.465	-0.039	-0.095	-0.514	-0.089	-0.187
	(0.555)	(1.387)	(0.872)	(0.327)	(0.330)	(0.592)	(0.748)	(0.873)	(0.487)	(0.634)	(0.451)	(0.754)	(0.385)	(0.637)	(0.395)	(0.622)
常数项	54.864***	20.829**	63.736***	92.793***	50.510***	27.044***	61.059***	61.782***	24.234***	3.393	23.544***	45.829***	31.326***	6.901*	31.934***	49.599***
	(3.174)	(8.476)	(5.330)	(2.001)	(2.030)	(3.616)	(4.569)	(5.334)	(2.760)	(3.876)	(2.754)	(4.607)	(2.326)	(3.890)	(2.414)	(3.798)
随机效应																
学校间	3.628				1.1211				3.328				1.671			
学校内	16.939				12.428				14.384				13.869			

续表

自变量＼因变量	课堂秩序管理				交流与讲授				参与式教学				评价学生			
	两水平回归 (1)	QR_10 (2)	QR_50 (3)	QR_90 (4)	两水平回归 (5)	QR_10 (6)	QR_50 (7)	QR_90 (8)	两水平回归 (9)	QR_10 (10)	QR_50 (11)	QR_90 (12)	两水平回归 (13)	QR_10 (14)	QR_50 (15)	QR_90 (16)
Wald chi2 (16)	140.03				207.39				397.31				400.29			
教师样本数量	2901	2901	2901	2901	2904	2904	2904	2904	2900	2900	2900	2900	2900	2900	2900	2900
学校样本数量	188				188				188				188			

注：***表示 $p<0.01$，**表示 $p<0.05$，*表示 $p<0.1$；限于篇幅，本表格没有报告控制变量的回归系数。模型(1)、模型(5)、模型(9)和模型(12)报告了两水平模型的回归结果；QR_10、QR_50、QR_90 分别表示无条件分位数回归模型中第 10 分位数点、第 50 分位数点以及第 90 分位数点的回归结果。

第四节　结论与讨论

参加专业发展活动已成为中国教师队伍建设的主要手段。从上海教师参加专业发展活动的基本状况来看，几乎所有教师在过去 1 年都参与过专业发展活动，但这些活动多以教授课程知识等常规内容为主，个性化教学等新知识的学习并没有满足教师需求。我们认为，为了有效提升教师课堂教学质量，相关部门不能只关注教师参与专业发展活动的频次与数量，还应该重视专业发展活动的特征与质量。基于此，我们提出如下政策建议：

第一，瞄准参与式教学和评价学生，提高教师队伍在新型课堂教学上的素养。尽管样本教师在传统课堂教学质量维度(课堂秩序管理、交流与讲授)上的得分较高，但在参与式教学和评价学生这两类新型课堂教学质量维度上得分相对较低。已有文献也指出，促进学生参与往往是教学质量框架中非常重要但没引起足够重视的内容。因此，教师队伍建设尤其是教师专业发展对参与式教学和评价学生等新型教育教学理念和方法的重视有待提高。

第二，保持专业发展活动的集体性，学习活动要更多地面向同一学校、学科或年级整群开展。对集体主义的崇尚使得中国学校有着教师集体学习的传统，集体备课以及公开课等集体学习活动都长期存在于中国学校。本章发现，教师参与在全校或全学科教师中集体开展的专业发展活动，不仅有助于改善教师课堂秩序管理、交流与讲授这两类总体表现状况良好的课堂教学质量，而且有助于改善教师在参与式教学和评价学生这两类质量维度上的表现。因此，国家应当继续鼓励专业发展活动的集体开展。

第三，加强专业发展活动的一致性，在充分调研教师需求的基础上优化和设计专业学习内容，切实提高学习内容与教师自身需求的匹配程度。本章发现，向教师提供符合自身需求的学习内容，能有效提高教师交流与讲授、参与式教学和评价学生这 3 个维度的课堂教学质量。结合基本情况描述部分的数据，当前专业发展活动很好地符合了常规性知识的学习需求，但对于 ICT 技术等新知识学习需求的匹配度却较低。因此，我们应该更多考虑专业发展活动对教师在新知识、新技能上的需求的满足。

第四，重视专业发展活动的持续性和累积性，确保学习活动在较长周期内持续进行。本章发现，为教师提供更多跨越较长时期的、具有持续性的专业发展活动有助于改善教师在参与式教学和评价学生这两类质量维度上表现不佳的现状。然而，根据本章对教师专业发展活动现状的描述，大多数活动仍为一次性的短期学习，较少的学习活动能够持续数周以上。事实上，针对新的知识，提供跨越更长时间的、跨越周期的学习活动，不仅符合认知学习和知识建构的规律，也是确保学习活动主动性与合作性实现的前提。对于参与式教学这类新知识或新技能的学习，充足学习时间的重要性和必要性更加突出。因此，专业发展活动在持续性和累积性上的短板亟待解决。

第五，提升专业发展活动的主动性和合作性，提供更多合作学习、共同完成任务以及主动探索发现知识的机会。本章的研究发现，如果专业发展活动能给教师提供和其他教师合作学习或共同完成任务的机会，将显著提升全部4项课堂教学质量；此外，如果专业发展活动能给教师提供主动探索学习的机会，将显著改善教师在参与式教学和评价学生这两类质量维度上表现不佳的现状。事实上，以专家为主导的讲授式学习模式已经不能很好地适应当今教师对新知识学习的需要，我们应该为教师的学习活动提供更多主动探索的机会，只有亲自参与新知识探索、发现、汇报、讨论和总结的过程，教师才能真正理解参与式教学等新知识和新技能的内涵，进而更恰当地将其应用到实践中，实现良好的效果。

需要说明的是，相对于已有文献，本章基于TALIS2013的大规模调查数据开展实证研究，对于把握教师专业发展活动和课堂教学质量的现状、揭示专业发展活动对教师课堂教学质量影响的整体规律有很好的学术价值，能为优化教师专业发展活动设计提供较为可靠的信息。但由于教师课堂教学活动本身具有情境性、多样性和复杂性，课堂教学质量还受到学校因素、学生因素以及社区因素等非教师因素的影响，而这些因素也影响着教师专业发展活动；同时，教师自我报告的专业发展活动特征以及课堂教学质量指数难免存在测量误差。因此，遗漏变量和测量误差问题的存在使本章的估计结果存在一定的偏误。为此，未来我们应该在本章所得到总体方向的基础上，综合使用行为观察等手段，获得更加精确和全面的测量数据，并结合行为实验研究，揭示专业发展活动对教师课堂教学质量的因果影响。只有这样，才能为设计更加有效的专业发展活动提供可靠且具有推广性的信息。

第九章

合作教学与教师教学质量

正如前文所述，在知识更新换代不断加快的新形势下，保证教师在职后能够持续地参与专业发展活动，对于提升教师教学质量至关重要(Grigg et al.，2013)。增强教师间的合作教学，被视为一类非常重要的教师专业发展活动(Vangrieken et al.，2015)。有大量研究发现，增强教师间的合作教学，能够有效地提升教师授课班级的学生学业成绩(Goddard et al.，2007；Reeves et al.，2017；Ronfeldt et al.，2015；Vangrieken et al.，2015)。因此，世界各国的教育实践者和研究者一致地将教师合作视为连接教师发展与教学质量改善的桥梁(饶从满、张贵新，2007)，鼓励学校通过建设专业共同体等手段为教师提供更多合作机会，进而实现提升学生学业成绩等目标(Moolenaar et al.，2012；Ronfeldt et al.，2015)。

尽管如此，相关文献几乎都基于西方发达国家样本开展研究，缺乏基于中国样本开展的相关研究，而东西方文化背景差异巨大，一项以美国和日本为样本开展的跨国比较研究发现，东西方教师在开展合作教学的行为上存在很大的差异(Reeves et al.，2017)，因此，着眼于提升教师教学质量、提升学生学业成绩等目标，我们并不清楚合作教学在中国是否同样是一种有效的专业发展活动。在中国教育管理者高度重视教师合作，将其视为促进教师专业发展关键抓手的背景下(崔允漷、郑东辉，2008；乔雪峰等，2013；熊梅、马玉宾，2005)，我们非常有必要开展实证研究以深入揭示农村教师合作对学生学业成绩的影响，这对于准确认识教师合作的作用并有效指导教师合作具有重要的理论和应用价值。

进一步地，从学术研究的层面看，有文献指出，教师合作与教师教学实践关系密切(Goddard et al.，2018；Grigg et al.，2013)，而教师教学实践能影响学生学习动机(Cairns et al.，2019；Mcconney et al.，2014)，学习动机又会进一步影响学生学业成绩(Caprara et al., 2011; Chang et al., 2008; Köller et al., 2001), 这意味着, 教师教学实践与学生学习动机在教师合作与学生学业成绩的关系中可能起到链式中介作用。尽管有实证文献探讨上述变量间的两两关系(Reeves et al., 2017; Ronfeldt et al., 2015), 但缺乏实证文献整体揭示教师合作如何通过教学实践和学生学习动机的链式中介作用来影响学生成绩。由于链式中介是两个及以上的中介变量形成的具有顺序特征的中介链, 已有文献通过简单中介机制的分析难以准确揭示上述路径中的内在关系(Taylor et al., 2008; 刘亚, 2012), 本章将构建链式中介模型以揭示教师合作影响学生成绩的路径机制。

PISA2015 中国大陆 4 个省(市)的调查数据对教师合作教学、教师教学实践、学生学习动机以及学生学业成绩进行了非常系统的调查, 为本章研究的开展提供了非常好的数据基础。因此, 本章将使用该数据库开展研究, 具体的结构安排如下: 第一, 揭示教师合作教学对学生学业成绩的影响, 即回答: 着眼于提升学生学业成绩, 教师合作教学是不是一类有效的教师专业发展活动? 第二, 构建链式中介模型以揭示教师合作影响学生成绩的中介效应, 即回答: 教师合作教学的作用是否或能在多大程度上通过改变教师教学实践和学生学习动机进而发挥效果?

第一节 文献综述与研究假设

(一) 教师合作教学与学生学业成绩

教师合作教学, 指教师在实践活动和工作场所中就共同关注的话题进行交流讨论、资源共享、相互帮助, 以及共同完成任务等行为(Vangrieken et al., 2015)。有证据显示, 教师合作教学行为越多, 授课班级学生成绩越好(Goddard et al., 2007; Johnson et al., 2012; Ronfeldt et al., 2015; Saunders et al., 2009; Shipley, 2009; Westheimer, 2008; Wimberley, 2011)。例如, Wimberley(2011)利用学校层面数据开展研究发现, 学校对教师合作教学的支持度提高, 学生标准化测试的校均成绩会显著提升。还有学者(Ronfeldt et al., 2015)利用学生个体层面数据开展研究发现, 更多的教师合作教学, 对学生数学和阅读成绩存在显著正向提升作用。

虽然教师合作在中国备受学术界和教育管理部门推崇，并被视为提升教师教学质量和学生学业成绩的重要手段，但相关推断多为理论探讨，缺少基于中国基础教育阶段数据开展的实证研究（崔允漷、郑东辉，2008；乔雪峰等，2013；王晓芳，2015）。进一步地，相对于西方样本普遍得到正向关系的结论，Chen（2018）以新加坡、中国台湾和中国香港为样本开展的研究却发现，教师合作并不能正向预测学生阅读成绩。学者给出的解释是，对权力的敬畏是东亚文化非常重要的特征，这可能造成东亚教师群体的合作是自上而下式指令性或被动性合作，不仅限制了合作的积极效应，而且减少了其他教学工作的时间（Chen et al.，2018）。同时，从另一项以美国和日本教师为样本开展的研究来看，文化和教育系统的不同确实造成了东西方教师在合作行为及其效果方面的差异（Reeves et al.，2017）。鉴于东西方文化和教育系统的巨大差异，为有效推进教师合作教学这类专业发展活动，我们亟须基于中国的观测数据测算并揭示教师合作教学对学生学业成绩的影响。为此，本章提出第一项假设。

假设 1：教师更多开展合作教学，对授课班级学生的学业成绩有正向预测作用。

（二）教师教学实践的中介作用

如果教师合作教学有作用，那么，它是如何影响学生学业成绩的呢？由于教师通过合作教学直接作用于教学实践所需的相关知识、技能和信息，可以起到改善课堂教学实践的作用（Moolenaar et al.，2012），而教师教学实践与学生学习有着最直接的联系（Cordero et al.，2018；Palardy et al.，2008），教师教学实践在理论上可能成为连接教师合作与学生学业成绩的内在路径。

考虑到教学过程存在对教师“教”和学生“学”的侧重，教师教学实践分为教师中心教学实践和学生中心教学实践两类。其中，教师中心教学实践是传统性教学方式，又被称为垂直型教学实践，多采取课堂讲授、学生誊抄笔记或背诵知识等以教师“教”为主导的教学手段；学生中心教学实践是源于建构主义的现代性教学方式，又被称为水平型教学实践，采取小组合作学习、探究学习等以学生“学”为主导的教学手段（Cordero et al.，2018；Granger et al.，2012；Thoonen et al.，2011；Van，2011）。然而，两类教学实践行为的存在，使得教师合作教学这种现代型的教师专业发展活动的作用显得不够明晰。

一方面，有研究发现，教师合作教学对学生中心教学实践具有正向的预测作用(Goddard et al.，2018；Grigg et al.，2013；Svendsen，2016)，但教师合作教学这种现代型的教师专业发展活动与教师中心教学实践这类传统的教学实践行为的关系不明确。可能的原因在于，教师在合作教学中通过交流、分享、互动，可以收获知识与技能，能意识到主动学习和合作学习的重要性，不仅更可能在课堂教学中关注学生的主体地位，也更可能学以致用地引入小组学习、合作学习等现代性教学方式(Goddard et al.，2018；Grigg et al.，2013)。另一方面，大量实证文献证实，教师中心教学实践对学生学业成绩存在显著正向影响，但学生中心教学实践和学生学业成绩的关系则并不明确。事实上，教师讲授知识(Bietenbeck，2014)、教师课堂提问(Aslam et al.，2011)和布置家庭作业(Camburn et al.，2011)等以教师为中心的教学实践均被证实与学生学业成绩正相关。虽然有一些实证证据表明，以学生为中心的教学实践与学生成绩正向相关(Aslam et al.，2011；Baumert et al.，2010；Van，2011)，更多的研究却发现该类教学实践对学生学业成绩的提升作用很小(Lavy，2012)，甚至出现显著的负向影响(Cordero et al.，2018；Goldhaber et al.，2000)。Algan(2013)以及 Bietenbeck(2014)认为，出现上述差异的原因可能在于，两类教学实践在促进学生技能发展中的侧重有所不同，传统式教学实践更有助于增强学生知识记忆等认知技能，对学业成绩有直接的提升作用；而现代式教学实践则可能通过刺激学生的非认知技能的增强产生效果，对学业成绩的提升作用并不直接。

综上，尽管教师教学实践在理论上应该是连接教师合作教学与学生学业成绩的中介变量，但不管是以教师为中心的教学实践，还是以学生为中心的教学实践，它们对教师合作教学与学生学业成绩的内在关系的解释都缺乏实证文献支持。据此，本章提出第二项研究假设。

假设 2：教师教学实践中介性地影响了教师合作教学与学生学业成绩的正向关系。

(三)教师教学实践和学生学习动机的链式中介作用

正如上文所述，教师教学实践对学生学业成绩的提升作用并不直接，特别是以学生为中心的教学实践(Algan et al.，2014)。缺乏对内在机制更深层次的挖掘，可能是已有文献难以从教师教学实践的角度揭示教师合作教学与学生学业成绩关系的原因。事实上，根据 OECD(2016)报告，学习动机可能是连接教师教学实践与学生学业成绩的中介变量。为此，本章将以学生学习动机为变量，进一步梳理教师教学实践通过影响学生学习动机进而影响学生成绩的路径机制。需要说明的是，根据动机期望价值理论，学习动机包括自身对于学习成功可能性的预期以及对于任务所蕴含价值的主观判断两个成分(Spence，1983)，前者具体指学习自我效能感，后者具体指学习兴趣(Lee et al.，2010；Thoonen et al.，2011)。因此，本章将分别基于学习自我效能感和学习兴趣这两个中介变量，梳理教师教学实践影响学生学业成绩的作用机制。

首先，学习自我效能感在理论上是连接学生中心教学实践与学生成绩的中介变量。可能的原因是，学生学习自我效能感是个体在学习情境下对自身完成学习任务的自信程度(Lee et al.，2014)，学生中心教学实践有助于学生在学习的过程中感受榜样示范的力量并获得替代性经验、通过同伴鼓励和反馈获得社会说服，内化为更高的学习自我效能感(Cairns et al.，2019)，大量实证研究证实学生学习自我效能感能正向预测学业成绩(Caprara et al.，2011；Fast et al.，2010；Lee et al.，2014；雷浩等，2015；李维、白颖颖，2018)；同时，根据自我效能感理论，自我效能感越高的学生越可能设定挑战性的学习目标，遇到困难不轻易放弃，最终取得学业进步(Cairns et al.，2019；Caprara et al.，2011；Luo，2017；Patrick et al.，2009；Zajacova et al.，2005)。

其次，学习兴趣在理论上同样是连接学生中心教学实践与学生成绩的中介变量。这是因为，学习兴趣是个体在学习情境下对学习任务所蕴含价值的主观判断和喜爱程度(Lerkkanen et al.，2012)，有研究表明，在以学生为中心的课堂中，教师积极引导学生自主探索学习内容和问题，可以提高学生学习的自主性(Hagay et al.，2015)，而自主性需求得到满足是个人获得兴趣的重要驱动力(Deci et al.，1994)，因而大量实证研究表明学生中心教学实践有助于提升学生学习兴趣(Chang et al.，2008；Lee et al.，2014；Leibham et al.，2013)；同时，根据自我决定理论，学生的学习兴趣越大，他们越能自发地投入更多时间和精力到学习中，并取得较好的学业成绩(Hidi，1990；Lerkkanen et al.，2012；Mcconney et al.，2014)。

最后，理论上而言，学习动机在教师中心教学实践与学生学业成绩之间可能并不能起到中介作用。这是因为，相对于以学生为中心的教学实践，在以教师为中心的教学实践中，教师强调知识的讲授，采用结构化、快节奏、重复化的教学方式完成教学任务并达到教学目标，学生学习兴趣等学习动机在其中受到的关注较少（Lerkkanen et al.，2012；Stipek et al.，2004）。个别关注到以教师为中心的教学实践与学前儿童学习动机关系的文献也没有发现二者存在显著正向关系（Lerkkanen et al.，2012）。

综上可知，如果“教师教学实践→学生学习动机→学生学业成绩”的中介路径成立，那么，结合前文推导得到教师合作教学能影响教师教学实践的结论（Goddard et al.，2018；Grigg et al.，2013），我们可以得出结论：教学实践和学生学习动机是教师合作教学影响学生学业成绩的中介链。尽管如此，已有文献缺乏将教师教学实践按以教师为中心和以学生为中心加以区分、以基础教育阶段学生为样本探讨“教师教学实践→学生学习动机”这一链式中介关系，揭示上述链式中介关系对于我们厘清教师合作教学所产生效果的内在机理非常重要。为此，本章提出第三项研究假设。

假设 3：教学实践和学生学习动机在教师合作教学正向影响学生学业成绩的过程中起链式中介作用。

第二节　数据样本、变量与描述统计

（一）数据与样本

本章利用 2015 年 OECD 收集的 PISA 数据开展实证分析。PISA2015 的主要评估领域是科学，从内容性知识、程序性知识以及认知性知识 3 个方面①考察了 15 岁学生的科学素养，也对样本学校科学教师的合作行为、教学实践以及学生在科学学科上的学习动机等进行了考察。这为本章以科学学科为例开展实证分析提供了数据基础。本章最终的有效样本为来自 242 所学校的 2167 名科学教师和 8874 名学生。

① 内容性知识指有关自然世界的事实、观点和理论等，涉及生命科学、物质科学、地球与空间科学 3 个领域；程序性知识指用于建立科学知识的知识，包括变量测量、设计研究方案等；认知性知识指理解具体结构和规定性特征在知识建构过程中的必要作用的知识，包括理解问题、观察、假设、设计模型和讨论其在科学研究中的功能、认识不同的科学探究形式等。

（二）变量选择

1. 学生学业成绩

本章选择 PISA2015 中科学素养测试成绩作为因变量。原因在于，PISA2015 的主要评估领域是科学，阅读和数学素养的测评题目很少，不足以准确评估学生的相关素养；同时，此次调查仅涉及科学学科教师的合作行为与教学实践，以及学生在科学学科上的学习动机。

2. 教师合作教学

PISA2015 对合作教学这类教师专业发展活动进行了调查，对课程进度和教学策略选择、学生需求和学习状况、学生学习结果测评设计进行了具体的调查，一共包括 8 个具体的题目①。量表采用 Likert 5 级评分，从"1—非常不同意"到"5—非常同意"，Cronbach's α 系数为 0. 921。本章通过取均值的方法合成了科学教师合作行为变量。本章基于项目反应理论技术，合成了科学教师合作行为变量。

3. 教师教学实践

PISA2015 分别对教师中心教学实践和学生中心教学实践进行了测量。教师中心教学实践包括"学生记录黑板上的笔记"等 5 个题目②，学生中心教学实践包括"教师允许学生之间开展小组讨论"等 5 个题目③。量表均采用 Likert 4 级评分，由"1—从不采取该方法"到"4—几乎每堂课都会采取该方法"，Cronbach's α 系数分别为 0. 744 和 0. 811。本章基于项目反应理论、两个量表的题目合成了以教师为中心教学实践和以学生为中心教学实践变量。

4. 学习动机

在本章中，学习动机分为科学学习自我效能感和科学学习兴趣两个维度。

---

① 包括"我和其他科学教师就课程和作业难度水平设置进行讨论""我和其他科学教师一起准备和设定教学课程安排""科学教师一起规划学生作业安排""其他科学教师能在和我交流教学策略和技术的过程中获益""我和其他科学教师讨论如何更好地识别每位学生的优缺点""我和其他科学教师就当前授课学生讨论学习策略和技能设定""我和其他教师一起讨论并设定科学考试的测评内容""我和其他教师一起讨论并设定考试评分标准"。

② 教师中心教学实践的题目包括"教师讨论学生询问的问题""教师展示一个观点""教师讨论与实际相关的问题""教师让学生阅读教材上的资料""学生记录黑板上的笔记"。

③ 学生中心教学实践的题目包括"教师鼓励学生从他们所做的实验中得出结论""教师给予学生表达自己想法的机会""教师允许学生之间开展小组讨论""教师参与整个班级的讨论""教师和学生一起讨论当前的科学问题"。

其中，科学学习自我效能感包括“我能够意识到有关健康主题的新闻报道下隐含的科学问题”等 8 个题目①，采用 Likert 4 级评分，由“1—我无法完成”到“4—我能很容易地完成”，Cronbach's α 系数为 0.891；科学学习兴趣包括“我对于学习科学方面的知识感到非常开心”等 5 个题目②，采用 Likert 4 级评分，由“1—非常不同意”到“4—非常同意”，Cronbach's α 系数为 0.940。本章基于项目反应理论分别将上述两个量表合成最终使用的科学学习自我效能感和科学学习兴趣变量。

5. 控制变量

为了更好地揭示教师合作影响学生科学成绩的因果效应，本章需要控制其他可能影响教师合作和学生成绩的学生特征变量以及学校特征变量。参考相关文献并结合数据可得性，本章引入性别(1=女，0=男)、学段(1=初中，0=高中)、家庭社会经济地位、学校所在区域(1=城市，0=农村)和是不是公立学校(1=是，0=否)5 项控制变量。

(三)数据聚合分析

本章模型中教师合作变量以及两项教师教学实践变量是由教师个体层面的测量聚合到学校层面，因此需要检验这 3 项指标是否适合聚合，即对变量的校内一致性进行检验。我们分别计算了 3 个指标的组间变异系数 ICC(1)、组内变异系数 ICC(2)和组内一致性指标 RWG。结果显示，教师合作：ICC(1) = 0.121，ICC(2) = 0.531，$RWG_{(均值)}$ = 0.978，$RWG_{(中位数)}$ = 0.980，$RWG_{(min)}$ = 0.920，$RWG_{(max)}$ = 1.000；以教师为中心教学实践：ICC(1) = 0.05，ICC(2) = 0.303，$RWG_{(均值)}$ = 0.932，$RWG_{(中位数)}$ = 0.936，$RWG_{(min)}$ = 0.810，$RWG_{(max)}$ = 0.990；以学生为中心教学实践：ICC(1) = 0.165，ICC(2) = 0.617，$RWG_{(均值)}$ = 0.936，$RWG_{(中位数)}$ = 0.941，$RWG_{(min)}$ = 0.780，$RWG_{(max)}$ = 0.990。以上变量基本符合 ICC(1)、ICC(2)以及 RWG 分别高于 0.05、0.50

① 科学学习自我效能感的题目包括“我能够意识到有关健康主题的新闻报道下隐含的科学问题”“我能够解释一些区域更容易发生地震的原因”“我能够描述抗生素在治疗疾病方面的作用”“我能够识别与垃圾处理有关的科学问题”“我能够预测环境的变化将如何影响特定物种的生存状况”“我能够从食品标签中解读出科学信息”“我能够讨论新的经验证据如何引导他人改变自身对火星上可能存在生命的认识”和“我能够从酸雨形成的两种解释中选择更好的一种解释”。

② 科学学习兴趣的题目包括“我对于学习科学方面的知识感到非常开心”“我喜欢阅读科学方面的书籍”“我很开心能从事科学主题方面的研究”“我很享受获得有关科学的知识”和“我对于学习科学方面的知识很感兴趣”。

和0.70的聚合标准(James et al.，1984)，由此可以聚合到学校层面并进行下一步分析。

(四)描述性统计和相关分析

表9-1呈现了本章核心变量的均值、标准差和相关系数。结果显示，科学教师合作行为、两类教学实践、学生科学学习动机以及科学成绩之间均显著正向相关，结果与预期相符，研究假设得到初步支持。

表9-1　核心变量均值、标准差和相关系数

变量	均值	标准差	1	2	3	4	5	6
1. 学生科学成绩[b]	530.29	98.46	1					
2. 科学教师合作[a]	3.41	0.22	0.21***	1				
3. 教师中心教学实践[a]	2.81	0.22	0.06***	0.48***	1			
4. 学生中心教学实践[a]	2.84	0.31	0.06***	0.53***	0.68***	1		
5. 科学学习自我效能感[b]	0.06	1.16	0.19***	0.09***	0.07***	0.09***	1	
6. 科学学习兴趣[b]	0.41	0.90	0.23***	0.09***	0.08***	0.10***	0.34***	1

注：a——这类变量是学校层面变量，N = 242；b——这类变量是学生个体层面变量，N = 8874；***表示 $p<0.01$。

第三节　教师合作教学对学生学业成绩的影响及其机制

(一)教师合作教学对学生学业成绩影响的主效应分析

由于PISA2015数据存在学生嵌套于学校的特征，通过对学生成绩差异来源的分解可以发现，校间差异占学生成绩总差异的49%，且统计显著($p<0.01$)，说明学校间的差异在很大程度上解释了学生科学成绩的总体差异，因而我们构建“学校—学生”两水平模型，以验证假设1。表9-2的模型估计结果显示，在引入控制变量后，科学教师合作教学水平对学生科学成绩具有显著的正向影响($\beta=72.853$，$p<0.01$)，假设1得到支持。由此可见，着眼于提升学生学业成绩这一学生发展指标，教师合作教学的确是一类行之有效的专业发展活动。

表 9-2 教师合作教学对学生科学成绩的直接影响

因变量 / 自变量	学生科学成绩			
	(1)	(2)	(3)	(4)
教师合作教学	92.766*** (40.709)	83.283** (34.329)	73.242* (39.473)	72.853** (33.623)
学生性别		-10.725*** (2.857)		-10.803*** (2.847)
学生所在年级		-48.077*** (7.214)		-42.443*** (6.541)
学生家庭 ESCS		7.724*** (1.531)		7.507*** (1.528)
城市学校			59.045*** (13.050)	44.408*** (11.274)
公立学校			48.714** (24.519)	37.111** (18.318)
学校内方差	5105.550	4980.291	5105.477	4980.960
学校间方差	4477.383	2453.936	3758.030	2048.275

注：***表示 $p<0.01$，**表示 $p<0.05$，*表示 $p<0.1$。

(二)教师合作教学影响学生学业成绩的中介效应分析

为了验证假设 2 及假设 3，本部分构建了整体的路径分析模型来进行假设检验。图 9-1 和表 9-3 分别呈现了路径系数估计结果和中介效应检验结果，主要发现如下：

第一，学生中心教学实践能够中介教师合作教学与学生科学成绩的正向关系，而教师中心教学实践却反向中介了教师合作教学与学生科学成绩的正向关系，由此假设 2 在学生中心教学实践维度得到支持。具体而言，图 9-1 显示，教师合作教学能够显著正向预测教师中心教学实践($\beta=0.477$，$p<0.01$)和学生中心教学实践($\beta=0.528$，$p<0.01$)；但只有学生中心教学实践显著地正向预测学生科学成绩($\beta=0.056$，$p<0.01$)，教师中心教学实践却显著负向预测学生科学成绩($\beta=-0.060$，$p<0.01$)。进一步，从表 9-3 可知，教师合作通过学生中心教学实践对学生学业成绩有正向间接影响(效应量=0.029；Sobel 检验 $p<0.001$；Bootstrap 置信区间不含 0)；相反，教师合作通过教师中心教学实践对学生学业成绩有负向间接影响(效应量=-0.029；Sobel 检验 $p<0.001$；Bootstrap 置信区间不含 0)。

第二，“教师合作→学生中心教学实践→学生学习动机→学生学业成绩”这一链式中介路径得到支持，假设 3 在该教学实践维度得到支持。具体来看，图 9-1 显示，学生中心教学实践对学生学习自我效能感(β=0.095，p<0.1)和学习兴趣(β=0.091，p<0.01)均有显著正向预测作用；学生学习自我效能感(β=0.055，p<0.05)和学习兴趣(β=0.145，p<0.01)均能正向预测学生科学成绩。根据表 9-3 可知，教师合作能够通过学生中心教学实践和学生学习自我效能感的中介链对学生科学成绩产生间接影响(效应量=0.003；Sobel 检验 p<0.001；Bootstrap 置信区间不含 0)。同样地，教师合作能够通过学生中心教学实践和学生学习兴趣的中介链对学生科学成绩产生间接影响(效应量=0.007；Sobel 检验 p<0.001；Bootstrap 置信区间不含 0)。

第三，“教师合作→教师中心教学实践→学生学习动机→学生学业成绩”这一链式中介路径未能得到支持，假设 3 在该教学实践维度没能得到支持。具体来看，图 9-1 显示，教师中心教学实践对学生学习自我效能感(β=0.004，p>0.1)和学习兴趣(β=0.014，p>0.1)均不存在显著正向预测作用。根据表 9-3 可知，教师合作既不能通过教师中心教学实践和学生学习自我效能感的中介链对学生科学成绩产生间接影响(Sobel 检验 p>0.1；Bootstrap 置信区间包含 0)，也不能通过教师中心教学实践和学生学习兴趣的中介链对学生科学成绩产生间接影响(Sobel 检验 p>0.1；Bootstrap 置信区间包含 0)。

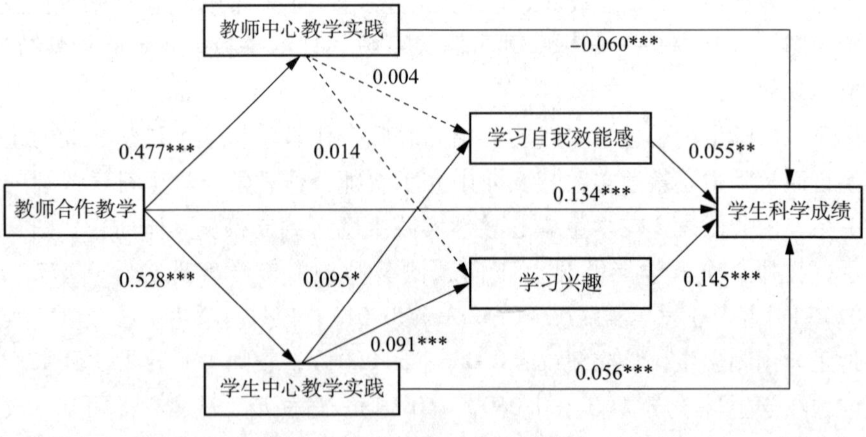

图 9-1 路径分析模型估计结果

注：* 表示 p<0.1，** 表示 p<0.05，*** 表示 p<0.01；模型中的系数均为标准化路径系数；路径分析模型控制了性别、年级和家庭 ESCS 这 3 项学生层面控制变量，以及是否为公立学校和是否为城市学校 2 项学校层面控制变量。

第四，即使控制了“教师合作→教师教学实践→学生学习动机→学生学业成绩”的链式中介路径后，教师合作对学生学业成绩的直接影响效应仍然显著为正（β=0.134，p<0.01）。这表明对于教师合作教学与学生科学成绩有正向关系，本章所揭示的链式中介路径只起到了部分解释的作用。

表 9-3 教师合作对学生科学成绩影响的中介机制检验

	估计效应量	Sobel 检验结果			Bootstrap 1000 次抽样的 95%置信区间	
		SE	Z 值	P 值	Lower	Upper
总效应						
教师合作→学生学业成绩	0.146	0.010	14.924	0.000	0.127	0.165
直接效应						
教师合作→学生学业成绩	0.134	0.012	10.836	0.000	0.109	0.157
间接效应						
教师合作→学生中心教学实践→学生学业成绩	0.029	0.007	4.223	0.000	0.016	0.042
教师合作→学生中心教学实践→学生学习自我效能感→学生学业成绩	0.003	0.001	4.079	0.000	0.002	0.004
教师合作→学生中心教学实践→学生学习兴趣→学生学业成绩	0.007	0.001	5.703	0.000	0.005	0.010
教师合作→教师中心教学实践→学生学业成绩	−0.029	0.006	−4.454	0.000	−0.041	−0.016
教师合作→教师中心教学实践→学生学习自我效能感→学生学业成绩	0.000	0.000	0.259	0.796	−0.001	0.001
教师合作→教师中心教学实践→学生学习兴趣→学生学业成绩	0.001	0.001	0.927	0.354	−0.001	0.003

第四节 结论与讨论

本章基于 PISA2015 中国 4 个省（市）的数据，以科学学科为例，探讨了教师合作教学对学生学业成绩的影响，并揭示了教师教学实践和学生学习动机在上述影响过程中的链式中介作用，主要得到以下研究结论：

首先，随着任课教师合作教学程度的提高，样本学生的成绩显著提升，这与以往研究所得结论一致(Goddard et al.，2007；Johnson et al.，2015)。事实上，中国教师长期以来都有合作教学的传统，集体备课以及公开课等教师合作学习活动长期存在于中国学校(Yin et al.，2018)，即使在资源匮乏的农村地区，学校管理者也非常重视教师的合作学习(Sargent et al.，2009)。重视教师合作的传统使得中国教师合作没有停留在表面，对学生成绩的确起到了提升作用。

其次，当探究教师教学实践的中介作用时，我们在教师中心教学实践和学生中心教学实践上得到截然相反的结论：学生中心教学实践能够中介教师合作教学与学生科学成绩的正向关系，而教师中心教学实践则反向中介教师合作教学与学生科学成绩的正向关系。这可能是造成已有文献在探讨教师合作教学对学生中心教学实践的影响(Grigg et al.，2013)，以及探讨教师教学实践对学生成绩的影响(Aslam et al.，2011；Bietenbeck，2014；Camburn et al.，2011)时，不能准确理解教师合作教学影响学生成绩内在机制、得到不确定结论的原因。

最后，通过构建“教师合作→教学实践→学生学习动机→学生学业成绩”的链式中介路径模型，教师中心的教学实践和学生中心的教学实践也带来了不同的结论：教师合作教学对学生学业成绩的影响能够通过学生中心的教学实践和学生学习动机的中介链产生，却不能通过教师中心教学实践和学生学习动机的中介链产生，其原因在于后一类教学实践不能通过学生学习动机间接影响学生成绩。

上述研究结果为深入理解教师合作教学和学生成绩的关系提供了新的见解，也回应了学界对于检验学生中心教学实践这一新兴教学方式有效性的呼吁。一方面，学生中心教学实践根植于建构主义学习理论，强调学生在自我探索性学习中获得学习兴趣和自我效能感，而学习兴趣和自我效能感能驱动学生更加努力和主动地学习(Perry et al.，2007)，最终为教学产出带来持续性的提升作用。另一方面，对于教师中心教学实践，本章不仅没有验证已有文献所得到的该类教学实践有助于提高学生成绩的结论(Aslam et al.，2011；Bietenbeck，2014；Camburn et al.，2011)，反而发现教师合作教学既不能通过该类教学实践提升学生成绩，也不能通过该类教学实践影响学生学习动机最终提升学生成绩。其原因可能在于科学学科教学目标的特殊性。不同于其他学科，科学学科更加强调学生探究能力和创新意识的培养和提升，而这类素养不能通过教师讲授知识和学生记忆知识获得，更需要借助学生学习动机的内驱力产生。

本章的结论具有重要的实践意义。首先，教师合作教学有助于提高学生成绩，学校管理者在推进教师专业发展过程中应该继续重视教师合作教学，但要避免浮于表面式的合作，也要减少当下强调竞争和绩效评估的学校环境可能带来的教师在合作教学中发生的冲突与隔阂。其次，学校管理者应当重视并引导、帮助教师通过合作教学掌握更多学生中心教学实践手段，让学生从重复基本任务的困境中解放出来，掌握应有的知识和技能。接下来，学校管理者在推进教师合作教学以改进教学实践的过程中，应重视指导和培训教师通过学生中心教学实践激发学生学习动机，只有能够转化为学生学习内驱力的教学实践改进才能实现最好的效果。最后，我们通过城乡差异比较发现，城市教师样本的合作教学行为得分为 3. 46 分，而农村教师样本的合作教学行为得分仅为 3. 39 分，城乡差距显著($p<0.01$)，因而在本章研究证实合作教学是一类行之有效的专业发展活动的基础上，我们非常有必要针对农村教师合作教学行为实施有针对性的培训活动，进而提升农村教师质量。

当然，本部分研究还存在以下值得改进的地方：第一，尽管通过构建两水平模型和引入控制变量排除了干扰因素，但仍可能因为遗漏变量等问题影响本章所得结论的内部效度。在未来，我们可以采用纵向追踪设计和随机实验相结合的数据采集方法，进一步提升研究结论的内部效度。第二，基于科学学科和 15 岁学生样本，本章得到一些新的研究发现，但这些发现是否适用于其他学科或其他阶段学生群体，还有待检验。在未来，我们可以扩大样本，以提高研究结论的外部效度。

第十章

教师性别与学生发展

近年来，中国基础教育阶段教师的女性化趋势日渐明显。《中国教育事业统计年鉴》的数据显示，2001—2018 年，我国小学和初中阶段专任教师中的女教师占比分别从 49.65%上升到 68.75%、从 40.37%上升到 56.78%。我们分年龄组进行教师性别结构描述发现，中小学教师的性别结构失衡主要源于新进教师中的男教师占比快速下降：2018 年，全国 50 岁以上教师中的男教师占比超过 60%；但随着教师年龄的下降，男教师占比快速下降，30 岁以下教师中的男教师占比在小学和初中阶段分别为 17%和 26%（如图 10-1）。不难预测，随着老年教师陆续退出劳动力市场，中小学教师的性别结构可能更加失衡。

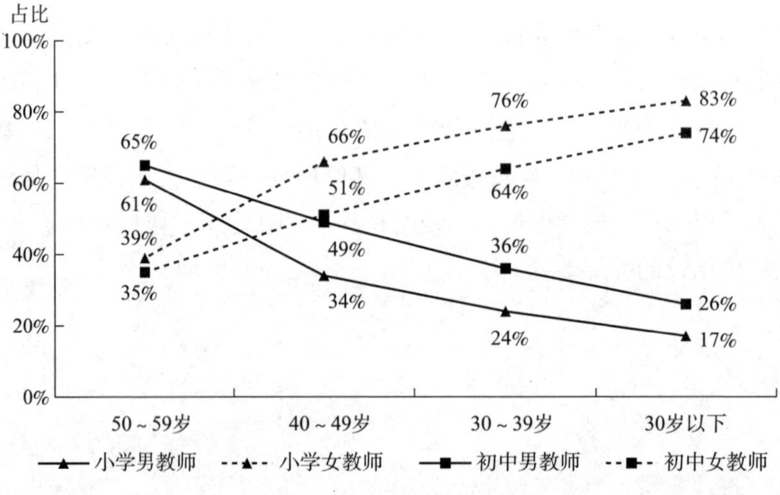

图 10-1　2018 年中国小学和初中阶段不同年龄组教师的性别结构

注：根据《中国教育统计年鉴》(2019) 计算。

中小学教师职业由女性主导并非中国特有，而是全球性的趋势。经济合作与发展组织（OECD）的“教师职业中的性别失衡”主题报告指出，2014 年 OECD 国家初等和中等教育阶段的女教师占比分别高达 82%和 63%。由于人力资本在青少年时期更具可塑性，中小学阶段是个体积累人力资本的关键时期（Heckman et al.，2010），因而社会各界普遍担忧，教师性别结构失衡会不利于学生特别是男生的人力资本发展。在此背景下，许多国家积极地推行“男性优先”的教师培养或招聘政策（OECD，2015）。例如，中国学者（翟春城，2013；王富阁，2017）呼吁，应通过降分录取、减免学费等优惠条件吸引男生报考师范院校，扩大后备男教师的规模。部分师范大学制定并实施了对男生降分录取的招生政策，福建、江苏、广西和四川等地教育管理部门推行了针对男生的免费师范生政策。在教师招聘环节，有学者（惠中、韩苏曼，2011；姚银枝、李会琴，2017）同样呼吁优先招聘男性，甚至有个别地方的教师招聘公告注明“男生优先”。2021 年两会期间有全国政协委员提交了建议通过激励退伍军人报考师范院校和优先聘用退伍军人等方式增加男教师数量的政策议案。英国和中国香港地区也专门设计并实施了一系列激励男性从事教师职业的培训和招聘项目。

但是，推行平衡教师性别结构的“男性优先”政策，对学生的人力资本发展是否真的重要呢？如果正如部分学者所指出的，男教师相对女教师在培养学生意志力、自信心、逻辑思维能力等认知和非认知能力上具有优势（吴晶等，2020），或者因为师生性别匹配效应，男教师相对女教师更有助于男生的发展，男教师的缺乏成为“男孩落后”现象日渐凸显的原因（Hoffmann et al.，2009），那么，各种“男性优先”政策便是合理而有效的。反之，如果既不能证明男教师在上述人力资本发展指标上相对女教师更有优势，也不能证明男教师更有助于男生的人力资本发展，“男性优先”政策就可能是无效和不合理的。迄今为止，教师性别在教育生产过程中的作用尚未得到充分评估，已有研究也未得到一致的结论，以中国学校为样本的实证文献更是有限。这意味着，我们必须准确识别教师性别与学生人力资本的关系，才能为教师人事政策和专业发展活动的优化提供循证性参考。

为此，本章使用 2014—2015 年中国教育追踪调查（China Education Panel Survey，以下简称 CEPS）数据，聚焦男教师可能存在优势的学生认知表现和非认知表现指标，考察了教师性别及其结构对学生人力资本发展的影响，以回应社会各界对教师性别结构失衡现象的担忧。

第一节　文献评述

根据 Heckman 提出的新人力资本理论框架，学生的人力资本分为认知表现和非认知表现两个部分。学校是学生积累人力资本最重要的场域，教师是学校教育最直接的实施者(Husén et al.，1991)，因而面对中小学教师队伍女性化可能不利于学生发展的担忧，许多文献考察了教师性别对学生认知或非认知表现的影响。

已有研究多利用学业成绩测量学生认知能力，所得结论并不一致。只有 Antecol(2015)发现，男教师相对女教师更有利于学生数学成绩的提升，其原因可能在于女教师更容易触发学生的数学学习焦虑感。然而，更多的研究却发现，男教师相对女教师在提升学生认知表现方面没有优势，甚至存在劣势。例如，一系列基于荷兰、英国、瑞典、美国以及德国学生样本开展的研究(Skelton，2003；Carrington et al.，2008；Holmlund et al.，2008；Ouazad，2014；Winters et al.，2013；Puhani，2018)显示，学生成绩与教师性别无关。一些基于希腊、中国学生样本开展的研究(Hopf et al.，1999；Raymond et al.，2010；王云峰、田一，2015)则指出，任课教师为女教师时，学生的学业成绩显著更高。女教师更注重知识细节讲授，更强调过程性考察等教学实践特征，这可能是女教师更能提升学生学业成绩的主要原因(王云峰、田一，2015；张咏梅等，2012)。

尽管如此，有学者基于心理学和教育学理论或者自身经验做出推断：男教师或许在标准化学科知识的讲授上不具有优势，但可能在学生的一些非认知能力培养上存在不可替代性。理论上来说，比起女性，男性的竞争偏好(Gneezy et al.，2009)、风险偏好(Friedl et al.，2020)，以及自我效能感(Barber et al.，2001)水平都更高，因此他们更可能潜移默化地通过实施创新型教学方式培养学生的意志力、创新性或自信心(翟春城，2013；荆建华，1996；景抒展、李桃园，2019；吴晶等，2020)。国内外也有一些文献探讨了教师性别与学生非认知表现的关系。例如，Driessen(2007)针对荷兰小学生群体，选择幸福感、尽责性等指标测量学生非认知表现，Gong(2018)针对中国初中生群体，选择情绪性、社会性等指标测量学生非认知表现，但他们的研究均显示，上述非认知表现与教师性别无关。就我们所知，目前国内外相关经验研究都没有关注到意志力、创造力、自信心等在理论上男教师可能更具优势的非认知表现指标。因此，整体而言，当前识别教师性别对学生人力资本影响的相关研究在结果变量的指标选择上存在可改进之处。

进一步地，还有学者担忧，师生间可能存在性别匹配效应，即同性别教师更有助于同性别学生的人力资本发展，教师队伍女性化使得学校环境对女生更有利，进而加剧了“男生落后”现象（Driessen，2007；Hoffmann et al.，2009；孙云晓等，2010）。首先，儿童倾向于观察和认同社会化的同性监护人（Maccoby 等，1966），学生对同性别教师更可能表现出认同，并以该教师为榜样，进而提升学习动机，更加积极地参与到课堂中，最终更好地获得发展，这被称为同性别教师存在优势的角色榜样作用（Dee，2007；Holmlund et al.，2008）。其次，教师对同性别学生可能存在不自觉的偏好（Hoffmann et al.，2009）。事实上，社会化过程可能造成男女教师与相反性别的学生间存在“惯习”（habitus）上的不匹配，使得教师有意或无意识地对与自己性别不同的学生持有偏见，或更偏好同性别的学生并给予她们更多关注（Hoffmann et al.，2009；Holmlund et al.，2008）。最后，教师的教学方式同样可能具有同性别优势（Coenen et al.，2016；Powell et al.，1997）。这是因为，教师更容易结合自身的成长经历，对同性别学生的行为准确地做出判断，也更容易得心应手地解决这类学生在学习或生活中的问题（Powell et al.，1997）；同时，教师在建构课程内容时可能会无意识地使用符合自己性别特征的案例或工具（例如，女教师在教学设计中可能倾向于选择符合女生偏好的素材），同性别学生更容易接受并获益（Coenen et al.，2016；Neugebauer et al.，2011；Sukhnandan et al.，2013）。

目前，已有不少文献研究了师生性别匹配效应。然而，仅有个别研究证实了男教师和男生间存在性别匹配效应，即男教师相对女教师更能提升男生的学业成绩（Dee，2007）。在更多的实证研究中，师生性别匹配效应或者没有被证实（Coenen et al.，2016），或者仅在女教师和女生群体中得到证实（Gong et al.，2018；Muralidharan et al.，2016；Winters et al.，2013）。学者发现，任课教师是女性能够明显改善女生的学业成绩状况、心理状况和社会适应水平；但任课教师为男性却不会提高男生的认知表现和非认知表现。如果后一种情况的确存在，那么通过“男性优先”政策去增加男教师数量，或许可能改变“男生落后”的现象，但这建立在降低女生优势却无助于改善男生发展的基础上，是一种“削峰但不填谷”的非帕累托式改善，有损于学生整体福利的最大化。

综上所述，教师性别对学生人力资本发展影响的方向并不明确，关于师生性别匹配效应的研究所得结论也并不一致。同时，目前的文献几乎都是基于中国以外的国家的样本开展研究的。只有个别文献基于中国大规模的抽样数据进行了实证检验（Gong et al.，2018；王云峰、田一，2015），但存在一定的问题：仅采用一期调查的截面数据，会阻碍对样本选择性偏误等问题的解决；此外，仅以学生成绩度量认知表现和以心理情绪指标度量非认知表现，并没有聚焦理论研究中男教师可能更具不可替代性的指标，所得结论难以精准回应社会各界对教师队伍女性化的担忧。因此，在学术界和管理领域普遍担忧中小学教师性别失衡问题的背景下，我们将在以往研究的基础上，克服上述困难，尝试以中国学生为样本，更有效地揭示教师性别对学生人力资本的影响，以及可能存在的性别匹配效应。

除此之外，从研究视角看，以上研究只从教师个体层面考察教师性别对学生人力资本的影响，未从组织层面考察教师队伍性别结构对学生人力资本的影响。事实上，从后一视角开展研究同样具有政策启示意义。特别是在中国，不少教育管理者表示担忧，受生育政策放开的冲击，女教师特别是年轻女教师占比过高，可能会存在女性集中生育的问题，而这难免会带来学校的正常教学工作中断或无序的风险。此外，劳动力多样化理论认为，合理搭配员工的性别，能通过技能互补效应激发其工作活力与创造性，最终提升劳动生产率（Garnero et al.，2014；Iranzo et al.，2008）。据此，我们有理由推测，提高组织中的男教师占比，有助于教师队伍的多样性、发挥不同性别教师的互补优势，进而激发教师的创造力、工作活力和提高教学质量，最终促进学生的发展。因此，本章从组织层面的视角开展研究，尝试识别学校或班级任课教师中的男教师占比对学生发展的影响，填补相关研究的空缺，为更全面地回应“男性优先”政策的合理性提供一个理论窗口。

本章为教师性别对学生人力资本的影响提供了经验证据，也为中国基础教育阶段教师人事政策的建设和优化提供了依据。相对已有文献，本章的主要贡献体现在以下两个方面：一方面，本章丰富了有关教师性别与学生发展关系的研究，以往研究仅从个体层面识别教师性别的影响，而本章研究进一步针对学校层面以及班级层面男教师占比与学生人力资本的关系分别进行了严格的分析，这有助于我们更全面理解中小学教师行业性别结构失衡可能造成的影响。另一方面，本章聚焦已有文献论证的、在培养学生人力资本的过程中男教师可能更具不可替代性或相对优势的学生发展指标，更加精准地设计学生人力资本指标框架，提高了研究的学术价值和政策价值。

第二节 数据与变量选取

(一)数据来源

本章使用 CEPS 数据库中 2014—2015 学年的追踪调查数据和 2013—2014 学年的基线调查数据。CEPS 是由中国人民大学中国调查与数据中心负责开展的，旨在提供关于我国初中学生个体、班级和学校教育教学信息的高质量微观数据库。该数据库对学生的认知和非认知表现、个人特征、家庭特征以及任课教师和所在学校特征进行了非常全面的调查，利用这些信息，我们可以考察教师性别如何影响学生的人力资本发展。同时，追踪调查的数据结构，有助于我们更好地解决样本选择性偏误问题，获得更有效的估计。删除在本章所涉及关键变量上存在缺失值的样本后，我们最终使用的样本是来自全国 112 所学校的 9075 名在七年级至八年级期间参与追踪调查的初中学生及其所对应的 288 名班主任和 244 名数学教师。

(二)变量选取

人力资本变量。在新人力资本理论框架下，本章从认知表现和非认知表现两个方面测量学生的人力资本。鉴于已有文献指出男教师更擅长培养学生数理逻辑和思维能力(Antecol et al.，2015)，本章聚焦数学成绩以及 CEPS 自行设计并测量的认知技能测试成绩①两项认知表现指标。同时，鉴于已有文献，男教师在培养学生的意志力、自信心、创造力等方面可能更具优势(Barber et al.，2001；Friedl et al.，2020；Gneezy et al.，2009；翟春城，2013；景抒展、李桃园，2019；吴晶等，2020)，而 CEPS 恰好在基线调查和追踪调查时都测量了上述指标，因此本章聚焦意志力、创造力和自信心 3 项

① CEPS 认知技能测试主要考察学生的逻辑思维与问题解决能力。

非认知表现指标①。按照已有文献的通常做法，我们分别针对每一类非认知表现测量量表所含的题目开展因子分析，提取第一公因子后将其投影到0~100的取值区间，获得最终使用的3项非认知表现指标。

教师性别变量。由于本章所设计的因变量既包括数学成绩这类指向特定学科的认知表现指标，也包括认知技能成绩和意志力等一般性的、不指向特定学科的认知或非认知表现指标，因而我们在针对不同因变量开展分析时需要引入特定教师的性别变量。更加具体地，当以数学成绩为因变量时，我们引入数学教师的性别变量；当以其他一般性人力资本指标为因变量时，我们引入班主任的性别变量。在最终涉及的教师样本中，班主任和数学教师中的男教师分别占40.8%和36.5%。

组织层面的男教师占比变量。为了从组织层面识别教师性别的影响，本章引入学校的男教师占比和班级的男教师占比两项变量。其中，基于校长报告的该学校男教师数量和教师总数两项数据，通过对其取比值，我们计算出了学校的男教师占比变量；基于抽样班级参与调查的3~4名教师样本的性别信息，我们计算出了班级的男教师占比变量②。

控制变量。为了更有效地揭示教师性别对学生人力资本的影响，我们需要尽可能地控制同时影响任课教师质量和学生发展的其他变量。因此，我们主要引入了以下控制变量：学生个人特征指标，包括性别、是不是独生子女、是否寄宿、是不是本地人4项指标；家庭特征指标，包括父母最高受教育年限、父母最高职业层级③、父母中是否至少有一人为党员（含民主党派）、家

---

① CEPS通过3个李克特4点量表（从1至4分依次表示从“完全不同意”到“完全同意”）分别测量了学生的意志力、自信心、创造力水平。其中，意志力量表包括“就算身体有点不舒服，或者有其他理由可以留在家里，我仍然会尽量去上学”“就算是我不喜欢的功课，我也会尽全力去做”“就算功课需要花好长时间才能做完，我仍然会不断地尽力去做”“对于自己的兴趣爱好，我能够坚持下去”4道题目；自信心量表包括“我对自己的未来有信心”“我觉得父母对我的未来有信心”“对于需要完成的任务，我通常很有信心”3道题目；创造力量表包括“我反应很迅速”“我能够很快学会新知识”“我对新鲜事物很好奇”3道题目。

② 在每个调查班级，CEPS针对语数外专任教师和班主任教师实施了调查，每名教师填写了性别信息。

③ 学生报告的家长职业地位更高一方的信息，管理类和技术类赋值为3；一般职工、办事人员赋值为2；商业服务业人员、工人、初级劳动者、农牧渔民等赋值为1。

庭经济条件指数①以及家庭相对经济状况②；学校特征指标，包括学校生均财政经费、办学水平地区排名等级③、学校硬件设施指数④、学校生师比 4 项指标。变量定义及样本的描述性统计见表 10-1。

表 10-1　变量定义及样本的描述性统计

	观测样本	均值	标准差
Panel A：学生人力资本变量			
认知能力			
数学成绩	9075	46.99	18.84
认知技能测试成绩	9075	2.460	0.886
非认知能力			
意志力	9075	73.07	23.15
创造力	9075	73.07	21.19
自信心	9075	68.47	19.28
Panel B：教师性别变量			
男数学教师	244	0.423	0.495
男班主任	288	0.362	0.481
学校男教师比例	112	0.402	0.157
班级男教师比例	288	0.323	0.333
panel C：学生个人和家庭特征变量			
男学生	9075	0.512	0.500
独生子女	9075	0.445	0.497
寄宿	9075	1.699	0.459
本地人	9075	0.817	0.387
父母最高受教育年限	9075	11.06	3.114

① 利用学生和家长问卷调查的是否有独立书桌、是否有独立厕所、是否有自来水、是否有电脑 4 道题目，基于项目反应理论合成家庭经济条件指数。

② 利用家长问卷调查的家庭经济自评状况，选项为“非常困难=1；比较困难=2；中等=3；比较富裕=4；很富裕=5”。

③ 校长报告学校办学水平在当地所处层级(1~5 依次表示最差到最好)。

④ 利用校长问卷调查的学校是否有实验室、电脑教室、图书馆、音乐室、学生活动室、心理咨询室、运动场、体育馆和游泳池 9 道题目，基于项目反应理论合成学校硬件设施指数。

续表

	观测样本	均值	标准差
父母最高职业层级	9075	2.330	1.100
父母中至少有一位党员(含民主党派)	9075	0.175	0.380
家庭经济条件指数	9075	2.814	0.608
家庭相对经济水平	9075	0.785	0.276
panel D：学校特征变量			
生均财政经费(元)	111	1，212	828.9
办学水平地区排名等级	112	3.857	0.889
学校硬件设施指数	112	0.171	0.170
生师比	112	12.41	4.552

注：生均财政经费变量在一个学校存在缺失值，故该变量的观测样本为111所学校。

第三节　教师性别对学生人力资本发展的影响

(一)基准模型估计

我们采用如下模型从整体上识别教师性别对学生人力资本的影响：

$$Y_{ics}^{k}=\beta_0+\beta_1 TMALE_{cs}+\beta_2 SMALE_{ics}+\beta_3 Y_{ics}^{k,-1}+X'_{ics}\delta+X'_{s}\gamma+\eta_s+\varepsilon_{ics} \quad (10-1)$$

在模型(10-1)中，Y_{ics}^{k}表示学校 s 中教师 c 的授课班级中学生 i 的第 k 项人力资本指标(共有数学成绩等5项)。$TMALE_{cs}$指学校 s 中教师 c 的性别指标(1=男教师，0=女教师)。$SMALE_{ics}$是学生 i 的性别指标，男生取值为1，否则取值为0。$Y_{ics}^{k,-1}$表示滞后一期的人力资本变量，当 $\beta_3=0$ 时，该模型实质为同期投入模型(CTM)；当 $\beta_3\neq 0$ 时，该模型实质为增值性模型(VAM)，即通过引入滞后一期的因变量，可以更好地剥离不可控干扰因素可能造成的偏误。X'_{ics}是学生个体或所在家庭特征向量(包括学生父母最高受教育年限等变量)；X'_{s} 是学校特征向量(包括学校生均财政经费等变量)。由于数据存在学生嵌套于学校的结构特征，我们通过引入学校随机效应项 η_s 构建含随机截距项的两水平模型，更有效地进行估计。ε_{ics}是个体随机误差项。

表 10-2　教师性别对学生人力资本的影响效应估计

自变量＼因变量	数学成绩		认知技能测试成绩		意志力		创造力		自信心	
	CTM	VAM	CTM	VAM	CTM	VAM	CTM	VAM	CTM	VAM
男数学教师/班主任	−3.747***	−1.616***	−2.675***	−2.331***	−1.735***	−1.829***	−0.907*	−0.460	−2.159***	−1.361***
	(−8.00)	(−4.75)	(−6.70)	(−6.48)	(−2.78)	(−2.96)	(−1.70)	(−0.87)	(−4.15)	(−3.04)
滞后一期因变量	—	1.145***	—	7.978***	—	0.244***	—	0.181***	—	0.459
	(91.80)	—	(46.34)	—	(20.78)	—	(16.86)	—	(51.57)	—
男生	−3.451***	−1.942***	−1.074***	−1.148***	−3.122***	−2.133***	0.675	0.160	0.864**	0.685**
	(−10.22)	(−7.96)	(−3.74)	(−4.39)	(−6.59)	(−4.43)	(1.62)	(0.38)	(2.25)	(2.00)
独生子女	0.220	−0.031	−0.133	0.148	−0.196	−0.219	1.966***	2.050***	0.702	0.161
	(0.52)	(−0.10)	(−0.37)	(0.45)	(−0.34)	(−0.38)	(3.88)	(4.01)	(1.49)	(0.38)
寄宿生	−1.771***	−1.083**	−0.605	−0.823	1.515*	1.422*	1.041	0.794	−0.168	0.384
	(−2.65)	(−2.20)	(−1.07)	(−1.62)	(1.93)	(1.85)	(1.58)	(1.23)	(−0.25)	(0.68)
本地人	−1.050**	−0.132	−1.101**	−1.294***	−0.436	−0.567	0.189	−0.231	0.350	−0.021
	(−2.05)	(−0.35)	(−2.54)	(−3.27)	(−0.63)	(−0.81)	(0.31)	(−0.38)	(0.62)	(−0.04)
父母最高受教育年限	0.718***	0.209***	0.513***	0.328***	0.164	0.143	0.867***	0.814***	0.476***	0.234***
	(9.40)	(3.77)	(7.89)	(5.54)	(1.54)	(1.32)	(9.29)	(8.58)	(5.48)	(3.03)
父母最高职业层级	−0.398*	−0.194	0.041	−0.050	0.124	0.248	0.789***	0.688***	0.256	0.179
	(−1.93)	(−1.30)	(0.24)	(−0.31)	(0.43)	(0.85)	(3.11)	(2.68)	(1.09)	(0.86)
父母中是否有党员	−0.023	−0.040	−0.204	−0.252	0.309	0.166	0.219	0.049	1.133**	0.832*
	(−0.05)	(−0.11)	(−0.48)	(−0.66)	(0.44)	(0.23)	(0.36)	(0.08)	(2.00)	(1.65)

续表

自变量 \ 因变量	数学成绩		认知技能测试成绩		意志力		创造力		自信心	
	CTM	VAM	CTM	VAM	CTM	VAM	CTM	VAM	CTM	VAM
家庭相对经济水平	-0.123	-0.251	0.021	0.025	-0.159	0.015	1.612***	1.495***	1.679***	1.011***
	(-0.39)	(-1.11)	(0.08)	(0.10)	(-0.36)	(0.03)	(4.19)	(3.82)	(4.73)	(3.19)
家庭经济水平指数	2.060**	0.052	3.679***	2.444***	1.409	1.515	5.543***	4.913***	4.480***	2.212***
	(2.36)	(0.08)	(4.98)	(3.62)	(1.20)	(1.29)	(5.44)	(4.79)	(4.66)	(2.60)
学校生均财政经费	0.003***	0.004***	0.002*	0.001	0.000	0.001	0.000	0.000	-0.000	0.000
	(2.70)	(3.71)	(1.93)	(1.30)	(0.36)	(1.24)	(0.27)	(0.52)	(-0.51)	(0.48)
学校办学水平地区排名等级	3.777***	4.519***	3.492***	1.991***	1.646***	1.114**	1.236***	0.927**	2.054***	0.620
	(4.23)	(4.89)	(4.66)	(3.36)	(3.04)	(2.22)	(2.93)	(2.37)	(3.88)	(1.61)
学校硬件设施指数	4.710	6.057	5.865	4.165	2.696	2.058	0.504	0.063	0.171	-0.330
	(0.98)	(1.22)	(1.46)	(1.31)	(0.95)	(0.79)	(0.23)	(0.03)	(0.06)	(-0.16)
学校生师比	-0.404**	-0.469**	-0.138	-0.042	-0.213**	-0.127	-0.242***	-0.149**	-0.221**	-0.114
	(-2.26)	(-2.53)	(-0.92)	(-0.35)	(-2.01)	(-1.30)	(-2.96)	(-1.98)	(-2.12)	(-1.51)
常数项	31.996***	-48.449***	45.956***	55.258***	65.545***	45.603***	47.772***	37.471***	49.071***	24.236***
	(7.54)	(-11.10)	(12.88)	(19.24)	(21.92)	(15.25)	(19.79)	(15.81)	(17.59)	(11.07)
学校随机效应	Yes	Yes	Yes	Yes	Yes	Yes	Yes	Yes	Yes	Yes
N	8864	8528	8973	8656	9414	8793	9406	8634	9240	8897

注：* 表示 $p<0.1$，** 表示 $p<0.05$，*** 表示 $p<0.01$；在以数学成绩为因变量的模型中，男教师指男数学教师；在以其余 4 项人力资本指标为因变量的模型中，男教师指男班主任；括号内为 t 值。

我们将数学成绩、认知技能测试成绩、意志力、创造力、自信心依次作为因变量引入模型(10-1)，表 10-2 同时呈现了同期投入模型(CTM)和增值性模型(VAM)的估计结果。结果显示，在认知表现方面，无论是在以数学成绩还是以认知技能测试成绩为因变量的模型中，男教师的系数全部显著为负；在非认知表现方面，除了以创造力为因变量的增值性模型中男教师的系数为负但不显著，在其余模型中，男教师系数全部显著为负。上述结果说明，相较于男教师，女教师在整体上更能促进学生的人力资本发展。

(二)稳健性检验

为了获得教师性别对学生人力资本影响稳健且具有一致性的证据，本章从下述 4 个方面进行了稳健性检验。

首先，考虑到按照成绩分班的样本更可能面临教师和学生之间的非随机匹配问题(Gong et al.，2018)，为了排除这类样本可能带来的偏差，我们剔除在初一入学时按成绩分班的样本后使用增值性模型估计了模型(10-1)，表 10-3 报告了教师性别的系数。可以发现，在随机分班样本中估计得到的教师性别系数，与前面基准模型的取值和显著性几乎完全一致。

其次，由于在追踪期内部分班级存在教师变动的情况，考虑到教师变动会降低学生受当前所评估教师影响的程度，为排除这类样本可能带来的偏差，我们在相应的模型中分别剔除了追踪调查期内存在班主任或数学教师变动的样本，使用增值性模型估计了模型(10-1)，表 10-3 报告了教师性别的系数。可以发现，在追踪调查期内教师没有发生变动的样本中，教师性别系数的方向与基准估计完全一致，尽管对认知表现的负向影响程度有所下降且不再显著，但对非认知表现的负向影响仍然显著且影响程度高于基准模型。这提示我们，教师性别对学生长期发展的影响可能具有累积性，并主要体现在非认知表现上。

再次，本章将两水平随机截距模型设计更换为学校固定效应模型设计。即模型(10-1)中不引入学校控制变量和学校随机效应项，而引入学校固定效应项。表 10-3 报告了教师性别的系数。可以发现，使用学校固定效应模型得到的教师性别系数，与表 10-2 基准模型的结果的取值和显著性基本相同。

最后，考虑到有一定比例的数学教师在多个被调查班级同时授课，这使得我们可以进一步构建班级层面固定效应模型估计模型(10-1)，以排除班级层面不可观测要素的干扰①。即模型(10-1)中不引入学校控制变量和学校随机效应项，而引入班级固定效应项，表 10-3 报告了教师性别的系数。可以发现，教师性别系数在除以创造力为因变量的其余模型中全部为负，在以数学成绩为因变量的模型中显著且其负向影响效应大于基准模型。

综上，4 类稳健性检验的结果与基准估计非常一致，这说明基准估计的结果较为可靠，男教师相对女教师对学生的认知和非认知表现的确存在负向影响。

表 10-3　稳健性检验

因变量 样本分类	数学成绩	认知技能测试成绩	意志力	创造力	自信心
保留初一入学时不按成绩分班的样本	-1.764***	-1.733***	-1.187*	-0.161	-1.015**
	(-5.02)	(-4.31)	(-1.76)	(-0.28)	(-2.07)
保留追踪调查期内从没变换教师的样本	-0.109	-0.610	-4.349***	-1.475	-2.980***
	(-0.09)	(-0.71)	(-2.80)	(-1.14)	(-2.75)
学校固定效应模型	-1.508***	-1.766***	-2.223***	-0.739	-1.420***
	(-4.38)	(-4.78)	(-3.19)	(-1.20)	(-2.85)
班级固定效应模型	-23.073***	—	—	—	—
	(-4.36)	—	—	—	—\

注：*表示 $p<0.1$，**表示 $p<0.05$，***表示 $p<0.01$；研究者按照不同样本和不同因变量一共估计了 16 个模型；在保留初一入学时不按成绩分班的样本以及保留追踪调查期内从没变换教师的样本进行估计时，研究者均控制了表 10-2 所示的所有控制变量和学校随机效应；在学校固定效应和班级固定模型估计时，控制了表 10-2 所示的除学校特征外的其余所有个体和家庭特征变量。限于篇幅，每一个单元格仅报告了特定样本中以相应因变量估计模型(10-1)得到教师性别的系数，没有报告模型的其他参数。

第四节　教师对学生人力资本发展的性别匹配效应

(一)基准模型估计

本部分检验师生性别匹配效应，即女教师相对男教师是否更有助于女生的人力资本发展，而男教师相对女教师是否更有助于男生人力资本的积累。

① 样本中只存在极个别教师在多个班级担任班主任的情况，因此，我们只在考察数学教师性别对学生数学成绩影响时引入班级固定效应模型，这也是基准回归不考虑学生嵌套于班级水平的原因。

为此，我们在模型(10-1)中引入师生性别交互项 $TMALE_{cs} \times SMALE_{ics}$，构建了如下模型：

$$Y_{ics}^{k} = \beta_0 + \beta_1 TMALE_{cs} + \beta_2 SMALE_{ics} + \lambda TMALE_{cs} \times SMALE_{ics} + \beta_3 Y_{ics}^{k,-1} + X'_{ics}\delta + X'_{s}\gamma + \eta_s + \varepsilon_{ics} \tag{10-2}$$

模型(10-2)的变量和参数设定同模型(10-1)。在该模型设定下，β_1 代表男教师相对女教师对女生人力资本的影响，如果其取值显著为负，则女教师对女生人力资本影响的性别匹配效应得到证实；$\beta_1+\lambda$ 表示男教师相对女教师对男生人力资本的影响，如果其取值显著为正，则男教师对男生人力资本影响的性别匹配效应得到证实。

依次引入各项人力资本指标为因变量设定模型(10-2)，表 10-4 报告的估计结果显示，在认知表现方面，β_1 和 $\beta_1+\lambda$ 的取值全部显著为负。在非认知表现方面，β_1 全部取值为负，并在以创造力和自信心为因变量的同期投入模型中显著，以及在以自信心为因变量的增值性模型中显著；而 $\beta_1+\lambda$ 尽管在以创造力为因变量的模型中不显著，但在以意志力和自信心为因变量的模型中全部显著为负。与已有文献(Gong et al. , 2018；Muralidharan et al. , 2016；Winters et al. , 2013)的发现一致，此处的考察说明，性别匹配效应仅在女教师和女生群体中得到了验证，但在男教师和男生群体中则被拒绝，因而女教师不仅更有助于促进女生的发展，而且同样有助于促进男生的发展。

(二)稳健性检验

本章在排除样本非随机选择和教师变动的干扰，或将随机效应模型分别更换为学校固定效应模型和班级固定效应模型后，重新考察了性别匹配效应。表 10-5 的估计结果显示，前文基准模型估计的结果相当稳健，性别匹配效应仍然仅在女教师和女生群体中得到验证，却没有证据能够支持男教师更有利于男生的发展的论点，男教师反而在男生的部分人力资本发展指标上表现出了显著的负面影响。

表 10-4　教师对学生人力资本发展的性别匹配效应

自变量＼因变量	数学成绩		认知技能测试成绩		意志力		创造力		自信心	
	CTM	VAM	CTM	VAM	CTM	VAM	CTM	VAM	CTM	VAM
男数学教师/班主任(β_1)	-4.660***	-2.193***	-2.143***	-1.803***	-1.379	-1.378	-1.575*	-0.973	-2.970***	-2.005***
	(-7.98)	(-5.18)	(-4.27)	(-3.97)	(-1.71)	(-1.71)	(-2.26)	(-1.39)	(-4.48)	(-3.45)
男生(β_2)	-4.176***	-2.398***	-1.178***	-1.234***	-2.882***	-1.835**	0.224	-0.176	0.315	0.258
	(-9.55)	(-7.62)	(-3.40)	(-3.93)	(-4.91)	(-3.11)	(0.43)	(-0.34)	(0.66)	(0.61)
男数学教师/班主任*男生(λ)	1.781**	1.125*	0.209	0.359	-0.688	-0.876	1.294	0.989	1.580*	1.246
	(2.61)	(2.29)	(0.36)	(0.67)	(-0.70)	(-0.87)	(1.49)	(1.11)	(1.88)	(1.74)
$\beta_1+\lambda$	-2.879***	-1.068***	-1.934***	-1.444***	-2.067**	-2.254***	-0.281	0.017	-1.390**	-0.759*
	(-5.015)	(-2.567)	(-3.928)	(-3.247)	(-2.633)	(-2.867)	(-0.413)	(0.024)	(-2.340)	(-2.140)
滞后一期因变量		Yes		Yes		Yes		Yes		Yes
个人和家庭特征	Yes	Yes	Yes	Yes	Yes	Yes	Yes	Yes	Yes	Yes
学校特征	Yes	Yes	Yes	Yes	Yes	Yes	Yes	Yes	Yes	Yes
学校随机效应	Yes	Yes	Yes	Yes	Yes	Yes	Yes	Yes	Yes	Yes
N	8864	8528	9385	9135	9414	8793	9406	8634	9240	8897

注：* 表示 $p<0.1$，** 表示 $p<0.05$，*** 表示 $p<0.01$；全部模型均控制了表 10-2 所示的所有控制变量和学校随机效应。

表 10-5 稳健性检验

样本分类	自变量＼因变量	数学成绩	认知技能测试成绩	意志力	创造力	自信心
初一入学时不按成绩分班的样本	男教师对女生的影响效应(β_1)	-2.402***	-1.981***	-0.763	-0.437	-1.950**
		(-5.49)	(-3.93)	(-0.86)	(-0.57)	(-3.07)
	男教师对男生的影响效应($\beta_1+\lambda$)	-1.160**	-1.501**	-1.583*	0.093	-0.148**
		(-2.701)	(-3.058)	(-1.840)	(0.125)	(-0.241)
追踪调查期内从没变换教师的样本	男教师对女生的影响效应(β_1)	-2.101***	-1.380**	-1.339	-0.837	-2.033***
		(-4.88)	(-3.02)	(-1.64)	(-1.18)	(-3.47)
	男教师对男生的影响效应($\beta_1+\lambda$)	-1.085**	-0.972**	-2.258**	0.289	-0.670
		(-2.563)	(-2.168)	(-2.828)	(0.420)	(-1.171)
学校固定效应 *VAM* 模型	男教师对女生的影响效应(β_1)	-2.050***	-1.941***	-1.758*	-1.247	-2.067***
		(-4.82)	(-4.24)	(-2.04)	(-1.63)	(-3.35)
	男教师对男生的影响效应($\beta_1+\lambda$)	-0.926**	-1.584***	-2.651***	-0.174	-0.765
		(-2.221)	(-3.524)	(-3.114)	(-0.232)	(-1.260)
班级固定效应 *VAM* 模型	男教师对女生的影响效应(β_1)	-29.666***	—	—	—	—
		(-5.58)	—	—	—	—
	男教师对男生的影响效应($\beta_1+\lambda$)	-28.679***	—	—	—	—
		(-5.39)	—	—	—	—

注：* 表示 $p<0.1$，** 表示 $p<0.05$，*** 表示 $p<0.01$；研究者按照不同样本和不同因变量一共估计了 16 个模型；在保留初一入学时不按成绩分班的样本以及保留追踪调查期内从没变换教师的样本进行估计时，研究者均控制了表 10-2 所示的所有控制变量和学校随机效应；在学校固定效应和班级固定效应估计时，控制了表 10-2 所示的除学校特征外的其余所有个体和家庭特征变量。限于篇幅，每一个单元格仅报告了特定样本中以相应因变量估计模型(10-1)得到教师性别的系数，没有报告模型的其他参数。

第五节　教师性别结构对学生人力资本发展的影响

(一)基准模型估计

我们采用如下模型来考察教师性别结构对学生人力资本发展的影响：

$$Y_{ics}^{k}=\beta_0+\beta_1 Schmale_s+\beta_2 SMALE_{ics}+\beta_3 Y_{ics}^{k,-1}+X'_{ics}\delta+X'_s\gamma+\eta_s+\varepsilon_{ics} \quad (10-3)$$

$$Y_{ics}^{k}=\beta_0+\beta_1 Clsmale_{cs}+\beta_2 SMALE_{ics}+\beta_3 Y_{ics}^{k,-1}+X'_{ics}\delta+X'_s\gamma+\eta_s+\varepsilon_{ics} \quad (10-4)$$

在模型（10-3）和模型（10-4）中，$Schmale_s$ 和 $Clsmale_{cs}$ 分别代表第 s 所学校和第 c 个班级的男教师占比，其余变量和参数设定同模型（10-1）。在模型设定下，如果 β_1 显著为正，说明提高学校或班级中的男教师占比有助于学生人力资本发展。依次引入各项人力资本指标为因变量进行估计，表 10-6 和表 10-7 依次报告了估计结果。可以发现，在全部模型中，β_1 取值均为负，并且仅在以意志力为因变量、以学校男教师占比为解释变量的模型中不显著，在其余模型中全部显著为负。这说明，随着学校或班级教师中男教师占比的提升，学生的各项人力资本发展水平会出现不同程度的下降。

（二）稳健性检验

本章在排除样本非随机选择和教师变动可能的干扰后①，重新考察了教师性别结构的影响，以进行稳健性检验。表 10-8 报告的估计结果显示，估计结果非常稳健：没有任何证据能够支持提高男教师占比有利于学生的人力资本发展的论点，相反，提高男教师占比会对学生各项人力资本的发展指标带来不同程度的负向影响；在没有教师变动的样本中，学校男教师占比提高对学生发展的负向影响效应远大于前文基准模型的估计结果，尤其是对非认知表现负向影响的显著性程度明显提升。这提示我们，教师性别对学生发展特别是非认知表现发展的影响可能具有长期累积性。

---

① 需要说明的是，待考察的教师性别结构变量为班级或学校层面变量，因而不适用班级固定效应或学校固定效应模型进行稳健性检验。

表 10-6　学校男教师占比对学生人力资本的影响

自变量 \ 因变量	数学成绩		认知技能测试成绩		意志力		创造力		自信心	
	CTM	VAM	CTM	VAM	CTM	VAM	CTM	VAM	CTM	VAM
学校男教师占比	-10.200*	-14.062*	-16.188***	-11.084**	-6.427	-5.323	-7.523**	-4.806*	-9.588**	-6.195**
	(-1.98)	(-2.45)	(-3.54)	(-3.05)	(-1.87)	(-1.68)	(-3.00)	(-2.08)	(-2.95)	(-2.60)
滞后一期因变量		Yes		Yes		Yes		Yes		Yes
个人和家庭特征	Yes	Yes	Yes	Yes	Yes	Yes	Yes	Yes	Yes	Yes
学校特征	Yes	Yes	Yes	Yes	Yes	Yes	Yes	Yes	Yes	Yes
学校随机效应	Yes	Yes	Yes	Yes	Yes	Yes	Yes	Yes	Yes	Yes
N	9468	9120	9413	9163	9446	8824	10050	9240	9272	8929

注：* 表示 $p<0.1$，** 表示 $p<0.05$，*** 表示 $p<0.01$；全部模型均控制了表 10-2 所示的所有控制变量和学校随机效应。

表 10-7　班级男教师占比对学生人力资本的影响

因变量 / 自变量	数学成绩		认知技能测试成绩		意志力		创造力		自信心	
	CTM	VAM	CTM	VAM	CTM	VAM	CTM	VAM	CTM	VAM
班级男教师占比	−4.703***	−2.138***	−2.891***	−2.620***	−3.310**	−3.251**	−2.765**	−1.670	−3.502***	−2.247**
	(−5.66)	(−3.57)	(−4.11)	(−4.16)	(−3.09)	(−3.07)	(−3.04)	(−1.85)	(−3.89)	(−2.93)
滞后一期因变量		Yes		Yes		Yes		Yes		Yes
个人和家庭特征	Yes	Yes	Yes	Yes	Yes	Yes	Yes	Yes	Yes	Yes
学校特征	Yes	Yes	Yes	Yes	Yes	Yes	Yes	Yes	Yes	Yes
学校随机效应	Yes	Yes	Yes	Yes	Yes	Yes	Yes	Yes	Yes	Yes
N	9468	9120	9413	9163	9446	8824	10050	9240	9272	8929

注：* 表示 $p<0.1$，** 表示 $p<0.05$，*** 表示 $p<0.01$；全部模型均控制了表 10-2 所示的所有控制变量和学校随机效应。

表 10-8 稳健性检验

样本分类 \ 因变量	数学成绩	认知技能测试成绩	意志力	创造力	自信心
Panel A 解释变量=学校男教师占比					
初中入学时不按成绩分班的样本	-6.029	-9.833**	-0.363	-2.397	-2.532
	(-0.97)	(-2.46)	(-0.11)	(-0.90)	(-0.96)
从没变换教师的样本	-61.883***	-15.601*	-35.315***	-10.543*	-14.662**
	(-5.34)	(-1.65)	(-3.77)	(-1.71)	(-2.41)
Panel B 解释变量=班级男教师占比					
初中入学时不按成绩分班的样本	-2.728***	-3.486***	-2.101*	-1.249	-1.579*
	(-3.92)	(-4.67)	(-1.72)	(-1.19)	(-1.78)
从没变换教师的样本	-2.227***	-1.520**	-3.000***	-1.256	-2.251***
	(-3.18)	(-2.37)	(-2.79)	(-1.37)	(-2.89)

注：* 表示 $p<0.1$，** 表示 $p<0.05$，*** 表示 $p<0.01$；全部模型均控制了表 10-2 所示的所有控制变量和学校随机效应。

第六节 机制剖析

根据上文的分析，学生的人力资本发展的确会因为任课教师的性别不同而受到影响，那么，其内在机制主要是什么呢？教师质量在本质上取决于教师自身的资质和实践行为(Raymond et al.，2010)。因此，为了更全面地理解上文得出的女教师更有助于学生人力资本积累的研究发现，本节聚焦教师资质和行为情感实践，引入中介检验的三步法(温忠麟、叶宝娟，2014)，以揭示教师性别影响学生人力资本的内在机制。

基于已有文献对教师资质和行为情感要素可能存在性别差异的讨论(Raymond et al.，2010；王嘉毅、赵志纯，2010；王云峰、田一，2015；姚东旻等，2021；张森、毛亚庆，2020)，并考虑到学校人事管理政策的可干预性以及 CEPS 数据的可得性，我们从教师资质、职业幸福感、师生关系以及课堂教学行为 4 个方面共选取了 13 项指标，分别考察了各项指标在男女教师间的差异状况①。

表 10-9 显示，在教师资质维度，相对于女教师，男教师拥有本科学历的比例显著更低。在职业幸福感维度，在两类教师样本中，男教师相对女教师对职业倦怠感的感知显著更高、对任教学校的认同感显著更低；在数学教师样本中，男教师相对女教师对教师职业的认同感以及对薪酬满意度的感知均显著更低。在师生关系维度，当班主任为男教师时，学生对于师生关系亲密度的感知显著更低；当数学教师为男性时，学生对教师关注度的自我感知显著更低。在课堂教学行为维度，相对于女教师，男教师显著更少地实施信息化教学、表扬学生以及提问学生，但会显著更多地批评学生。

表 10-9 教师资质和行为情感要素的性别差异描述

变量＼样本分类		班主任样本			数学教师样本		
		女教师（N=184）	男教师（N=104）	差异（女—男）	女教师（N=142）	男教师（N=102）	差异（女—男）
教师资质	拥有本科学历	0.918	0.771	0.147***	0.944	0.769	0.174***
	师范院校毕业	0.897	0.924	-0.027	0.923	0.923	-0.001
职业幸福感	职业倦怠感	2.341	2.514	-0.174*	2.169	2.471	-0.302***
	对教师职业的认同感	1.978	1.886	0.093	2.085	1.913	0.171**
	对任教学校的认同感	2.254	2.086	0.168**	2.362	2.183	0.179**
	薪酬满意度	2.617	2.486	0.132	2.779	2.548	0.230*
	学校办学条件满意度	3.546	3.429	0.118	3.657	3.427	0.230
师生关系	师生关系亲密度的感知程度	3.322	3.219	0.103***	/	/	/
	教师关注度的感知程度	/	/	/	2.752	2.621	0.131***

① 需要说明的是，对于师生关系亲密度感知以及否定性（批评）教学行为，我们只针对班主任进行了调查，而对于教师关注度的感知程度以及过程性监督（提问）行为，我们只针对专任（数学）教师进行了调查，因此，相应指标的数据分析分别只针对班主任或数学教师。

续表

变量 \ 样本分类		班主任样本			数学教师样本		
		女教师(N=184)	男教师(N=104)	差异(女—男)	女教师(N=142)	男教师(N=102)	差异(女—男)
课堂教学行为	信息化教学行为	4.019	3.708	0.312***	3.869	3.576	0.292***
	否定性教学行为(受到班主任批评的频次)	1.865	1.908	-0.043**	/	/	/
	肯定性教学行为(受到班主任/数学教师表扬的频次)	2.371	2.251	0.120***	2.405	2.230	0.175***
	过程性监督行为(获得数学教师提问的频次)	/	/	/	2.512	2.394	0.119***

注：对各项教师资质或行为指标按照性别差异进行 t 检验，* 表示 $p<0.1$，** 表示 $p<0.05$，*** 表示 $p<0.01$。

接下来，针对上文描述性分析得到的存在显著性别差异的 10 项教师资质和行为情感实践要素指标，我们分维度依次将它们引入如下模型，考察其对学生人力资本的影响：

$$Y_{ics}^{k}=\beta_0+\alpha Tch_{cs}^{j}+\beta_2 SMALE_{ics}+\beta_3 Y_{ics}^{k,-1}+X'_{ics}\delta+X'_{s}\gamma+\eta_s+\varepsilon_{ics} \tag{10-5}$$

模型(10-5)中 Tch_{cs}^{j} 表示学校 s 中班级 c 教师的第 j 项特征变量。表 10-10 报告了估计结果。其中，Panel A 报告了引入教师资质维度学历变量的估计结果，可以发现，数学教师拥有本科学历能显著提升学生的数学测试成绩，班主任拥有本科学历能显著提升学生的意志力水平。Panel B 报告了引入职业幸福感维度 3 项变量的估计结果，可以发现，教师的职业倦怠感对学生的两项认知表现指标均存在显著的负向影响；教师对任教学校的认同感会显著提高学生的认知技能测试成绩以及自信心；教师的薪酬满意度对学生的意志力和自信心存在显著的正向影响。Panel C 报告了引入师生关系维度两项变量的估计结果，可以发现，随着学生对其与班主任关系亲密度感知程度的提高，学生的各项认知表现和非认知表现均会显著提高；随着学生对数学教师对其关注感知程度的提高，学生的数学成绩会显著提高。Panel D 报告了引入课堂教学行为维度 4 项变量的估计结果，可以发现，教师更多地表扬学生，对除认知技能测试成绩外的其余各项认知和非认知表现指标均存在显著的正向影响；

数学教师更多地开展信息化教学和实施过程性监督，能显著提升学生的数学成绩；但班主任更多地批评学生，对各项认知和非认知表现指标均存在显著的负向影响。

表 10-10 教师资质和行为情感要素对学生发展的影响

自变量 \ 因变量	数学成绩	认知技能测试成绩	意志力	创造力	自信心
Panel A 教师资质					
拥有本科学历	1.643***	-0.294	1.690*	0.270	0.919
	(2.65)	(-0.51)	(1.80)	(0.34)	(1.34)
Panel B 教师职业幸福感					
职业倦怠感	-0.651***	-0.476**	-0.123	0.046	0.237
	(-2.88)	(-2.10)	(-0.32)	(0.14)	(0.86)
对任教学校的认同感	0.166	0.893***	-0.457	0.360	1.348***
	(0.54)	(2.59)	(-0.82)	(0.77)	(3.31)
薪酬满意度	0.100	0.266	0.771**	0.377	0.427*
	(0.45)	(1.23)	(2.36)	(1.39)	(1.77)
Panel C 师生关系					
学生与班主任关系亲密度	/	1.436***	5.190***	4.600***	2.921***
	/	(7.48)	(14.55)	(14.68)	(11.35)
感受到数学教师的关注	1.151***	/	/	/	/
	(8.05)	/	/	/	/
Panel D 课堂教学行为					
肯定性教学行为(表扬等)	0.650***	-0.028	4.610***	2.624***	4.536***
	(4.17)	(-0.19)	(16.88)	(10.76)	(23.20)
信息化教学行为	0.833***	/	/	/	/
	(3.69)	/	/	/	/
课堂提问行为	0.592***	/	/	/	/
	(3.70)	/	/	/	/
否定性教学行为(批评等)	/	-1.189***	-1.494***	-0.767***	-1.056***
	/	(-7.65)	(-5.18)	(-2.98)	(-5.21)

注：* 表示是 $p<0.1$，** $p<0.05$，*** 表示 $p<0.01$；针对每一个因变量，依次引入每一类教师资质或情感实践行为变量，因此，表 10-10 基于模型(10-5)一共估计了 20 个独立的模型。

最后，我们按维度依次引入表 10-10 所示的教师特征要素设计如下模型，进一步检验教师性别影响学生发展的内在机制。

$$Y^{k}_{ics}=\beta_0+\alpha Tch^{j}_{cs}+\beta_1 TMALE_{cs}+\beta_2 SMALE_{ics}+\beta_3 Y^{k,-1}_{ics}+X'_{ics}\delta+X'_{s}\gamma+\eta_s+\varepsilon_{ics} \tag{10-6}$$

由于前两步研究已证实，待考察的各项教师特征不仅在教师性别上差异显著，还能显著影响学生的发展，而模型(10-6)和模型(10-1)的区别仅在于是否引入教师资质和行为情感要素，那么，通过比较这两个模型所得到教师性别变量回归系数 β_1 在取值和显著性上的变化，则可以判断被考察的教师特征要素是否为连接教师性别与学生发展的内在路径。考虑到只需要比较系数 β_1 绝对值及其显著性的变化，为了更直观地进行比较，我们同时绘制了两个模型所得到系数的取值及其置信区间。

图 10-2 显示，在除了以创造力为因变量的其余模型中，引入教师资质维度的变量后，系数 β_1 的绝对值有一定程度的缩小，但显著性没有变化(置信区间全部不包括零值)，说明该维度是教师性别影响学生发展的部分中介因子。图 10-3 显示，在以认知技能测试成绩、创造力和自信心为因变量的估计模型中，引入教师职业幸福感维度的变量后，系数 β_1 的绝对值均有一定程度的缩小，但仍然显著，说明该维度是教师性别影响学生相应人力资本指标的部分中介因子。图 10-4 显示，在以认知表现为因变量的模型中，引入师生关系维度的变量后，系数 β_1 的绝对值有所减小，但仍然显著，说明该维度是教师性别影响学生认知表现的部分中介因子；与之不同，在以意志力和自信心为因变量的模型中，引入师生关系维度的变量后，系数 β_1 的绝对值明显缩小，且不再显著，说明该维度是教师性别影响学生非认知表现的完全中介因子。图 10-5 显示，在以认知表现为因变量的模型中，引入教师课堂教学行为维度的变量后，系数 β_1 的绝对值和显著性都基本没有变化，说明教师课堂教学行为基本不能解释女教师在促进学生认知表现中的优势；但是，在以意志力和自信心为因变量的模型中，引入课堂教学行为维度的变量后，系数 β_1 明显缩小且不再显著，说明该维度是教师性别影响学生非认知表现的完全中介因子。

综上可知，女教师相对男教师不仅更擅长建立高信任度和关注度的师生关系，也更多地表扬学生，以及开展过程性监督和实施信息化教学，但更少地批评学生，这可能是女教师在促进学生人力资本发展尤其是非认知表现方面存在优势的主要原因。

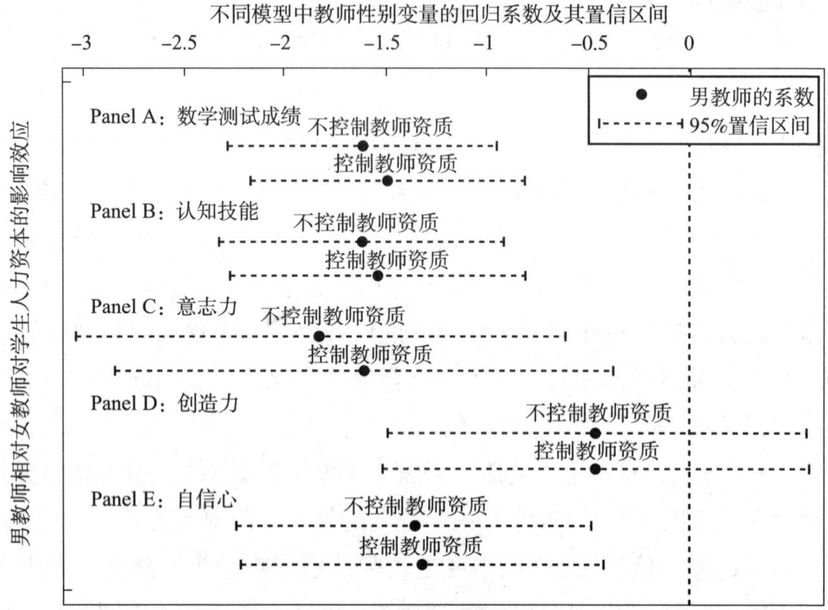

图 10–2　控制教师资质：男教师相较于女教师对学生人力资本的影响

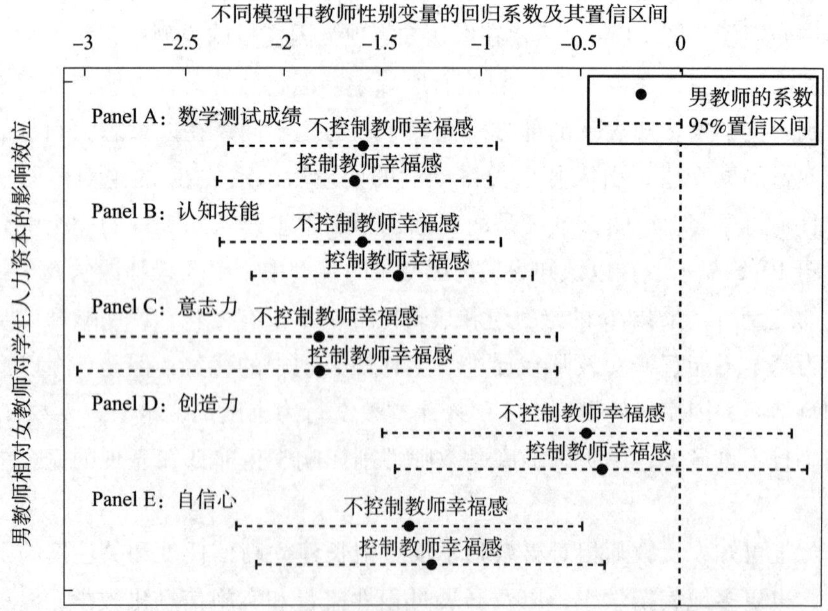

图 10–3　控制教师职业幸福感：男教师相较于女教师对学生人力资本的影响

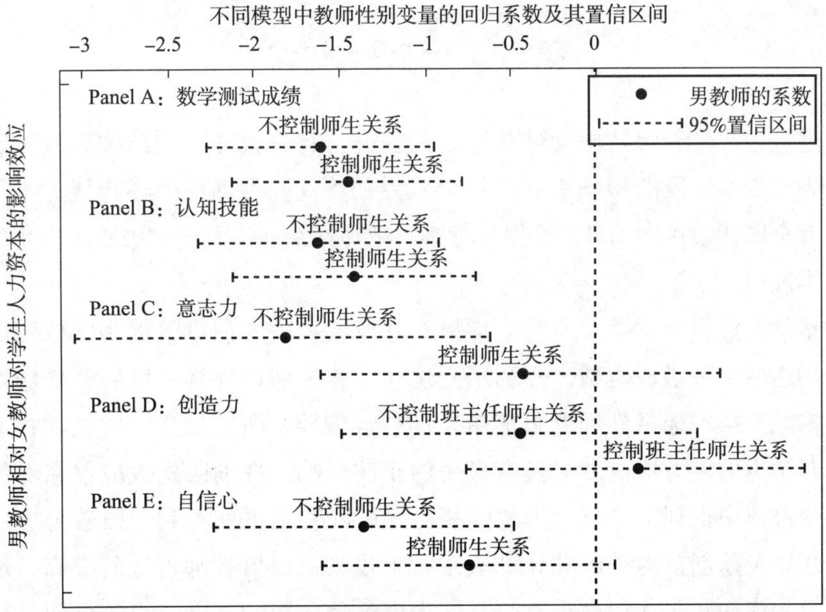

图 10-4 控制师生关系：男教师相较于女教师对学生人力资本的影响

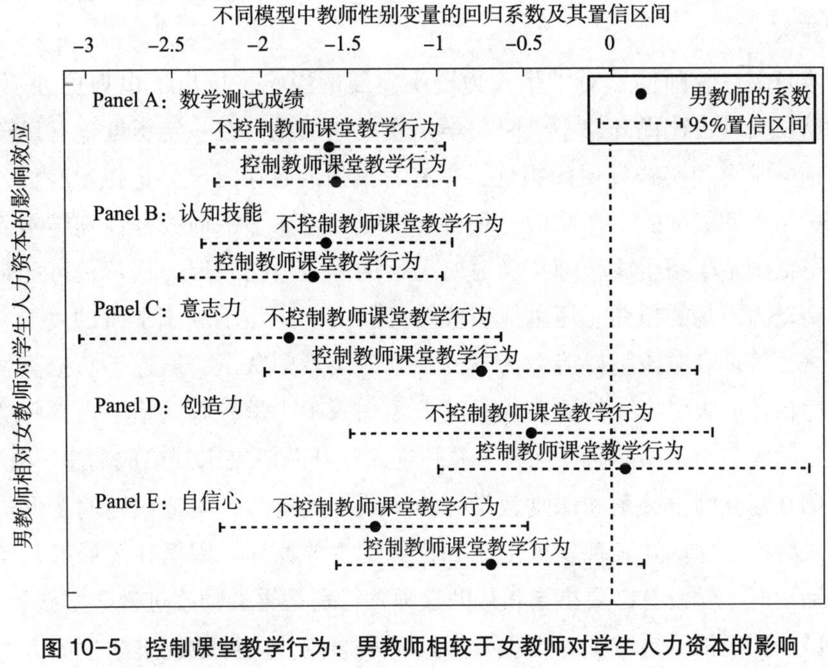

图 10-5 控制课堂教学行为：男教师相较于女教师对学生人力资本的影响

第七节　结论与讨论

随着中小学教师队伍女性化程度的提升，有关教师性别结构失衡不利于学生人力资本发展的担忧引起了社会各界的关注。为回应上述担忧，本章利用具有全国代表性的 CEPS 数据，考察了教师性别如何影响初中阶段学生的人力资本发展。

本章通过引入学生人力资本指标在基线调查中的测量数据和学校随机效应项构造两水平增值模型，并利用变化样本和模型设计等手段展开稳健性讨论，以减少样本选择性问题可能带来的估计偏误，研究发现：女教师相对男教师对学生的人力资本发展具有显著的正向影响；性别匹配效应仅在女教师和女生群体中得到了验证，男教师相对女教师甚至更加不利于改善男生的认知表现以及除创造力外的非认知表现；学校或班级男教师占比的提高，均会对学生的认知和非认知表现产生不同程度的负向影响。进一步的机制分析发现，女教师在建立师生关系以及课堂教学行为上存在优势，这是造成初中教育阶段女教师更擅长促进学生人力资本发展，尤其是改进学生非认知表现的主要原因。

本章关注教师性别对学生人力资本发展的影响，得出了巾帼更胜须眉、教师队伍女性占比提升并不会阻碍学生发展的结论，在一定程度上有助于缓解当前学术界和实践领域的担忧，也有着很强的政策含义。这提示我们，在准教师培养和教师队伍招聘的过程中，没有必要为了平衡教师性别结构而刻意地降低师范生招生或教师招聘时对男性的准入门槛，因为这不仅可能带来教师劳动力市场的扭曲，还可能造成教师能力下降而不利于学生的发展。根本而言，管理者应该坚持能力为本的原则建设教师队伍，通过不断提高教师劳动力市场的吸引力，使更多优秀的人才加入中小学教师队伍。当教师劳动力市场的吸引力足够高时，优秀男教师进入教师队伍是水到渠成的事。此外，女教师在建立师生关系和课堂教学行为实践上的优势，是造成她们在促进学生发展特别是非认知表现发展上更加优异的主要原因。因而在开展教师专业发展活动时，学校有必要指导和帮助教师，特别是男教师改进教学实践行为，这能减少甚至消除男教师对学生发展的不利影响，更好地促进学生的人力资本发展。

此外，虽然本章已通过构建增值性模型和随机效应模型、改变模型或样本设计实施稳健性检验等多种手段尽可能保证估计结果的有效性，但仍然可能存在样本选择性偏误造成的估计威胁。同时，由于只有两期追踪数据，我们也无法估计教师性别对学生人力资本发展可能存在的长期影响。对于上述问题，我们可以在今后的研究中进一步深入探讨。

第十一章

结论与进一步讨论

教师的质量，直接决定其所培养的学生的质量。农村教师的质量影响农村地区青少年人力资本的获得，以及国家社会经济长期可持续发展。因此，农村教师质量问题日益受到学术界和实践领域的关注。本书系统梳理了21世纪以来中国农村地区教师队伍建设的政策变迁以及所取得的成绩，在此基础上进一步测算了教师要素对城乡教育差距的贡献，对教师质量评价的改进进行了展望，对教师质量的提升路径进行了分析。具体而言，本书主要从以下9个方面对农村地区高质量教师队伍建设展开了研究。

第一，本书基于2014年在中国东部某省开展的大规模抽样调查数据，考察了教师实施“学生中心”教学策略对城乡教育差距的贡献及其内在机制。研究发现：①在实践“学生中心”教学策略这一新课程改革的新要求上，农村教师相对城市教师差距明显。②在农村地区，在平均水平上，教师实践“学生中心”教学策略能够通过促进学生以学习自我效能感和内在学习动机为内涵的自主学习发展，起到提高小学阶段学生学业成绩的作用；并且，随着成绩分位点的降低，成绩排名靠后、更需要教师关注和支持的学生群体，尤其能从“学生中心”教学策略中获益。③无论是在平均水平，还是在不同成绩分位点上，“学生中心”教学策略对农村地区学生学业成绩的提升作用均稳健和显著地强于城市地区。④学生成绩的城乡差距分解显示，在均值水平和不同分位点上，“学生中心”教学策略的“禀赋效应”全部显著为正，并且，由于该类教学策略在农村地区的回报率稳健地大于城市地区，使其系数效应为负，说明农村地区教师在该类教学策略的实践水平上落后于城市地区是造成城乡教育差距的重要原因。研究结论说明，在加强农村教师队伍建设、推进基础教育改革的过程中，教育管理部门需针对农村教师教学策略的改进有的放矢，以推进城乡义务教育一体化发展、提升农村义务教育质量。

第二，本书基于PISA2018中国4个省(市)的调查数据，从教师教学热情的角度，探讨了中国基础教育阶段学生学业成绩的城乡差距问题。研究发现：①农村教师的教学热情水平的确显著低于城市教师，但农村教师的教学热情水平仍然与学生成绩具有显著的正向相关关系。就是说，增强教师的教学热情，能显著地提高农村学生的学业成绩。②教师教学热情与学生成绩的正向关系在农村地区显著弱于城市，教师教学热情回报的城乡差异所导致的城乡学生成绩差距对城乡学生成绩差距的贡献远大于其他5类常见学校质量指标的贡献。这说明，要通过增强教师教学热情实现缩小城乡教育差距的目标，关键在于，应提供相应的配套措施，以增强农村教师教学热情对学生成绩的提升效应。③随着学生成绩分布水平的提高，教师教学热情与学生成绩的正向关系逐渐得以体现，尤其是学业表现最优异的农村学生更能从中获益；但与之形成鲜明对比的是，学业成绩水平最低的农村学生却可能因为教师的教学热情而受到负向影响。这说明，在增强教师教学热情的过程中，应当充分重视成绩最低水平学生能从中获益，这是相关干预政策能实现帕累托改进的关键。

第三，本书通过梳理美国教师教学质量评价手段——即将课堂教学理论、大数据技术以及因果推断方法相结合的课堂观察评价——的实践、研究思路以及研究进展，从评价框架开发、实施过程管理以及识别有效评价指标的实证研究设计3个方面讨论其对我国传统教师教学质量直接评价改进的启示。研究发现：①相比中国基础教育阶段普遍使用的、由教学负责人实施的传统教师教学评价，美国教师教学质量评价不仅有着非常扎实和完备的理论支撑，而且严格保证观察评价工具的信度和效度，同时，对评价执行人员和评价过程都有非常严格的管理。②重视质性研究和因果推断量化研究的结合，体现了“以证据为本”的研究导向，确保评价指标能够经得起实证研究的检验。也就是说，评价所关注的教师课堂教学质量指标是真正能够起到促进学生发展作用的要素。这为中国改进传统的基于课堂观察的教师质量评价提供了重要启示。

第四，本书基于对国际前沿学术文献、政策文本以及网络资料的全面梳理，尝试系统地总结教师质量增值性评价在美国学术研究和实践应用中的发展路径。研究发现：在以美国为代表的发达国家中，增值性评价已经从学术领域的探索走向教师人事管理实践领域的应用，从证实教师对学生学校教育获得的重要性走向证实教师对学生终身发展的重要性，从利用传统教育生产函数模型识别教师个体质量走向引入随机实验或准实验设计以更充分地保障质量评价结果的有效性与稳定性，从以学生学业成绩单维度导向的质量评价走向以认知技能和非认知技能相结合的多维度导向的质量评价，旨在为助力教师质量提升提供更加丰富的依据。增值性评价具有典型的跨学科属性，计量方法的进步、数据库的丰富、新人力资本内涵的扩展、教育测量技术的改进、信息技术平台的建设，以及教师教育理论的发展，是推进其走向成熟的基础。

第五，本书基于贵州省某县特岗教师调研数据，采用量化与质性相结合的方式揭示影响教师留任的因素。研究发现："特岗计划"在有效引导地方财政配套的同时，也在一定程度上加剧了地方财政负担；农村教师不仅教学负担重，而且承担了过多教学之外的工作；物质条件匮乏、基础设施不健全是阻碍农村教师留任的重要因素。为了稳定乡村教师队伍，中央财政应该继续加大转移支付力度，解决地方财政的后顾之忧；同时，地方教育部门应该构建更为全面的农村教师专业发展支持体系，并且避免招聘中出现"本地化倾向"，增强农村教师的文化认同感。

第六，本书基于 TALIS2018 数据和河南某县特岗教师的小规模调查数据，在工作要求—资源模型的理论框架下，探讨学校工作特征要素对教师工作满意度的影响。研究发现：①工作要求负向影响教师工作满意度的损耗路径得到了支持，工作压力在其中起到完全中介作用。②工作资源正向影响教师工作满意度的增益路径得到了支持，工作要求与工作资源相互作用、共同影响教师工作满意度的缓冲假设和对应假设得到了部分支持。只有领导支持和绩效反馈这两类工作资源，可以缓冲工作要求对工作压力的触发，进而起到降低工作要求负向影响教师满意度的作用，使得教师在高要求—高资源的组合状况下感受到最高水平的工作满意度。③在农村特岗教师群体中，工作要求的损益路径和工作资源的增益路径同样得到支持。研究结果证实了改善学校管理、优化工作资源与工作要求配比对教师工作满意度的积极作用。

第七，本书基于 TALIS2013 上海的数据，从累积性等 6 个方面对教师专业发展活动进行表征，从课堂秩序管理等 4 个维度测量教师课堂教学质量，探讨教师专业发展活动与课堂教学质量的关系。研究发现：①专业发展活动的集体性、合作性以及一致性与教师课堂教学质量的所有维度显著正相关。②专业发展活动的持续性和主动性与参与式教学以及评价学生这两个维度的教师课堂教学质量显著正相关。③对于每一项课堂教学质量维度，在不同质量水平的教师群体中，各项专业发展活动特征对相应质量维度的提升效应存在差异。基于上述研究，本书从优化和改进专业发展活动设计的角度为提升教师课堂教学质量提出了相应的建议。

第八，本书基于 PISA2015 中国 4 个省(市)的数据，以科学学科为例，尝试探讨教师合作教学这类特定的教师专业发展活动对学生学业成绩的影响，并揭示教师教学实践和学生学习动机在上述影响过程中的链式中介作用。研究发现：教师合作教学对学生成绩有积极影响，教师合作教学能通过“学生中心教学实践→学生学习动机”的中介链对学生成绩产生间接影响，但不能通过“教师中心教学实践→学生学习动机”中介链间接影响学生成绩。上述结果不仅有助于我们准确理解教师合作影响学生学业成绩的内在机制，而且对于有效推进教师合作以实现教育教学目标具有重要的理论价值和实践启示。

第九，本书基于 CEPS 的面板数据，考察了教师性别对初中阶段学生人力资本的影响。研究发现：①相较于男教师，女教师更能促进学生的认知和非认知能力发展；无论是对于男生还是女生而言，女教师的优势都稳健存在。②随着班级以及学校中男教师占比的提高，学生的认知和非认知表现水平均显著下降。③从教师资质和行为情感角度进行的机制分析发现，女教师更能和学生建立亲密的师生关系，更能让学生感受到教师的关注，更多地采用信息化教学方式，以及更多地表扬学生，这些是她们相对男教师在促进学生人力资本发展的过程中表现更为优异的主要原因。

与现有研究相比，本书可能具有以下贡献：

第一，推进了有关教师质量问题的实证研究。本书分别聚焦于“学生中心”的教师教学策略和教师教学热情，估计了上述教师要素对城乡教育差距的贡献程度及其内在机制，使用了 Oaxaca-Blinder 分解和分位数回归模型等多种方法，弥补了现有文献缺乏从教师角度测度城乡教育差距成因的不足。本书利用二元逻辑回归模型、多水平模型、路径分析模型等多种手段，揭示教师留任状况和工作满意度状况的影响因素，弥补了现有文献对于教师安于乐教影响因素解释不够充分的不足。本书利用多水平模型、链式中介模型等手段，揭示教师专业发展活动特征和特定类型专业发展活动对教师质量的提升效果，推进了对教师专业发展活动有效性的识别。本书利用随机效应模型、中介模型，以及引入多种稳健性讨论策略，识别教师性别与教师质量的关系，有助于缓解学术界和政策实践领域对教师性别结构失衡问题的担忧，并为教师招聘政策的调整和专业发展活动的优化提供启示。

第二，充分挖掘公共数据库资源，并且利用第一手数据，就相关问题开展了丰富的研究。本书综合使用了TALIS2013、TALIS2018、PISA2015、PISA2018、CEPS等国内外大型公共数据库开展分析，还基于东部某省、西南部某县、中部某县的调查数据开展了研究。现有教师问题研究往往侧重于教师对学生学业测试成绩的提升作用，忽视了以非学业测试成绩衡量学生发展结果的教师质量问题，将学生发展默认为认知能力发展，只重视学业成绩的评估，这可能会误导教师干预项目的策略和方向。相对而言，本书不仅关注到课堂教学质量，还关注到学生成绩进步以及更加丰富的学生人力资本发展指标，从不同维度探讨教师作用以及教师质量，对未来进一步研究教师的作用提供了线索。

第三，紧扣了新时代教育评价改革的需要。本书分别聚焦教师质量的课堂观察评价和教师质量的增值性评价，就评价目标、评价实施、评价结果有效性保障等问题进行了较为完整的文献梳理和总结，就其在中国本土的实施进行了探讨和展望。

第四，研究所得到结论和发现的启示性意义不仅局限于农村地区，对城市地区教师队伍建设同样具有启示性意义。考虑到教师质量评价以及教师质量提升问题在城乡具有一定的普适性规律，因此本书在样本选择上并不仅仅局限于农村地区，也包括了城市地区，这极大地增强了本书对教师队伍建设的启示性作用。

当然，本书也有一些有待改进的地方。比如：

第一，可以引入随机干预实验研究的手段，就教师质量改进项目或政策的具体效果展开评价。尽管本书通过引入控制变量和多水平模型、增强稳健性讨论等办法，试图更加有效地测度教师质量的影响因素，为教师质量提升路径提供线索。但要获得可靠的因果关系结论，仍有待随机干预实验给出更加准确的证据。

第二，可以增强对教师质量增值性评价以及课题观察评价的试点实践。本书对增值性评价和课堂观察评价的国际前沿文献、政策文本和执行报告等进行全面梳理，总结其对中国实践的启示，但真正落地还有很长的路要走。这有待我们基于研究所得到的结论，加强小规模试点实践，积累更加丰富的知识和经验。

参考文献

[1]ARONSON D, BARROW L, SANDER W. Teachers and student achievement in theChicago public high schools[J]. Journal of Labor Economics, 2007, 25(1): 95-135.

[2]AERA. AERAstatement on use of value-added models(VAM)for evaluation of educators and educator preparation programs[J]. Educational Researcher, 2015, 8(44): 448-452.

[3]AL-BALUSHI S M, AMBUSAIDI A K, AL-BALUSHI K A, et al. Student-centred and teacher-centred science classrooms as visualized by science teachers and their supervisors[J]. Teaching and Teacher Education, 2020(89).

[4]ALFASSI M. Effects of a learner-centred environment on the academic competence and motivation of students at risk[J]. Learning Environments Research, 2004(7).

[5]ALCAN Y, CAHUC P, SHLEIFER A. Teaching practices and social capital[J]. American Economic Journal. Applied Economics, 2013, 5(3): 189-210.

[6]AMINI C, NIVOROZHKIN E. The urban-rural divide in educational outcomes: evidence from Russia[J]. International Journal of Educational Development, 2015(44).

[7]AMREIN-BEARDSLEY A, HOLLOWAY J. Value-added models for teacher evaluation and accountability: commonsense assumptions[J]. Educational Policy, 2019, 33(3): 516-542.

[8]ANTECOL H, EREN O, OZBEKLIK S. The effect of teacher gender on student achievement in primary school[J]. Journal of Labor Economics, 2015, 33(1): 63-89.

[9]ASLAM M, KINGDON G. What can teachers do to raise pupil achievement? [J]. Economics of Education Review, 2011, 30(3): 559-574.

[10] ATTEBERRY A, LOEB S, Wyckoff J. Do first impressions matter? Predicting early career teacher effectiveness [J]. AERA open, 2015, 1(4).

[11] AUTOR D H, LEVY F, MURNANE R J. The skill content of recent technological change: an empirical exploration [J]. The Quarterly Journal of Economics, 2003, 118(4): 1279-1333.

[12] BAKER B D, OLUWOLE J O, GREEN P C. The legal consequences of mandating high stakes decisions based on low quality information: teacher evaluation in the race-to-the-top era [J]. Education Policy Analysis Archives, 2013.

[13] BAKER E, BARTON P. Problems with the use of student test scores to evaluate teachers [J]. Economic Policy Institute, 2010(29).

[14] BAKKER A B, DEMEROUTI E, TARIS T W, et al. A multigroup analysis of the job demands-resources model in four home care organizations [J]. International Journal of Stress Management, 2003, 10(1): 16-38.

[15] BAKKER A B, HAKANEN J J, DEMEROUTI E, et al. Job resources boost work engagement, particularly when job demands are high [J]. Journal of Educational Psychology, 2007, 99(2): 274-284.

[16] BALLOU D, SANDERS W, WRIGHT P. Controlling for student background in value-added assessment of teachers [J]. Journal of Educational and Behavioral Statistics, 2004, 29(1): 37-65.

[17] BARBER B M, ODEAN T. Boys will be boys: gender, overconfidence, and common stock investment [J]. Quarterly Journal of Economics, 2001, 116(1): 261-292.

[18] BARON R M, KENNY D A. The moderator mediator variable distinction in social psychological-research-conceptual, strategic, and statistical considerations [J]. Journal of Personality and Social Psychology, 1986, 51(6): 1173-1182.

[19] BAUMERT J, KUNTER M, BLUM W, et al. Teachers' mathematical knowledge, cognitive activation in the classroom, and student progress [J]. American Educational Research Journal, 2010, 47(1): 133-180.

[20] BECKER E S, GOETZ T, MORGER V, et al. The importance of teachers' emotions and instructional behavior for their students' emotions: an experience sampling analysis [J]. Teaching and Teacher Education, 2014(43): 15-26.

[21]BERLINER D C. Problems with value-added evaluations of teachers? Let me count the ways[J]. The Teacher Educator, 2013, 48(4): 235-243.

[22]BETTENCOURT E M, GILLETT M H, GALL M D, et al. Effects of teacher enthusiasm training on student on-task behavior and achievement[J]. American Educational Research Journal, 1983, 20(3): 435-450.

[23]BIETENBECK J. Teaching practices and cognitive skills[J]. Labour Economics, 2014(30): 143-153.

[24]BORMAN G D, KIMBALL S M. Teacher quality and educational equality: do teachers with higher standards-based evaluation ratings close student achievement gaps? [J]. The Elementary School Journal, 2005, 106(1): 3-20.

[25]BOWLES S, GINTIS H, OSBORNE M. The determinants of earnings: a behavioral approach [J]. Journal of Economic Literature, 2001, 39 (4): 1137-1176.

[26]BRIGHAM F J, SCRUGGS T E, MASTROPIERI M A. Teacher enthusiasm in learning disabilities classrooms: effects on learning and behavior [J]. Learning Disabilities Research and Practice, 1992, 2(7): 68-73.

[27]CAIRNS D, AREEPATTAMANNIL S. Exploring the relations of inquiry-based teaching to science achievement and dispositions in 54 countries[J]. Research in Science Education, 2019, 49(1): 1-23.

[28]CAMBURN E M, HAN S W. Two decades of generalizable evidence on us instruction from national surveys[J]. Teachers College Record, 2011, 113(3): 561-610.

[29]CAPRARA G V, VECCHIONE M, ALESSANDRI G, et al. The contribution of personality traits and self-efficacy beliefs to academic achievement: a longitudinal study [J]. British Journal of Educational Psychology, 2011, 81 (1): 78-96.

[30]CARRINGTON B, TYMMS P, MERRELL C. Role models, school improvement and the gender gap—do men bring out the best in boys and women the best in girls? [J]. British Educational Research Journal, 2008, 34 (3): 315-327.

[31]CHAMBERLAIN G E. Predictive effects of teachers and schools on test

scores, college attendance, and earnings[J]. Proceedings of the National Academy of Sciences-PNAS, 2013, 110(43): 17176-17182.

[32]CHAPMAN D W. A model of the influences on teacher retention[J]. Journal of Teacher Education, 1983, 34(5): 43-49.

[33]CHETTY R, FRIEDMAN J N, ROCKOFF J E. Measuring the impacts of teachersII: teacher value-added and student outcomes in adulthood[J]. American Economic Review, 2014, 104(9): 2633-2679.

[34]CHETTY R, FRIEDMAN J N, ROCKOFF J E. Measuring the impacts of teachers: evaluating bias in teacher value-added estimates[J]. The American Economic Review, 2014, 104(9): 2593-2632.

[35]CLOTFELTER C T, LADD H F, VIGDOR J L. Teacher credentials and student achievement: longitudinal analysis with student fixed effects[J]. Economics of Education Review, 2007, 26(6): 673-682.

[36]COCHRAN-SMITH M. Stayers, leavers, lovers, and dreamers-insights about teacher retention [J]. Journal of Teacher Education, 2004, 55(5): 387-392.

[37]COENEN J, VAN K C. Better test scores with a same-gender teacher? [J]. European Sociological Review, 2016, 32(3): 452-464.

[38]COHEN D K, HILL H C. Instructional policy and classroom performance: the mathematics reform in California[J]. Teachers College Record, 2000, 102(2): 294-343.

[39]COHEN J, GOLDHABER D. Building a more complete understanding of teacher evaluation using classroom observations[J]. Educational Researcher, 2016, 45(6): 378-387.

[40]COLEMAN J S. Citation classic-equality of educational-opportunity[J]. Current Contents/Social & Behavioral Sciences, 1979(18): 12.

[41]COLLIE R J, SHAPKA J D, PERRY N E. School climate and social-emotional learning: predicting teacher stress, job satisfaction, and teaching efficacy[J]. Journal of Educational Psychology, 2012, 104(4): 1189-1204.

[42] CONDIE S, LEFGREN L, SIMS D. Teacher heterogeneity, value-added and education policy[J]. Economics of Education Review, 2014(40):

76-92.

[43]CORDERO J M, GIL-IZQUIERDO M. The effect of teaching strategies on student achievement: an analysis using TALIS-PISA-Link[J]. Journal of Policy Modeling, 2018, 40(6): 1313-1331.

[44]DECI E L, EGHRARI H, PATRICK B C, et al. Facilitating internalization: the self-determination theory perspective[J]. Journal of Personality, 1994, 62(1): 119-142.

[45]DEE T S. Teachers and the gender gaps in student achievement[J]. Journal of Human Resources, 2007, 42(3): 528-554.

[46]DELLO-IACOVO B. Curriculum reform and quality education in China: an overview[J]. International Journal of Educational Development, 2009, 29(3): 241-249.

[47]DEMEROUTI E, BAKKER A B, NACHREINER F, et al. The job demands-resources model of burnout[J]. Journal of Applied Psychology, 2001, 86(3): 499-512.

[48]DEMEROUTI E, BAKKER A B. The job demands-resources model: challenges for future research[J]. SA Journal of Industrial Psychology, 2011, 37(2).

[49]DESIMONE L M. Improving impact studies of teachers' professional development: toward better conceptualizations and measures[J]. Educational Researcher, 2009, 38(3): 181-199.

[50]DJONKO-MOORE C M. An exploration of teacher attrition and mobility in high poverty racially segregated schools[J]. Race, Ethnicity and Education, 2016, 19(5): 1063-1087.

[51]DOHERTY K M, JACOBS S. State of the states 2015: evaluating teaching, leading and learning[J]. National Council on Teacher Quality, 2015(7).

[52]DRIESSEN G. The feminization of primary education: effects of teachers' sex on pupil achievement, attitudes and behaviour[J]. International Review of Education, 2007, 53(2): 183-203.

[53]EHRENBERG R G, BREWER D J. Did teachers' verbal ability and race matter in the 1960s? Coleman revisited[J]. Economics of Education Review,

1995，14(1)：1-21.

[54]FAST L A，LEWIS J L，BRYANT M J，et al. Does math self-efficacy mediate the effect of the perceived classroom environment on standardized math test performance? [J]. Journal of Educational Psychology，2010，102(3)：729-740.

[55]FIRPO S，FORTIN N M，LEMIEUX T. Unconditional quantile regressions [J]. Econometrica，2009，77(3)：953-973.

[56]FLÈCHE S. Teacher quality，test scores and non-cognitive skills：evidence from primary school teacher in the UK[J]. CEP Discussion Papers，2017.

[57]FOLEY C，MURPHY M. Burnout in Irish teachers：investigating the role of individual differences，work environment and coping factors[J]. Teaching and Teacher Education，2015(50)：46-55.

[58]FRENZEL A C，GOETZ T，LÜDTKE O，et al. Emotional transmission in the classroom：exploring the relationship between teacher and student enjoyment [J]. Journal of Educational Psychology，2009，101(3)：705-716.

[59]FRENZEL A C，TAXER J L，SCHWAB C，et al. Independent and joint effects of teacher enthusiasm and motivation on student motivation and experiences：a field experiment[J]. Motivation and Emotion，2019，43(2)：255-265.

[60]FRIEDL A，PONDORFER A，SCHMIDT U. Gender differences in social risk taking[J]. Journal of Economic Psychology，2020，77：102182.

[61]GABRIEL R，LESTER J N. Sentinels guarding the grail：value-added measurement and the quest for education reform[J]. Education Policy Analysis Archives，2013(21)：9.

[62]GALLAGHER H A. Vaughn elementary's innovative teacher evaluation system：are teacher evaluation scores related to growth in student achievement? [J]. Peabody Journal of Education，2004，79(4)：79-107.

[63]GALLO J，BECKMAN P. A global view of rural education：teacher preparation，recruitment，and retention[J]. Global Education Review，2016，3(1)：1-4.

[64]GARET M S，PORTER A C，DESIMONE L，et al. What makes professional development effective? Results from a national sample of teachers[J]. American Educational Research Journal，2001，38(4)：915-945.

[65]GARNERO A, KAMPELMANN S, RYCX F. The heterogeneous effects of workforce diversity on productivity, wages, and profits[J]. Industrial Relations (Berkeley), 2014, 53(3): 430–477.

[66]GARRETT T. Student-centered and teacher-centered classroom management: a case study of three elementary teachers[J]. Journal of Classroom Interaction, 2008, 43(1).

[67] GERSHENSON S. Linking teacher quality, student attendance, and student achievement[J]. Education Finance and Policy, 2016, 11(2): 125–149.

[68]GNEEZY U, LEONARD K L, LIST J A. Gender differences in competition: evidence from a matrilineal and a patriarchal society[J]. Econometrica, 2009, 77(5): 1637–1664.

[69]GODDARD Y L, GODDARD R D, TSCHANNEN-MORAN M. A theoretical and empirical investigation of teacher collaboration for school improvement and student achievement in public elementary schools[J]. Teachers College Record, 2007, 109(4): 877–896.

[70]GODDARD Y L, KIM M. Examining connections between teacher perceptions of collaboration, differentiated instruction, and teacher efficacy[J]. Teachers College Record, 2018, 120(1).

[71]GOLDHABER D D, BREWER D J. Does teacher certification matter high school teacher certification status and student achievement[J]. Educational Evaluation and Policy Analysis, 2000, 22(2): 129–145.

[72]GOLDHABER D, HANSEN M. Is it just a bad class? Assessing the long-term stability of estimated teacher performance[J]. Economica (London), 2013, 80(319): 589–612.

[73]GOLDHABER D, THEOBALD R. Do different value-added models tell us the same things? What we know series: value-added methods and applications. Knowledge brief 4. [J]. Carnegie Foundation for the Advancement of Teaching, 2012(15).

[74]GONG J, LU Y, SONG H. The effect of teacher gender on students' academic and noncognitive outcomes[J]. Journal of Labor Economics, 2018, 36(3): 743–778.

[75] GRANGER E M, BEVIS T H, SAKA Y, et al. The efficacy of student-centered instruction in supporting science learning [J]. Science, 2012, 338 (6103): 105-108.

[76] GRIGG J, KELLY K A, GAMORAN A, et al. Effects of two scientific inquiry professional development interventions on teaching practice [J]. Educational Evaluation and Policy Analysis, 2013, 35(1): 38-56.

[77] GROSSMAN P, COHEN J, RONFELDT M, et al. The test matters: the relationship between classroom observation scores and teacher value added on multiple types of assessment [J]. Educational Researcher, 2014, 43 (6): 293-303.

[78] GROSSMAN P, LOEB S, COHEN J, et al. Measure for measure: the relationship between measures of instructional practice in middle school english language arts and teachers' value-added scores. [J] American Journal of Education, 2013, 119(3): 445-470.

[79] GUARINO C M, RECKASE M D, WOOLDRIDGE J M. Can value-added measures of teacher performance be trusted? [J]. Education Finance and Policy, 2015, 10(1): 117-156.

[80] HAGAY G, BARAM-TSABARI A. A strategy for incorporating students' interests into the high-school science classroom [J]. Journal of Research in Science Teaching, 2015, 52(7): 949-978.

[81] HAGENAUER G, HASCHER T, VOLET S E. Teacher emotions in the classroom: associations with students' engagement, classroom discipline and the interpersonal teacher-student relationship [J]. European Journal of Psychology of Education, 2015, 30(4): 385-403.

[82] HAGENAUER G, HASCHER T, VOLET S E. Teacher emotions in the classroom: associations with students' engagement, classroom discipline and the interpersonal teacher-student relationship [J]. European Journal of Psychology of Education, 2015, 30(4): 385-403.

[83] HAKANEN J J, BAKKER A B, SCHAUFELI W B. Burnout and work engagement among teachers [J]. Journal of School Psychology, 2006, 43 (6): 495-513.

[84]HANUSHEK E A. The economics of schooling: production and efficiency in public schools[J]. Journal of Economic Literature, 1986, 24(3): 1141-1177.

[85]HANUSHEK E A. The economic value of higher teacher quality[J]. Economics of Education Review, 2011, 30(3): 466-479.

[86]HANUSHEK E A, RIVKIN S G. Generalizations about using value-added measures of teacher quality[J]. The American Economic Review, 2010, 100(2): 267-271.

[87]HANUSHEK E. Teacher characteristics and gains in student achievement: estimation using micro data[J]. The American Economic Review, 1971, 61(2): 280-288.

[88]HARRIS D N, SASS T R. Teacher training, teacher quality and student achievement[J]. Journal of Public Economics, 2011, 95(7-8): 798-812.

[89]HARRIS D N, SASS T R. Skills, productivity and the evaluation of teacher performance[J]. Economics of Education Review, 2014(40): 183-204.

[90]HECKMAN J J, STIXRUD J, URZUA S. The effects of cognitive and noncognitive abilities on labor market outcomes and social behavior[J]. Journal of Labor Economics, 2006, 24(3): 411-482.

[91]HECKMAN J J, STIXRUD J, URZUA S. The effects of cognitive and noncognitive abilities on labor market outcomes and social behavior[J]. Journal of Labor Economics, 2006, 24(3): 411-482.

[92]HIDI S. Interest and its contribution as a mental resource for learning[J]. Review of Educational Research, 1990, 60(4): 549-571.

[93] HILL H C, CHARALAMBOUS C Y, KRAFT M A. When rater reliability is not enough: teacher observation systems and a case for the generalizability study[J]. Educational researcher, 2012, 41(2): 56-64.

[94]HILL H C, KAPITULA L, UMLAND K. A validity argument approach to evaluating teacher value-added scores[J]. American Educational Research Journal, 2011, 48(3): 794-831.

[95]HILL H C, ROWAN B, BALL D L. Effects of teachers' mathematical knowledge for teaching on student achievement[J]. American Educational Research Journal, 2005, 42(2): 371-406.

[96]HO V T，WONG S，LEE C H. A tale of passion：linking job passion and cognitive engagement to employee work performance[J]. Journal of Management Studies，2011，48(1)：26-47.

[97]HOFFMANN F，OREOPOULOS P. A professor like me：the influence of instructor gender on college achievement[J]. Journal of Human Resources，2009，44(2)：479-494.

[98]HOLMLUND H，SUND K. Is the gender gap in school performance affected by the sex of the teacher?[J]. Labour Economics，2008，15(1)：37-53.

[99]HOPF D，HATZICHRISTOU C. Teacher gender-related influences in greek schools[J]. British Journal of Educational Psychology，1999，69(1)：1-18.

[100]HUGHES G D. Teacher retention：teacher characteristics，school characteristics，organizational characteristics，and teacher efficacy[J]. The Journal of Educational Research，2012，105(4)：245-255.

[101]HUSÉN T，TUIJNMAN A. The contribution of formal schooling to the increase in intellectual capital[J]. Educational Researcher，1991，7(20)：17-25.

[102]IRANZO S，SCHIVARDI F，TOSETTI E. Skill dispersion and firm productivity：an analysis with employer-employee matched data[J]. Journal of Labor Economics，2008，26(2)：247-285.

[103]JACKSON C K. Non-cognitive ability，test scores，and teacher quality：evidence from 9th grade teachers in north carolina[C]. Nber Working Paper No. 18624，2014.

[104]JACKSON C. What do test scores miss? The importance of teacher effects on non-test score outcomes[J]. Journal of Political Economy，2018，126(5)：2072-2107.

[105]JAMES L R. Aggregation bias in estimates of perceptual agreement[J]. Journal of Applied Psychology，1982，67(2)：219-229.

[106]JAMES L R，DEMAREE R G，WOLF G. Estimating within-group interrater reliability with and without response bias[J]. Journal of Applied Psychology，1984，69(1)：85-98.

[107] JENNINGS J L, DIPRETE T A. Teacher effects on social and behavioral skills in early elementary school[J]. Sociology of Education, 2010, 83(2): 135-159.

[108] JEPSEN C. Teacher characteristics and student achievement: evidence from teacher surveys[J]. Journal of Urban Economics, 2005, 57(2): 302-319.

[109] JOHNSON S M, KRAFT M A, PAPAY J P. How context matters in high-need schools: the effects of teachers' working conditions on their professional satisfaction and their students' achievement[J]. Teachers College Record, 2012, 114(10).

[110] KANE T J, MCCAFFREY D F, MILLER T, et al. Have we identified effective teachers? [J]. Met Project, 2013.

[111] KANE T J, TAYLOR E S, TYLER J H, et al. Identifying effective classroom practices using student achievement data [J]. Journal of Human Resources, 2011, 46(3): 587-613.

[112] KANE T J, STAIGER D O. Estimation teacher impact on student achievement[C]. Nber Working Paper, 2008.

[113] KANE T J. Gathering Feedback for teaching: combining high-quality observations with student surveys and achievement gains[J]. Bill & Melinda Gates Foundation, 2012(36).

[114] KELLER M M, HOY A W, GOETZ T, et al. Teacher enthusiasm: reviewing and redefining a complex construct[J]. Educational Psychology Review, 2016, 28(4): 743-769.

[115] KHINE M S, AREEPATTAMANNIL S. Non-cognitive skills and factors in educational attainment[J]. Contemporary Approaches to Research in Learning Innovations, 2016.

[116] KIM T, SCHALLERT D L. Mediating effects of teacher enthusiasm and peer enthusiasm on students' interest in the college classroom[J]. Contemporary Educational Psychology, 2014, 39(2): 134-144.

[117] KLASSEN R M, TZE V M C. Teachers' self-efficacy, personality, and teaching effectiveness: a meta-analysis[J]. Educational Research Review, 2014(12): 59-76.

[118]KOEDEL C，MIHALY K，ROCKOFF J E. Value-added modeling：a review[J]. Economics of Education Review，2015(47)：180-195.

[119]KÖLLER O，BAUMERT J，SCHNABEL K. Does interest matter? The relationship between academic interest and achievement in mathematics[J]. Journal for Research in Mathematics Education，2001，32(5)：448-470.

[120]KRAFT M A. Teacher effects on complex cognitive skills and social-emotional competencies[J]. The Journal of Human Resources，2019，54(1)：1-36.

[121]KUNTER M，FRENZEL A，NAGY G，et al. Teacher enthusiasm：dimensionality and context specificity[J]. Contemporary Educational Psychology，2011，36(4)：289-301.

[122]KUNTER M，KLUSMANN U，BAUMERT J，et al. Professional competence of teachers：effects on instructional quality and student development[J]. Journal of Educational Psychology，2013，105(3)：805-820.

[123] LAVY V. Expanding school resources and increasing time on task：effects on students' academic and noncognitive outcomes[J]. Journal of the European Economic Association，2019(1)：1.

[124] LAVY V. What makes an effective teacher? Quasi - experimental evidence[J]. CESifo Economic Studies，2016，62(1)：88-125.

[125]LEE J C，ZHANG Z，YIN H. Using multidimensional rasch analysis to validate theChinese version of the motivated strategies for learning questionnaire (MSLQ-CV)[J]. European Journal of Psychology of Education，2010，25(1)：141-155.

[126]LEE W，LEE M，BONG M. Testing interest and self-efficacy as predictors of academic self-regulation and achievement[J]. Contemporary Educational Psychology，2014，39(2)：86-99.

[127]LEIBHAM M B，ALEXANDER J M，JOHNSON K E. Science interests in preschool boys and girls：relations to later self-concept and science achievement [J]. Science Education，2013，97(4)：574-593.

[128] LERKKANEN M，KIURU N，PAKARINEN E，et al. The role of teaching practices in the development of children's interest in reading and mathe-

matics in kindergarten[J]. Contemporary Educational Psychology, 2012, 37(4): 266–279.

[129] LOUNKAEW K. Explaining urban – rural differences in educational achievement in thailand: evidence from PISA literacy data[J]. Economics of Education Review, 2013(37): 213–225.

[130] LOVENHEIM M, TURNER S. Economics of education[M]. Worth Publishers, 2017.

[131] LUO W. Perceived Teaching practice and its prediction of student engagement in singapore [J]. Asia Pacific Education Review, 2017, 18 (4): 451–463.

[132] MACCOBY E E. The development of sex difference[J]. Stanford University Press, 1966.

[133] MCCAFFREY D F, HAMILTON L S. Value–added assessment in practice: lessons from the pennsylvania value–added assessment system pilot project[J]. Santa Monica, CA: RAND Corporation, 2007.

[134] MCCONNEY A, OLIVER M C, WOODS–MCCONNEY A, et al. Inquiry, engagement, and literacy in science: a retrospective, cross – national analysis using PISA 2006[J]. Science Education, 2014, 98(6): 963–980.

[135] MCCORMICK M P, CAPPELLA E, O'CONNOR E E, et al. Social–emotional learning and academic achievement: using causal methods to explore classroom–level mechanisms[J]. AERA OPEN, 2015, 1(3).

[136] MERCHIE E, TUYTENS M, DEVOS G, et al. Evaluating teachers' professional development initiatives: towards an extended evaluative framework[J]. Research Papers in Education, 2018, 33(2): 143–168.

[137] MINNICI A. The Mind Shift in Teacher Evaluation: where we stand – and where we need to go[J]. American Educator, 2014, 38(1): 22.

[138] MOOLENAAR N M, SLEEGERS P J C, DALY A J. Teaming up: linking collaboration networks, collective efficacy, and student achievement[J]. Teaching and Teacher Education, 2012, 28(2): 251–262.

[139] MORGANETT L. Good Teacher–student relationships: a key element in classroom motivation and management[J]. Education (Chula Vista), 1991, 112

(2)：260.

[140]MURALIDHARAN K，SHETH K. Bridging education gender gaps in developing countries the role of female teachers[J]. Journal of Human Resources，2016，51(2)：269-297.

[141]NEUGEBAUER M，HELBIG M，LANDMANN A. Unmasking the myth of the same-sex teacher advantage[J]. European Sociological Review，2011，27(5)：669-689.

[142]NEWTON X A，DARLING-HAMMOND L，HAERTEL E，et al. Value-added modeling of teacher effectiveness：an exploration of stability across models and contexts[J]. Education Policy Analysis Archives，2010(18)：23.

[143]NYE B，KONSTANTOPOULOS S，HEDGES L V. How large are teacher effects? [J]. Educational Evaluation and Policy Analysis，2004，26(3)：237-257.

[144]OAXACA R. Male-female wage differentials in urban labor markets[J]. International Economic Review(Philadelphia)，1973，14(3)：693-709.

[145]OUAZAD A. Assessed by a teacher like me：race and teacher assessments[J]. Education Finance and Policy，2014，9(3)：334-372.

[146]PALARDY G J，RUMBERGER R W. Teacher effectiveness in first grade：the importance of background qualifications，attitudes，and instructional practices for student learning[J]. Educational Evaluation and Policy Analysis，2008，30(2)：111-140.

[147]PATRICK B C，HISLEY J，KEMPLER T. "What's everybody so excited about?"：the effects of teacher enthusiasm on student intrinsic motivation and vitality[J]. The Journal of Experimental Education，2000，68(3)：217-236.

[148]PATRICK H，MANTZICOPOULOS P，SAMARAPUNGAVAN A. Motivation for learning science in kindergarten：is there a gender gap and does integrated inquiry and literacy instruction make a difference[J]. Journal of Research in Science Teaching，2009，46(2)：166-191.

[149]PAUFLER N A，AMREIN-BEARDSLEY A. The random assignment of students into elementary classrooms：implications for value-added analyses and interpretations[J]. American Educational Research Journal，2014，51(2)：

328-362.

[150]PEARSON L C, MOOMAW W. The relationship between teacher autonomy and stress, work satisfaction, empowerment, and profess[J]. Educational Research Quarterly, 2005(1).

[151]PENUEL W R, FISHMAN B J, YAMAGUCHI R, et al. What makes professional development effective? Strategies that foster curriculum implementation [J]. American Educational Research Journal, 2007, 44(4): 921-958.

[152]PEREIRA M C, COELHO F. Work hours and well being: an investigation of moderator effects [J]. Social Indicators Research, 2013, 111 (1): 235-253.

[153]PERRY K E, DONOHUE K M, WEINSTEIN R S. Teaching practices and the promotion of achievement and adjustment in first grade[J]. Journal of School Psychology, 2007, 45(3): 269-292.

[154]PIANTA R C, MASHBURN A J, DOWNER J T, et al. Effects of web-mediated professional development resources on teacher-child interactions in pre-kindergarten classrooms[J]. Early Childhood Research Quarterly, 2008, 23 (4): 431-451.

[155]PIANTA R C, HAMRE B K. Conceptualization, measurement, and improvement of classroom processes: standardized observation can leverage capacity [J]. Educational Researcher, 2009, 38(2): 109-119.

[156]PODGURSKY M, MONROE R, WATSON D. The academic quality of public school teachers: an analysis of entry and exit behavior[J]. Economics of Education Review, 2004, 23(5): 507-518.

[157]POULOU M S. An examination of the relationship among teachers' perceptions of social-emotional learning, teaching efficacy, teacher-student interactions, and students' behavioral difficulties[J]. International Journal of School & Educational Psychology, 2017, 5(2): 126-136.

[158]POWELL B, DOWNEY D B. Living in single-parent households: an investigation of the same-sex hypothesis[J]. American Sociological Review, 1997, 62(4): 521-539.

[159]PUHANI P A. Do boys benefit from male teachers in elementary school?

Evidence from administrative panel data[J]. Labour Economics, 2018(51): 340-354.

[160]RAYMOND Y H, TSE S K, LAM J W I, et al. Does the gender of the teacher matter in the teaching of reading literacy? Teacher gender and pupil attainment in reading literacy in Hong Kong[J]. Teaching and Teacher Education, 2010, 26(4): 754-759.

[161]REEVES P M, PUN W H, CHUNG K S. Influence of teacher collaboration on job satisfaction and student achievement[J]. Teaching and Teacher Education, 2017(67): 227-236.

[162]ROCKOFF J E. The impact of individual teachers on student achievement: evidence from panel data[J]. The American Economic Review, 2004, 94(2): 247-252.

[163]ROCKOFF J E, STAIGER D O, KANE T J, et al. Information and employee evaluation: evidence from a randomized intervention in public schools[J]. The American Economic Review, 2012, 102(7): 3184-3213.

[164]RONFELDT M, FARMER S O, MCQUEEN K, et al. Teacher collaboration in instructional teams and student achievement[J]. American Educational Research Journal, 2015, 52(3): 475-514.

[165]ROSENBAUM J, MURNANE R. The impact of school resources on the learning of inner city children[J]. Contemporary Sociology, 1976, 5(5): 608.

[166]ROTHSTEIN J. Teacher quality in educational production: tracking, decay, and student achievement[J]. Quarterly Journal of Economics, 2010, 125(1): 175-214.

[167]ROTHSTEIN J, MATHIS W. Review of two culminating reports from the met project[J]. Department of Economics, Working Paper Series, 2021.

[168]RUZEK E A, DOMINA T, CONLEY A M, et al. Using value-added models to measure teacher effects on students' motivation and achievement[J]. The Journal of Early Adolescence, 2015, 35(5-6): 852-882.

[169]RYAN R M, DECI E L. Self-determination theory and the facilitation of intrinsic motivation, social development, and well-being[J]. The American Psychologist, 2000, 55(1): 68-78.

[170]SANDERS W L, HORN S P. The tennessee value-added assessment system(tvaas): mixed-model methodology in educational assessment[J]. Journal of Personnel Evaluation in Education, 1994, 8(3): 299-311.

[171] SARGENT T C, HANNUM E. Doing more with less: teacher professional learning communities in resource-constrained primary schools in rural China[J]. Journal of Teacher Education, 2009, 60(3): 258-276.

[172]SASS T R, SEMYKINA A, HARRIS D N. Value-added models and the measurement of teacher productivity[J]. Economics of Education Review, 2014(38): 9-23.

[173]SAUNDERS W M, GOLDENBERG C N, GALLIMORE R. Classroom learning: a prospective, quasi-experimental study of title i increasing achievement by focusing grade-level teams on improving[J]. American Educational Research Journal, 2009, 4(46): 1006-1033.

[174]SCHAUFELI W B, BAKKER A B, VAN RHENEN W. How changes in job demands and resources predict burnout, work engagement, and sickness absenteeism[J]. Journal of Organizational Behavior, 2009, 30(7): 893-917.

[175]SCHAUFELI W B, TARIS T W. A critical review of the job demands-resources model: implications for improving work and health[J]. Springer Netherlands, 2014.

[176] SHEN J. Teacher retention and attrition in public schools: evidence from SASS91[J]. The Journal of Educational Research, 1997, 91(2): 81-88.

[177]SHIPLEY W W. Examining teacher collaboration in a kindergarten building: a case study[D]. Duquesne University, 2009.

[178]SIMS S. TALIS 2013: working conditions, teacher job satisfaction and retention[C], Statistical working paper, 2017.

[179]SKAALVIK E M, SKAALVIK S. Teacher job satisfaction and motivation to leave the teaching profession: relations with school context, feeling of belonging, and emotional exhaustion[J]. Teaching and Teacher Education, 2011, 27(6): 1029-1038.

[180]SKAALVIK E M, SKAALVIK S. Job demands and job resources as predictors of teacher motivation and well-being[J]. Social Psychology of Education,

2018，21(5)：1251-1275.

[181]SKELTON C. Male primary teachers and perceptions of masculinity[J]. Educational Review，2003，55(2)：195-209.

[182]STIPEK D，BYLER P. The early childhood classroom observation measure[J]. Early Childhood Research Quarterly，2004，19(3)：375-397.

[183] SUKHNANDAN L，LEE B，KELLEHER S. An investigation into gender differences in achievement. Phase 2：school and classroom strategies[J]. Blood Transfusion = Trasfusione Del Sangue，2013，1(12)：1-6.

[184]SVENDSEN B. Teachers' experience from a school-based collaborative teacher professional development programme：reported impact on professional development[J]. Teacher Development，2016，20(3)：313-328.

[185]TAYLOR A B，MACKINNON D P，TEIN J. Tests of the three-path mediated effect[J]. Organizational Research Methods，2008，11(2)：241-269.

[186]TAYLOR E S，TYLER J H. The effect of evaluation on teacher performance[J]. American Economic Review，2012，102(7)：3628-3651.

[187]THEOBALD N D. An examination of the influence of personal，professional，and school district characteristics on public school teacher retention[J]. Economics of Education Review，1990，9(3)：241-250.

[188]TOROPOVA A，MYRBERG E，JOHANSSON S，et al. Teacher job satisfaction：the importance of school working conditions and teacher characteristics[J]. Educational Review(Birmingham)，2021，73(1)：71-97.

[189]TRÉPANIER S，FERNET C，AUSTIN S，et al. Linking job demands and resources to burnout and work engagement：does passion underlie these differential relationships? [J]. Motivation and Emotion，2014，38(3)：353-366.

[190]VAN KLAVEREN C. Lecturing style teaching and student performance [J]. Economics of Education Review，2011，30(4)：729-739.

[191]VANGRIEKEN K，DOCHY F，RAES E，et al. Teacher collaboration：a systematic review[J]. Educational Research Review，2015(15)：17-40.

[192]WANG D. The dilemma of time：student-centered teaching in the rural classroom in China[J]. Teaching and Teacher Education，2011，27(1)：157-164.

[193]WEISBERG D, SEXTON S, MULHERN J, et al. The widget effect: our national failure to acknowledge and act on differences in teacher effectiveness [J]. The Education Digest, 2009, 75(2): 31.

[194]WESTHEIMER J. Learning among colleagues: teacher community and the shared enterprise of education [J]. Handbook of Research in Teacher Education, 2008.

[195]WIMBERLEY C E. Teacher collaboration and student achievement[J]. Dissertations & Theses-Gradworks, 2011.

[196]WINTERS M A, HAIGHT R C, SWAIM T T, et al. The effect of same-gender teacher assignment on student achievement in the elementary and secondary grades: evidence from panel data[J]. Economics of Education Review, 2013(34): 69-75.

[197]WRIGHT S, WHITE J, SANDERS W, et al. SAS EVAAS Statistical Models[R]. SAS White Paper, 2010.

[198]YEH H. Job demands, job resources, and job satisfaction in East Asia [J]. Social Indicators Research, 2015, 121(1): 47-60.

[199]YIN H, HUANG S, LV L. A multilevel analysis of job characteristics, emotion regulation, and teacher well-being: a job demands-resources model[J]. Frontiers in Psychology, 2018(9).

[200]YIN H, HUANG S, Wang W. Work environment characteristics and teacher well-being: the mediation of emotion regulation strategies[J]. International Journal of Environmental Research and Public Health, 2016, 13(9): 907.

[201]YIN H, ZHENG X. Facilitating professional learning communities inChina: do leadership practices and faculty trust matter? [J]. Teaching and Teacher Education, 2018(76): 140-150.

[202]ZAJACOVA A, LYNCH S M, ESPENSHADE T J. Self-efficacy, stress, and academic success in college[J]. Research in Higher Education, 2005, 46(6): 677-706.

[203]ZHANG J, JIN S, TORERO M, et al. Teachers and urban-rural gaps in educational outcomes[J]. American Journal of Agricultural Economics, 2018, 100(4): 1207-1223.

［204］ZURLO M C，PES D，CAPASSO R. Teacher stress questionnaire：validity and reliability study in Italy［J］. Psychological reports，2013，113（2）：490-517.

［205］安雪慧，刘明兴，李小土．农村教师评价体制变革中的教师激励机制［J］．中国教育学刊，2009（10）：1-4.

［206］边玉芳，孙丽萍．教师增值性评价的进展及在我国应用的建议［J］．教师教育研究，2015，27（1）：88-95.

［207］崔允漷．新课程“新”在何处——解读《基础教育课程改革纲要（试行）》［J］．云南教育，2002（S1）：112-117.

［208］崔允漷．论课堂观察 LICC 范式：一种专业的听评课［J］．教育研究，2012，33（5）：79-83.

［209］侯中太，蔡永红．农村教师生存困境与反思［J］．中国教育学刊，2012（10）：32-35.

［210］胡咏梅，施世珊．相对评价、增值评价与课堂观察评价的融合——美国教师评价的新趋势［J］．比较教育研究，2014，36（8）：44-50.

［211］柯政，洪志忠．教师专业发展的本土理解——基于对 132 位中学高级教师的调查［J］．教育发展研究，2011，33（18）：48-56.

［212］雷浩，徐瑰瑰，邵朝友，等．教师关怀行为与学生学业成绩的关系：学习效能感的中介作用［J］．心理发展与教育，2015，31（2）：188-197.

［213］李玲，卢锦珍，李婷．西部农村教师补充的模型建构与实证分析——基于补偿性工资差别理论的视角［J］．教师教育研究，2015，27（6）：45-51.

［214］李凌艳．如何用好教育增值评价——对“探索增值评价”的主旨与行动的理性思考．中小学管理［J］，2020（10）：8-10.

［215］李森，崔友兴．新型城镇化进程中乡村教师专业发展现状调查研究——基于对川、滇、黔、渝四省市的实证分析［J］．教育研究，2015，36（7）：98-107.

［216］李维，白颖颖．初二学生感知的教师支持如何影响学业成绩——基于学业自我效能感与学习投入的多重中介效应分析［J］．教育与经济，2018（6）：86-92.

［217］李晓巍，刘艳．父教缺失下农村留守儿童的亲子依恋、师生关系

与主观幸福感[J]. 中国临床心理学杂志，2013，21(3)：493-496.

[218] 梁文艳．中小学教师教学质量评价及其影响因素研究基于增值性模型的分析[M]. 北京：北京师范大学出版社，2017.

[219] 梁文艳，杜育红．基于学生学业成绩的教师质量评价——来自中国西部农村小学的证据[J]. 北京大学教育评论，2011，9(3)：105-120.

[220] 刘亚．神经质与生活满意度的关系：情绪和自尊的链式中介作用[J]. 心理科学，2012，35(5)：1254-1260.

[221] 卢尚建．城乡教师教学水平差距的现状调查及分析——基于对浙江省城乡教师的调查研究[J]. 全球教育展望，2013，42(6)：88-95.

[222] 饶从满，张贵新．教师合作：教师发展的一个重要路径[J]. 教师教育研究，2007(1)：12-16.

[223] 盛连喜．提高农村教育质量的几点思考[J]. 教育研究，2008(3)：29-31.

[224] 孙云晓等．拯救男孩[M]. 北京：作家出版社，2010.

[225] 王定华．新时代我国教师队伍建设的形势与任务[J]. 重庆与世界，2018(12)：13-18.

[226] 王洁，宁波．国际视域下上海教师工作时间与工作负担：基于TALIS 数据的实证研究[J]. 教师教育研究，2018，30(6)：81-88.

[227] 王晓平，谢小庆．成长评估在教师和学校问责中的应用——美国的探索[J]. 教学管理与教育研究，2019，4(5)：117-123.

[228] 王云峰，田一．小学学生与教师性别对学业成绩的影响——基于大规模学业质量监测的多水平模型[J]. 教师教育研究，2015，27(4)：53-60.

[229] 温忠麟．实证研究中的因果推理与分析[J]. 心理科学，2017，40(1)：200-208.

[230] 伍新春，齐亚静，臧伟伟．中国中小学教师职业倦怠的总体特点与差异表现[J]. 华南师范大学学报(社会科学版)，2019(1)：37-42.

[231] 夏茂林，冯文全．城乡教师资源均衡配置问题探讨[J]. 教育科学，2010，26(1)：75-79.

[232] 辛涛．“探索增值评价”的几个关键问题[J]. 中小学管理，2020(10)：1.

[233] 辛涛，贾瑜．国际视野与本土探索："国际学生评估项目"的作用及启示[J]．教育研究，2019，40(12)：9-16.

[234] 辛涛，张文静，李雪燕．增值性评价的回顾与前瞻[J]．中国教育学刊，2009(4)：40-43.

[235] 杨挺，李伟．城乡义务教育治理 40 年[J]．教育研究，2018，39(12)：71-80.

[236] 姚计海，毛亚庆．西部农村留守儿童学业心理特点及其学校管理对策研究[J]．教育研究，2008(2)：33-38.

[237] 尤铮，王璐．英格兰基础教育增值评价的实施与效用探究[J]．外国教育研究，2019，46(7)：42-53.

[238] 张丹，范国睿．课堂教学场域中教师关注的性别差异研究——以上海小学课堂为例[J]．教育研究，2014，35(4)：122-128.

[239] 张建人，阳子光，凌辉．中小学教师工作压力、工作满意度与职业倦怠的关系[J]．中国临床心理学杂志，2014，22(5)：920-922.

[240] 张森，毛亚庆．校长诚信领导对学生社会情感能力的影响：教师社会情感信念与亲密师生关系的中介作用[J]．全球教育展望，2020，49(6)：113-128.

[241] 张涛．乡村教师互助式校本研修共同体创新实践研究[J]．课程·教材·教法，2016，36(11)：101-106.

[242] 赵新亮．提高工资收入能否留住乡村教师——基于五省乡村教师流动意愿的调查[J]．教育研究，2019，40(10)：132-142.

[243] 周钧．农村学校教师流动及流失问题研究现状与发展趋势[J]．教师教育研究，2015，27(1)：60-67.

[244] 白亮，王爽，武芳．乡村教师发展支持体系研究[J]．中国教育学刊，2019(1)：18-22，57.

[245] 鲍传友．课堂教学不公平现象初探[J]．教育理论与实践，2001，21(10)：45-48.

[246] 范先佐．乡村教育发展的根本问题[J]．华中师范大学学报(人文社会科学版)，2015，54(5)：146-154.

[247] 刘善槐，朱秀红，李昀赟．农村教师编制制度改革研究[J]．中国教育学刊，2019(1)：7-12.

[248] 娄立志，刘文文．农村薄弱学校骨干教师的流失与应对[J]．教师教育研究，2016，28(2)：75-80.

[249] 乔雪峰，卢乃桂，黎万红．从教师合作看我国校本教研及其对学习共同体发展的启示[J]．教师教育研究，2013，25(6)：74-78.

[250] 武向荣．义务教育教师工作满意度影响因素的实证研究[J]．教育研究，2019，40(1)：66-75.

[251] 武晓伟，郑新蓉．我国农村中小学教师性别结构的女性化——基于河北、云南、贵州三省的调查分析[J]．教师教育研究，2015，27(3)：86-92.

[252] 袁桂林．农村学校教师队伍建设需要制度保障和体制创新[J]．华东师范大学学报(教育科学版)，2018，36(4)：30-32.

[253] 郑太年，王美，林立甲，等．我国教师的教学方法及其对学生数学成绩和问题解决能力的影响[J]．全球教育展望，2013(2)：34-44，62.

[254] 周俊英．《中国学生发展核心素养》几点思考[J]．赢未来，2018(21)：114.

[255] 安晓敏，佟艳杰．工作压力对乡村教师工作满意度的影响研究——基于教师低个人成就感的中介作用[J]．教育科学研究，2020(1)：66-72.

[256] 安雪慧．县域内城乡义务教育教师资源配置差异和政策建议[J]．教育发展研究，2013，33(8)：50-56.

[257] 敖俊梅，林玲．中小学教师性别结构“女性化”的现状、成因与对策[J]．民族教育研究，2020，31(2)：54-62.

[258] 蔡明兰．教师流动：问题与破解——基于安徽省城乡教师流动意愿的调查分析[J]．教育研究，2011，32(2)：92-97.

[259] 操太圣．轮岗教师作为具有公共性的人力资源[J]．教育发展研究，2018，38(4)：3.

[260] 陈向明，张玉荣．教师专业发展和学习为何要走向“校本”[J]．清华大学教育研究，2014，35(1)：36-43.

[261] 崔允漷，郑东辉．论指向专业发展的教师合作[J]．教育研究，2008(6)：78-83.

[262] 翟春城．基础教育男女教师性别失衡原因及对策研究[J]．中国教

育学刊，2013(S3)：112-113.

[263] 丁笑炯．关于以学生为中心的教学理论与实践的反思——来自西方的经验[J]．全球教育展望，2005，34(11)：39-44.

[264] 段晓芳．农村小学教师工作满意度调查与分析[J]．教学与管理，2016(30)：22-24.

[265] 高宏．河南省农村小学教师队伍建设现状调查分析[J]．上海教育科研，2016(1)：14-17.

[266] 高慧斌．乡村教师职称(职务)评聘制度演变及改革策略[J]．当代教育科学，2017(1)：17-21.

[267] 郭静．农村小规模学校教师专业发展的困境与出路[J]．教育导刊，2017(11)：73-76.

[268] 韩清林，秦俊巧．中国城乡教育一体化现代化研究[J]．教育研究与评论(中学教育教学)，2012(11)：91.

[269] 何声清，綦春霞．师生关系和数学学习兴趣对数学学业成绩的影响——自我效能感及数学焦虑的链式中介作用[J]．教育科学研究，2018(12)：47-54.

[270] 贺文洁，李琼，叶菊艳，等．"人在心也在"：轮岗交流教师的能量发挥效果及其影响因素研究[J]．教育学报，2019，15(2)：58-65.

[271] 胡伶．城镇教师支援农村教育政策研究——基于公共选择理论的视角[J]．教育发展研究，2008(22)：44-47.

[272] 胡咏梅，唐一鹏．学习策略与教学策略哪个更重要[J]．吉林教育，2018(33)：110.

[273] 胡咏梅，唐一鹏．学习策略与教学策略哪个更重要？[J]北京师范大学学报(社会科学版)，2018(3)：41-56.

[274] 黄亮．学校资源的均衡配置是否能够促进城乡教育结果的均等——来自我国四省市的证据[J]．教育科学研究，2018(10)：30-39.

[275] 黄雅丽．终身学习社会背景下教师的角色定位[J]．福建师范大学学报(哲学社会科学版)，2003(5)：120-122.

[276] 惠中，韩苏曼．论我国中小学教师队伍建设中的性别结构失衡问题[J]．全球教育展望，2011，40(10)：66-71.

[277] 贾文华．农村中小学教师工作投入状况及对策[J]．教学与管理，

2013(12)：42-43.

[278] 荆建华．教师群性别构成的女性化及其对学生心理发展的负效应[J]．教育理论与实践，1996(4)：36-37.

[279] 景抒展，李桃园．义务教育教师性别结构变化与影响研究——基于2001—2017年全国与宁夏统计数据变化的视角[J]．宁夏大学学报(人文社会科学版)，2019，41(6)：175-183.

[280] 李爱梅，王笑天，熊冠星，等．工作影响员工幸福体验的“双路径模型”探讨——基于工作要求-资源模型的视角[J]．心理学报，2015，47(5)：624-636.

[281] 李子建，尹弘飚．课堂环境对香港学生自主学习的影响——兼论“教师中心”与“学生中心”之辨[J]．北京大学教育评论，2010，8(1)：70-82.

[282] 刘善槐，邬志辉，史宁中．我国农村学校教师编制测算模型研究[J]．教育研究，2014，35(5)：50-57.

[283] 卢尚建．农村教师教学水平现状的调查与分析[J]．教育科学研究，2015(11)：35-44.

[284] 罗祖兵．新课改中农村教育边缘化问题及其对策研究[J]．中国教育学刊，2004(10)：8-11.

[285] 庞丽娟，韩小雨．我国农村义务教育教师队伍建设：问题及其破解[J]．教育研究，2006(9)：47-53.

[286] 庞丽娟，金志峰，杨小敏，等．完善教师队伍建设助力乡村振兴战略——制度思考和政策建议[J]．北京师范大学学报(社会科学版)，2020(6)：5-14.

[287] 裴娣娜．论我国课堂教学质量评价观的重要转换[J]．教育研究，2008(1)：17-22.

[288] 彭湃，胡咏梅，埃克哈德·克里默．学校增值的一致性与稳定性——基于多水平追踪数据的实证研究[J]．教育研究，2015，36(7)：73-80.

[289] 祁翔，郑磊．城乡学业差距及其影响因素的实证研究[J]．中国教育学刊，2019(3)：36-39.

[290] 乔晖．农村教师培训政策执行的有效路径探索——以江苏省为例

[J]. 教育理论与实践，2017，37(34)：26-29.

[291] 曲铁华，朱永坤. 论我国农村基础教育教师队伍建设策略[J]. 中小学教师培训，2007(6)：55-58.

[292] 容中逵. 农村教师薪酬问题研究——来自浙江、河北、四川三省的调研报告[J]. 教育研究，2014，35(3)：144-150.

[293] 沈学珺. 关于教师工作满意度对学生幸福感的影响的实证研究——基于 PISA2015 数据的分析[J]. 上海教育科研，2019(3)：20-27.

[294] 唐松林，廖锐. 搭建城乡交往平台促进农村教师专业发展[J]. 教师教育研究，2015，27(2)：32-37.

[295] 唐一鹏，王闯，胡咏梅. 如何提升中小学生的学业成绩——基于学习策略与教学策略改进的视角[J]. 华东师范大学学报(教育科学版)，2020，38(3)：93-105.

[296] 陶圣琴. 我国改革开放以来的农村教师工资制度：回顾与反思[J]. 现代教育管理，2010(8)：90-94.

[297] 王富阁. 小学男教师缺席背后的教育隐痛[J]. 教学与管理，2017(5)：1-3.

[298] 王光明，张永健，卫倩平. 教师交流轮岗政策研究——以天津市义务教育为例[J]. 天津师范大学学报(社会科学版)，2017(6)：44-48.

[299] 王嘉毅，赵志纯. 我国农村基础教育课程改革：问题与对策[J]. 教育研究，2010，31(11)：25-30.

[300] 王鉴，王子君. 新时代教师评价改革：从破"五唯"到立"四有"[J]. 中国教育学刊，2021(6)：88-94.

[301] 王凯. 农村教师专业发展的保障状况与对策——基于浙江省的调查研究[J]. 全球教育展望，2011，40(11)：20-24.

[302] 王晓芳. 从共同体到伙伴关系：教师学习情境和方式的扩展与变革[J]. 华东师范大学学报(教育科学版)，2015，33(3)：43-52.

[303] 王一涛. 农村师资的困境与出路——基于 Y 县的个案分析[J]. 教育发展研究，2007(18)：15-19.

[304] 王云峰，田一. 小学学生与教师性别对学业成绩的影响——基于大规模学业质量监测的多水平模型[J]. 教师教育研究，2015，27(4)：53-60.

[305] 温忠麟，叶宝娟．中介效应分析：方法和模型发展[J]．心理科学进展，2014，22(5)：731-745.

[306] 吴晶，金志峰，葛亮．为什么教师职业对于女性更具吸引力——基于社会比较理论的视角[J]．教育发展研究，2020，40(2)：59-68.

[307] 肖庆华．论基于“主体诉求”的乡村教师培训[J]．中国教育学刊，2020(8)：93-96.

[308] 谢培松，刘志敏．六年一贯制：培养本科学历农村小学教师的新模式[J]．湖南师范大学教育科学学报，2011，10(3)：69-71.

[309] 熊梅，马玉宾．校本课程整合与合作的教师文化的生成[J]．教育研究，2005(10)：49-54.

[310] 薛二勇，高莉．城镇化进程中教师队伍建设的体制机制与政策创新——“庆祝第三十个教师节暨2014·中国教师发展论坛”会议综述[J]．教师教育研究，2015，27(1)：109-112.

[311] 薛二勇，李廷洲．义务教育师资城乡均衡配置政策评估[J]．教育研究，2015，36(8)：65-73.

[312] 杨钋，徐颖．数字鸿沟与家庭教育投资不平等[J]．北京大学教育评论，2017，15(4)：126-154.

[313] 杨艳玲，于京天．农村新课程：问题与对策——农村基础教育课程改革专题调研[J]．教育发展研究，2004(11)：19-21.

[314] 姚东旻，许艺煊，李昊洋，等．教师的表扬或批评如何影响学生成绩——基于CEPS数据的中介效应分析[J]．北京大学教育评论，2021，19(1)：109-133.

[315] 姚银枝，李会琴．宁夏义务教育阶段教师性别结构变化及影响研究[J]．宁夏社会科学，2017(3)：125-132.

[316] 叶浩生．文化模式及其对心理与行为的影响[J]．心理科学，2004(5)：1032-1036.

[317] 张亮．美国学校效能增值模型研究的进展与趋势[J]．教育研究，2015，36(11)：135-144.

[318] 张文斌，周晔．农村教师培训现状忧思[J]．河北师范大学学报(教育科学版)，2017，19(2)：115-119.

[319] 张翔．“全面二孩”政策下中小学教师编制管理问题探究[J]．教学

与管理，2017(28)：9-12.

[320] 张雅楠，杜屏. 增值评价在美国教师评价中的运用和发展[J]. 全球教育展望，2017，46(1)：67-78.

[321] 张咏梅，郝懿，李美娟. 教师因素、学生因素对学生学业成绩影响的实证研究——基于大规模测验数据的多层线性模型分析[J]. 教师教育研究，2012，24(4)：56-62.

[322] 张志越. 农村教师培训现状调查与策略研究[J]. 教育理论与实践，2011，31(1)：38-41.

[323] 张宗倩，秦玉友. 供需增量：县域教师编制的现实挑战与政策议题[J]. 中国教育学刊，2020(8)：71-76.

[324] 赵德成. 探索增值性评价：教师绩效考核改革的突破口[J]. 中小学管理，2020(10)：16-20.

[325] 赵明仁. 如何解决农村教师"留不住"的问题[J]. 湖南师范大学教育科学学报，2019，18(6)：55-59.

[326] 郑磊，翁秋怡，龚欣. 学前教育与城乡初中学生的认知能力差距——基于CEPS数据的研究[J]. 社会学研究，2019，34(3)：122-145.

[327] 郑琦，杨钋. 班级规模与学生学业成绩——基于2015年PISA数据的研究[J]. 北京大学教育评论，2018，16(4)：105-127.

[328] 郅庭瑾，马云，雷秀峰，等. 教师专业心态的当下特征及政策启示——基于上海的调查研究[J]. 教育研究，2014，35(2)：96-103.

[329] 周达，杜宵丰，刘坚. 我国东、中、西部地区四年级学生数学学业表现的现状分析[J]. 上海教育科研，2017(4)：47-50.

[330] 周兆海，邬志辉. 工作量视角下义务教育教师编制标准研究——以农村小规模学校为例[J]. 中国教育学刊，2014：9.

[331] 朱青. 农村小规模学校教师队伍建设问题与对策[J]. 教学与管理，2017(18)：41-43.

[332] 朱旭东. 论我国农村教师培训系统的重建[J]. 教师教育研究，2011，23(6)：1-8.

[333] 朱旭东. 论教师专业发展的理论模型建构[J]. 教育研究，2014，35(6)：81-90.

[334] 朱旭东. 当前我国教师队伍建设面临的问题刍议[J]. 教育发展研

究，2018，38(18)：3.

[335] 宗晓华，杨素红，秦玉友. 追求公平而有质量的教育：新时期城乡义务教育质量差距的影响因素与均衡策略[J]. 清华大学教育研究，2018，39(6)：47-57.